U0830591

先秦至唐五代哀悼诗
类型论、内涵与文化论

温 瑜 著

燕山大学出版社
2018 · 秦皇岛

图书在版编目（CIP）数据

先秦至唐五代哀悼诗类型论、内涵与文化论 / 温瑜著．—2 版．—秦皇岛：燕山大学出版社，2018.6（2019.5 重印）
ISBN 978-7-81142-643-4

I．①先… II．①温… III．①古典诗歌－诗歌研究－中国 IV.①I207.22

中国版本图书馆 CIP 数据核字（2018）第 115019 号

先秦至唐五代哀悼诗类型论、内涵与文化论

温　瑜　著

出 版 人：陈　玉
责任编辑：朱红波
封面设计：吴　波
出版发行：燕山大学出版社 YANSHAN UNIVERSITY PRESS
地　　址：河北省秦皇岛市河北大街西段 438 号
邮政编码：066004
电　　话：0335-8387555
印　　刷：北京建宏印刷有限公司
经　　销：全国新华书店

开　　本：700mm×1000mm　1/16　　印　　张：13.5　　字　　数：206 千字
版　　次：2018 年 6 月第 2 版　　印　　次：2019 年 5 月第 2 次印刷
书　　号：ISBN 978-7-81142-643-4
定　　价：34.00 元

作者简介：

温瑜(1976 年 9 月—　),女,汉族,广西陆川人。2008 年于广西大学取得文学硕士学位,汉语言文字学专业,师从广西语言学会副会长陈海伦教授。2015 年于南京师范大学取得文学博士学位,中国古代文学专业诗词学方向,师从钟振振教授。恩师为南京师范大学文学研究所所长、特聘院教授、博士生导师,教育部外国学者“中华文化研究奖学金”指导教授,兼任中国韵文学会会长、中国宋代文学学会副会长、中国词学研究会副会长、中国诗学研究中心学术委员会委员,美国中华楹联学会学术顾问、全球汉诗总会名誉理事等,是编辑《全宋词》、《全金元词》、《词话丛编》的一代词宗——唐圭璋先生的得意门生。本人现任教于常熟理工学院,副教授,经济师,全国高级秘书。共主持项目 4 项:省厅级 2 项(已结题)、校级 2 项(已结题);参与项目研究 11 项:国家社科基金重大项目 1 项(在研)、国家社科基金项目 1 项(在研)、国家出版基金项目 1 项(在研)、省级 3 项(2 项已结题)、省厅级 1 项、校级 4 项(已结题)。在《暨南学报》、《北方论丛》、《文艺评论》、《山西师大学报》等刊物发表学术论文 61 篇(均独著),6 篇论文获省厅级奖励(均独著)。出版教材 5 部,唯一主编 1 部,副主编 1 部,参编 3 部。

此系列专著是本人主持的 2016 年江苏高校哲学社会科学研究基金项目《先秦至唐五代哀悼诗研究》(项目号:2016SJB750012)研究成果。

博士毕业谢师宴合影

前排居中为恩师南京师范大学博导钟振振教授，左二为作者，
后排左四为师兄南京师范大学博士生导师曹辛华教授

序 言

当前学界对哀悼诗词的研究大多局限于悼亡诗词和挽歌，侧重于某家、某篇、某时段的研究，重复论述较多，理论建树较少，诗歌体式、风格、音韵和与文化的关系的研究尤为薄弱。哀悼诗作为中国古代诗歌题材的一个大类，揭示了世间最本质、最对立的矛盾——生死，含有人世间最真挚、最浓郁的情感和最深邃、最复杂的思想以及丰富的审美内涵和审美意蕴，具有文学、文体、文化、心灵史、方法论的研究价值。

本系列著作包括两部：《先秦至唐五代哀悼诗类型论、内涵与文化论》《先秦至唐五代哀悼诗文体论、艺术论、作家论》，以“先秦至唐五代哀悼诗”为研究对象，运用多学科交叉研究的方法，分类型、内涵与文化、文体、艺术、作家五个部分，力图从纵向与横向、内部与外部、共性与个性展现先秦至唐五代哀悼诗的整体风貌。

类型论：首先用追根溯源的方法纵向梳理先秦至唐五代哀悼诗中每个小类在中国文学史上的发展历程、内涵特点和艺术特色，明确在差序格局的中国古代封建社会，哀悼对象的社会地位以及作家与哀悼对象之间的关系及感情深浅决定了其语言策略和表达效果。关系越近、感情越深的作品往往以表达哀情为主，反之，则以表达赞美之情为主、哀情为辅。悼夫诗多表达思念和忠贞之情，悼妻诗大多表达哀情，也有的是赞而哀，悼妾诗多赞貌、性、艺和思人兼而有之，除悼亡诗以外的其他亲属哀悼诗和应酬类哀悼诗大多表达赞哀之情。从表达效果看，诗人与死者感情深厚的作品往往写得文采飞扬、动人心扉，而悼君诗、悼皇后诗、悼王诗、悼太子、悼公主诗、悼夫人诗因其哀悼对象身份特殊，既要表达对他们的尊敬、赞扬、哀悼但又不能有过于亲密的表示，故大多出现类型化、模式化的倾向。

内涵与文化论：从不同角度、不同层面探讨由死亡引发的丰富而深刻的情感内涵及与传统文化的关系。首先引入美国耶鲁大学谢利·卡根(Shelly Kagan)教授的剥夺解释理论(The Deprivation Account)，解释死亡的本质特征是以剥夺性(deprivation)为主兼有终结性(finality)、必然性(inevitability)、普遍性(universality)、差异性(variability)、不可预测性(unpredictability)、无所不在(ubiquitous)六个方面的特征。存者对死者往往含有悲伤痛苦、孤独思念、内疚悔恨、报恩补偿、怜悯顾惜等多种复杂的感情。有的哀悼诗作者在哀悼死者的同时含有自己乡关之思和怀才不遇的身世之感。有的哀悼诗则表达了对统治阶级的讽刺、对天命的抱怨、对世态人情的怨刺。其次探讨先秦至唐五代哀悼诗与中国传统文化的关系,诗中无论是生命价值观还是死亡观及丧葬观都带有很强的儒家伦理色彩,但其对维护封建君主专政却有着积极作用。道教以其修道成仙、长生不死淡化存者对死亡的恐惧和悲哀,以其清静无为、放任自然的生活态度让人心境平和,佛教的五蕴聚合、十二因缘、业报轮回的思想缓解了死亡给存者带来的悲哀、痛苦以及超越死亡的希望,道教、佛教均给哀悼诗注入了生命的活力和丰富的审美想象。

文体论:引入现代语言风格学理论,用比较的方法从文体内部探寻先秦至唐五代哀悼诗不同体式的表达规范、使用功能及审美效果。四言体较强的民歌口语向书面语演变的色彩,楚歌体哀怨的风格,五、七古体朴实平易的风格,律体庄重、严肃、典雅的风格,绝句含蓄蕴藉的风格,都在哀悼诗的语音、语汇、语法、章法、修辞呈现出不同的风貌,本著作分析了其语言风格构成原理和主要原因。哀悼情感强烈的程度和哀悼对象的身份是决定诗人选择何种诗体的主要原因。一般而言,哀悼对象身份越尊贵,诗人的感情越内敛,越选用齐言、格律严谨的哀悼诗体。而五律体哀悼诗句式较短,节奏较少,又比四言体句式多了一个字,更富有表现力,而且因其较多使用二一二句式对称结构而越发显得整齐匀称、严谨端庄,因而多用于哀悼地位较为尊贵的死者,是先秦至唐五代所有哀悼诗中数量最多、最适合表达哀情的文体。

艺术论:引入音韵学尤其是汉语发音原理、发音方法的有关理论,从本体探讨先秦至唐五代哀悼诗含蓄、优美、庄重、文雅的语言风格构成原理,尤其以押阳声韵为主、押 i、u、ü 收尾的阴声韵为辅的发音原理与唔唔哼哼、咿咿呜呜、吁吁嘘嘘的哭声和哀叹声的发声原理大致相同,能较好地抒发对死者的哀痛和感叹之情。其抒情模式是以间接抒情方式为主的颂哀式,包含先颂后哀、先哀后颂、哀颂交集、只颂不哀、只哀不颂、哀颂讽交集六种套式和借景抒情式、借物抒情式、借梦抒情式、比兴式、直接抒情式、综合式六种抒情方式。引入英国语言学家G. Leech的“礼貌原则”(Politeness Principle)和我国人类学家胡先晋(Hu, Hsien-Chin)的“面子/礼貌系统”的语言学理论，解释了含颂式抒情套式最多、纯哀式抒情套式最少而其中又以先颂后哀套式占主流的原因。结合美学、哲学、宗教、地理学、生理学、心理学研究，探讨先秦至唐五代哀悼诗的意象演变过程：以自然界动植物意象为主到以历史故事、神话传说类意象为主，由单一意象到以1～3个主要意象为主到以密集意象为主，其连接方式也由以比兴为主演变到以对偶、对仗为主，其审美意境——“空”具有萧条、偏僻、寂静、寒冷、孤独、虚无、荒谬、悲剧、妙悟等多重内涵，且能以空框效应、充满张力的语言和含蓄的韵味吸引审美主体。

作家论：从个案研究的角度，选择先秦至唐五代10位代表诗人做个案研究，并提出影响一位作家在哀悼诗史地位的五大因素：作家的政治地位或文学地位较高，哀悼对象的地位较高，思想内涵崇高或具有真理性、普遍性，文体运用娴熟或有重大突破，艺术技巧高超和艺术成就巨大。其中杜甫和元稹则是其中的“双子星座”。

本系列著作的创新之处主要体现在：

一、研究理论创新：着力于探寻先秦至唐五代哀悼诗的语言风格及构成原理，四言体哀悼诗的语言风格及构成原理，楚歌体哀悼诗的语言风格及构成原理，五、七言古体哀悼诗的语言风格及构成原理，律体哀悼诗的语言风格及构成原理，绝句体哀悼诗的语言风格及构成原理，以及先秦至唐五代哀悼诗的抒情模式构成原理、抒情方式构成原理、意象构成原理、意境构成原理。

二、研究范畴创新：突破了集中于悼亡诗词和挽歌和某家、某篇、某时段的研究，而是更为科学、系统和全面地研究：首先从纵向梳理先秦至唐五代每类哀悼诗在中国文学史上的发展历程和艺术特点，继而将其置于中国历史纵向、横向对比的整体座标上探讨先秦至唐五代哀悼诗所反映的死亡本质、情感内涵及中国传统文化儒家思想、道教、佛教对哀悼诗的影响，再从文体上探寻先秦至唐五代哀悼诗四言体，楚歌体，五、七言古体，律诗，绝句的表达规范、使用功能和审美效果，以及从本体上总结先秦至唐五代哀悼诗的语言风格、抒情模式、抒情方式、意象、意境的艺术特征，最后分析典型代表作家的艺术个性，力图从纵向与横向、内部与外部、共性与个性多角度展现先秦至唐五代哀悼诗的整体风貌。

三、研究方法创新：跨学科（尤其是语言学）、多角度研究是本系列著作最大的创新之处：

1. 音韵学理论尤其是汉语发音原理、发音方法的引入为当前古典诗歌音韵研究的滞后带来了新鲜元素。

2. 现代语言风格学理论的引入弥补了中国古典诗学风格分类过细、语言手段构成言之不明、风格之间杂糅不清的不足，有助于解释先秦至唐代哀悼诗不同诗歌体式的风格构成原理和总体语言风格特征。

3. 英国语言学家 G. Leech 的“礼貌原则”和我国人类学家胡先晋的“面子/礼貌系统”的引入也有利于解释中国古代封建社会错综复杂的社会关系和作家在哀悼诗中采用的语言策略。

4. 引入美国耶鲁大学谢利·卡根教授提出的剥夺解释理论，指明了死亡的最本质特征就是剥夺性，即死亡的坏处不是绝对的、稳固的、内在的坏处（intrinsically bad），也不是结果上的坏处（instrumentally bad），而是相对的坏处（comparatively bad），这有利于理顺当前一些哀悼文学研究中将死亡的内在坏处、结果坏处、相对坏处杂糅不清的现象。

5. 结合美学、哲学、宗教、地理学、生理学、心理学研究，一方面能更全面地看到儒家思想、佛教、道教传统文化的积极因素，从历时的角度总结先秦至唐代哀悼诗意象体系的构成、组接方法和典型意象的演变，另一方面更有利于理解先秦至唐代哀悼诗中含着多种审美意蕴的“空”境。

6. 语言学从微观入手、注重量化统计的研究方法对古代文学善于从宏观着眼、忽视量化统计的研究方法亦有补充作用。

本系列著作受到南京师范大学恩师钟振振教授、师哥曹辛华教授、程杰教授、张采民教授、陈书录教授、王青教授和南京大学的程章灿教授、曹虹教授的悉心指导，得到同门兄弟姐妹的热情帮助，在此表示衷心的感谢！同时也希望广大专家学者多提宝贵意见！

温　瑜

2016 年 10 月 8 日于苏州

目　录

绪　论 …… 1

一、"哀悼诗"概念界定 …… 2

二、研究现状 …… 5

三、研究目的 …… 14

四、研究方法和创新之处 …… 14

第一编　类型论 …… 19

第一章　悼亡诗 …… 21

一、悼妻诗 …… 21

二、悼妾诗(包括家妓、侍儿) …… 28

三、悼夫诗 …… 31

第二章　悼亲诗 …… 34

一、悼宗亲诗 …… 34

二、悼外亲、妻亲诗 …… 42

第三章　悼友诗 …… 44

一、悼官员朋友诗 …… 48

二、悼平民朋友诗 …… 49

三、悼佛友诗、悼道友诗 …… 51

第四章　其他哀悼诗 …… 65

一、悼国君诗、悼臣诗、悼王诗 …… 65

二、悼后妃诗,悼夫人诗,悼他人父母、夫、妻、妾(包括家妓、侍儿)诗 …… 76

三、悼太子诗和悼公主诗 …… 89

四、悼妓诗 …… 95

五、悼节妇诗 …… 98

第二编　内涵与文化论 …… 101
第一章　先秦至唐五代哀悼诗的情感内涵 …… 103
一、对死亡本相的思索和情绪 …… 103
二、对死者情感的不舍和思念 …… 107
三、对作者身世的自伤和自怜 …… 114
四、对现实世相的抨击和怨刺 …… 120
第二章　先秦至唐五代哀悼诗与儒家思想 …… 128
一、生命价值观 …… 129
二、死亡观 …… 137
三、丧葬观 …… 142
第三章　汉至唐五代哀悼诗与道教 …… 150
一、道教对哀悼诗人的影响 …… 150
二、道教生死观对哀悼诗的影响 …… 155
三、道教语言对哀悼诗的影响 …… 166
第四章　汉至唐五代哀悼诗与佛教 …… 170
一、佛教对哀悼诗人的影响 …… 170
二、佛教思想内涵对哀悼诗的影响 …… 175
三、佛教给哀悼诗带来了新的生活内容 …… 188
四、佛教比道教影响较小的原因 …… 189
参考书目 …… 192

绪　论

“哀悼”一词最早见于东汉蔡邕的《郭有道碑文》:“凡我四方同好之人,永怀哀悼,靡所寘念。乃相与惟先生之德,以谋不朽之事。”①意为悲痛悼念死者,此后逐渐广泛出现在各类作品并沿用至今。

而且,与“哀悼”一词意同、意近的词如“哀吊”“哀伤”“悲悼”“哀辞”“伤悼”“追悼”“哀祭”“吊”“祭”等也较早地被文学文体论专著、总集、类书广泛地采用,成为文学作品体裁分类的固定名目。

我国最早的文体论专著是西晋挚虞的《文章流别志论》,其书已亡佚,但其片断佚文仅见于《艺文类聚》《太平御览》的引录,是书列了颂、赋、诗、铭、七、箴、诔、碑、哀辞、解嘲、图谶 11 类文体,其中“哀辞”是哀悼文学中的一种,“哀辞”与“哀悼”一词意近。南朝刘勰的《文心雕龙》是我国第一部规模宏大、论旨精深和体例周详的文学理论专著。全书 10 卷,分上、下编,各 25 篇。上编卷一,5 篇,是全书的总纲,“文之枢纽”。从卷二“明诗”篇至卷五“书记”篇止共 20 篇,均为文体论。在这 20 篇中,仅作为篇名标示的就有文体 33 类,另,总论部分的《辨骚》篇实也是文体论之一。“哀”“吊” 是以上这 34 大类文体中的两体,两词与“哀悼”一词意近。明代出现了两部值得注意的文体论专著,即吴讷的《文章辨体》和徐师曾的《文体明辨》。《文章辨体》把文体分为 59 类,“哀辞”“祭文”为其中两类,“哀”“祭”与“哀悼”一词意近。《文体明辨序说》84 卷,是在《文章辨体》的基础上增广而成,是明以前的文体论的集大成之作,共分 127 类,“哀辞”“祭文”“吊文”是其中三类,“哀”“吊”“祭”等词与“哀悼”一词意近。

南朝梁萧统主编的《文选》是我国第一部明确按照文体进行分类编辑的诗文总集,今本《文选》计 60 卷,收录了周代至南朝梁七八百年间 130 多位知名作者

① 蔡邕撰《蔡中郎文集 附蔡中郎外传》,北京:中华书局 1991 年版,第 9 页。

和少数佚名作者的诗文作品700余篇。是书按文体将所收作品分为37类：第一赋类分15个子目，其中有哀伤赋，第二诗类分22个子目，其中有哀伤诗和挽歌，第三至三十九类没有再分子目，含第三十四哀文类、第三十八吊文类、第三十九祭文类，可见“哀伤”“哀”“吊”“祭”等词与“哀悼”一词意近。唐代姚铉编的总集《唐文粹》共100卷，共收诗961首和文、赋1104篇，借鉴于《文选》分22类，而于各类下又分子目316。其中文中又分为“哀”“吊”“祭”文等。诗再分小类，其中有“伤悼”“追悼”两小类，共辑诗5首，“哀”“吊”“祭”“伤悼”“追悼”等词目与“哀悼”一词意近。

清代桐城派古文家姚鼐编撰的《古文辞类纂》是一部总集兼文体论的专著，共75卷，选录战国至清代的古文辞赋，把文体分为13类，“哀祭”是其中一类，它又分为哀辞和祭文，“哀祭”与“哀悼”一词意近。

类书如唐初欧阳询主编的《艺文类聚》共100卷，分46部，每部又列子目727，其中“卷三十四·人部十八”分“怀旧”“哀伤”两小类。“哀伤”与“哀悼”一词意近。北宋文学类书及诗文总集《文苑英华》所收诗歌共180卷(卷一五一至三三〇)，去掉重复，共选诗10550首。依论述对象，“撮其类列，分以部居”，划分为26类，其中“悲悼”类诗歌共有574首，“悲悼”与“哀悼”一词意近。

纵观中国古代文体分类著作，按“哀吊”“哀伤”“挽歌”“悲悼”“哀辞”“伤悼”“追悼”“哀祭”“哀”“吊”等词目进行分类的作品虽然与“哀悼”类作品不完全等同，但是类目名称相近，与“哀悼”意同、意近，有或包含、或交叉的关系，可见，“哀悼”一词作为中国古代文学文体的分类词目已较早被人们接受。因此，哀悼诗作为一种题材诗便有了理论依据。

一、“哀悼诗”概念界定

“哀悼诗”的概念有广义和狭义之分：广义的概念是作者悲痛地追念同时代或不同时代去世的人或物的诗，包括悼物诗和一部分咏史诗；狭义的概念是指诗人为悲痛地追念在自己的有生之年去世的具体明确的人而写作的诗歌。实际的学术研究基本上是以狭义概念为主，本著作采用的是狭义的概念，此概念包含三方面特征：

其一，从哀悼客体看，首先必须是死者，即死人，而不是死去的动植物、死物或故国、故乡等，以此可以排除诸如战国屈原的《哀郢》、唐代章孝标的《和滕迈先辈伤马》、唐代卢仝的《哭玉碑子》、宋代魏野的《悼鹤》之类的悼国、悼物诗。其次，死者必须是在作者有生之年去世的人，以此可以排除所有的咏史诗，例如唐张九龄的《和黄门卢监望秦始皇陵》、李商隐的《茂陵》、李显的《幸秦始皇陵》、曹邺的《始皇陵下作》、罗隐的《炀帝陵》、孟郊的《吊比干墓》、张说的《过怀王墓》等跨时代咏陵墓诗，又如晋陶潜的《咏荆轲》、南朝陈阳缙的《赋得荆轲诗》、三国曹植的《三良诗》、唐柳宗元的《咏荆轲》和《咏三良》等跨时代咏历史人物诗，此均非本著作研究的哀悼诗。汉代东方朔模仿《九章》用代言体写成《七谏》，王逸《楚辞章句》认为其追悯屈原、诗述其志，以昭忠信、矫曲朝。同类的作品还有王褒的《九怀》、刘向的《九叹》、王逸的《九思》等，这些作品与其说作者是在哀悼死者，不如说是作者与死者同病相怜甚至自哀，因此不属于狭义的哀悼诗。再次，死者必须是具体明确的人，诸如汉乐府《薤露》《蒿里》，唐白居易的《相和歌辞·挽歌》、孟云卿的《相和歌辞·挽歌》、贯休的《相和歌辞·蒿里》、于鹄的《相和歌辞·挽歌二首》、刘言史的《北原情三首》等只是普泛地表达对死亡的哀伤之情，并无具体明确的哀悼对象，又如战国时期屈原的《国殇》，唐李世民的《伤辽东战亡》、沈彬的《吊边人》等哀悼的是一群只知大体身份的不明确的人，这些诗歌均不在本著作的研究范畴之内。

其二，从哀悼主体看，哀颂是其主要的情感基调。首先，人人必死，死者大多是与诗人有关系的人，兔死狐悲，而且受儒家尚哀的祭祀、丧葬观影响，所以哀悼诗与其他哀悼文体一样，哀伤是不可避免的，正如《文心雕龙·哀吊》中所说，“哀者，依也。悲实依心，故曰哀也。以辞遣哀，盖不泪之悼，故不在黄发，必施夭昏。”[①]《文章辨体序说》曰：“大抵诔则多叙世业，故今率仿魏晋，以四言为句；哀辞则寓伤悼之情，而有长短句及楚体不同。”[②]《文体明辨序说》亦说：“按哀辞者，哀死之文也，故或称文。夫哀之为言依也，悲依于心，故曰哀；以辞遣哀，故谓之哀辞也。昔汉班固初作《梁氏哀辞》，后人因之，代有撰者。或以有才而伤其不用，

① (南朝梁)刘勰著，范文澜注《文心雕龙注》，北京：人民文学出版社 1958 年版，第 239 页。

② (明)吴讷(书误为纳)，(明)徐师曾著《文章辨体序说 文体明辨序说》，于北山，罗根泽校点，北京：人民文学出版社 1962 年版，第 54 页。

或以有德而痛其不寿。幼未成德，则誉止于察惠；弱不胜务，则悼加乎肤色。此哀辞之大略也。”[1]所以哀悼诗与其他哀悼文体一样，要以抒发悲伤痛苦之情为第一要义，文采还在其次。再者，出于对死亡的恐惧、灵魂作祟的观念、死者的身份地位和对其亲属、朋友等存者面子问题的考虑，往往还要在诗中表达对死者的尊敬和赞颂，如汉无名氏的《郭辅碑歌》、无名氏的《张公神碑歌》等通篇都是对他们的高贵出身、仁义忠孝品德、子女杰出、福禄茂止作高度赞扬，没有哀伤之语。当然，虽然哀颂是哀悼诗的主要情感特征，但在一些哀悼非正常死亡的尤其是受到不公平待遇而死于非命的人的哀悼诗中，哀伤中还包含着或讽或怨或愤或恨的感情，如《诗经·秦风·黄鸟》既表达了国人对“三良”无辜从死的悲伤，又含有对秦穆公逼人殉葬暴行的愤恨。先秦歌谣《楚人谣》在哀悼内为佞臣令尹子椒、子兰、上官大夫靳尚所蒙蔽，外为张仪所欺骗，最终客死秦国的楚怀王的同时也赤裸裸地表达了对阴险狡诈、恃强凌弱的秦国最高统治者的强烈批判和仇恨。汉乐府杂歌谣辞《民为淮南厉王歌》既表达了国人对淮南厉王被遣饿死的同情、哀伤，又表达了对文帝虚伪狭隘的嘲讽。唐代李商隐的《哭刘司户二首》《哭刘蕡》《哭刘司户蕡》既为耿直嫉恶、年轻有才的好友刘蕡被宦官诬陷、贬死他乡感到哀痛，又含有对皇帝深居后宫、不问冤情的抱怨。

其三，从主题表达看，必须以哀伤、悼念死者为主题。例如，唐司空曙的《哭王注》：

已叹漳滨卧，何言驻隙难。异才伤促短，诸友哭门阑。
古道松声暮，荒阡草色寒。延陵今葬子，空使鲁人观。[2]

此五律首联写作者对友人王注去世、时光难留的叹惜，颔联写诸友对其异才早逝

---

① (明)吴讷(书误为纳)，(明)徐师曾著《文章辨体序说 文体明辨序说》，于北山，罗根泽校点，北京：人民文学出版社1962年版，第153页。

② 由于文中所引先秦至唐五代哀悼诗作品甚多，均源自以下四书，故不再一一作注：逯钦立：《先秦汉魏晋南北朝诗》(上中下)，北京：中华书局1983年版。中华书局编辑部点校《全唐诗 增补本》(全十五册)，北京：中华书局2011年版。(宋)洪兴祖撰，白化文、许德楠、李如鸾、方进点校《楚辞补注》，北京：中华书局1985年版。(清)阮元校刻《十三经注疏》，北京：中华书局1980年版。

的哀伤之情，颈联渲染墓地的萧条、凄凉与冷清，尾联运用季礼为徐君挂剑之典再次抒发诗人对亡友的哀悼之情。整首诗围绕悲伤、悼念来展开，层层铺叙，处处渲染，是典型的哀悼诗。而有的诗歌只是旁涉到死者或是抒发死者去世后诗人的愁苦心情，但又没有明确的语言足以证明它是由死者的去世所引起的，此类诗歌一律不属于哀悼诗。如刘禹锡的《苏州白舍人寄新诗有叹早白无儿之句因以赠之》是诗人任和州刺史时写给白居易的答赠诗，安慰他不要因为老年丧子而悲伤，落雪时高山顶最先发白，海中仙果结果的时间最晚，显然这不是写给他儿子的哀悼诗。又如白居易的《见元九悼亡诗，因以此寄》是安慰丧妻的朋友元稹的诗，也不是哀悼诗。再如李商隐在亡妻之后写了一些心情哀伤的诗，《西亭》《昨夜》《夜冷》《宿晋昌亭闻惊禽》只是抒发自己的孤寂之情，《七月二十九日崇让宅宴作》主要是抒写自己飘零的生涯、寂寞的感受，其原因或许与亡妻有关，但不能说就是悼妻诗。

此处需要稍作说明的是历代诗文总集、别集、类书等对"哀悼"的分类并不完全一致，我们不能按现在相对严格、科学的标准去苛求古人。当然，我们也不能跟在古人后面亦步亦趋、人云亦云，必须大胆建立起自己的分类及定义标准。

二、研究现状

哀悼诗词是古代文学研究的薄弱领域，鲜有专门以"哀悼诗(词)"为题的论著，硕士论文仅见张迎双的《宋代哀悼诗研究》(南京师范大学，2014)，其在界定"哀悼"定义的基础上，重点讨论了宋代哀悼诗的情感意蕴、抒情艺术、意象类型，可惜略显单薄。著作有郭秀华、高培权编著的《历代哀祭诗词精华二百首》(陕西人民出版社，1997)，作者从先秦到近代选取200首从内容到形式都较有代表性的哀悼诗词进行选编、注释、解说，重在普及。虽然当前学界尚无专题对先秦至唐五代哀悼诗的研究，但是对先秦至唐五代哀悼诗中的一些具体类别——悼亡诗和挽歌已有一定关注，现就其研究现状和存在问题作具体陈述：

(一) 先秦至唐五代悼亡诗研究现状及存在问题

1. 将悼亡诗的定义扩大化

从严格意义上讲，中国古代的悼亡诗自西晋潘岳的《悼亡诗》之后是专指丈夫悼念亡妻的诗，后来扩大到夫妻（包括妾）间或有事实婚姻的一方哀悼去世的另一方的诗歌。有少数学者随意将概念扩大，变成了悼念所有死者甚至是悼物的诗歌，这些名为悼亡诗的作品实是广义的哀悼诗。

2. 对悼亡诗的研究主要以单个作家尤其是单个作家的单篇作品的研究为主要趋势

先秦：主要是对《诗经》悼亡诗的文本分析和文学传承、影响的研究。卞良君的《再论〈诗经〉对中国古代诗歌题材类型的开拓与建构》（东疆学刊（哲学社会科学版）1996(4)）为代表作品，其着重从题材开拓的角度阐述了《诗经》悼亡诗对后世文学的影响，这对研究《诗经》悼亡诗的影响有一定的开启之功。

三国两晋：以潘岳的研究为主。对他的悼亡诗的研究论文较多，主要集中在对其悼亡诗艺术特点及继承影响和论述其人品与文品的矛盾的研究。前者的代表论文有：肖立生，周小喜的《潘岳悼亡诗初探》（湖南大学学报：社会科学版，2010(3)）认为潘岳的悼亡诗开了中国悼亡诗的先河，感情真挚饱满，情景水乳交融，注重辞藻雕饰，擅长运用时空意象表达细腻情感，创造特定艺术效果，对前代悼亡类诗有继承和发展，对后代悼亡诗也产生深远影响。硕士论文有：于丽的《悼亡诗研究——以潘岳为中心》（上海师范大学，2012）从悼亡诗的定义、源流演变出发，探讨潘岳悼亡诗的内涵、《悼亡诗三首》的抒情模式及意象流变，总结出潘岳悼亡诗的特点及潘岳对后世悼亡诗的影响。杨倩的《生命的挽歌——潘岳哀挽文学研究》（山东大学，2008）对包括悼亡诗在内的潘岳所有的哀挽作品从时代背景、分类、思想内容、艺术特色、价值和影响进行研究。徐建的《潘陆悼伤作品异同论》（首都师范大学，2008）将潘岳、陆机悼挽伤逝诗赋的悼伤对象、艺术手段、人生感悟进行对比，分析了他们作品的时代风格与文学贡献。博士论文有高胜利的《潘岳研究》（扬州大学，2012），硕士论文有王盼的《潘岳研究》（山东大学，2009）、冀秀美的《潘岳研究》（河北大学，2007）、王丽芬的《潘岳研究》（福建师范大学，2001）、刘丹的《潘岳接受研究》（2011）、丁婧的《潘岳诗歌研究》（扬州大学，2010），这些论文均在某些章节里提到潘岳的悼亡诗创作概况、内涵、特点及影响，惜不够深入。后者的代表论文有：凌迅的《潘岳文学刍论》（东岳论丛，1983(2)）认为尽管潘岳政治"无行"，但是文学创作是一种极其复杂的现象，它有时与政治品质没有必然联系，结合他“才颖”“情深”的特点和当时的社会背景及他个人的处境看，不应以人废文而应对其创作给予合理的肯定。执此观点的硕士论文有朱瑛的《潘岳人品及其诗赋研究》（安徽师范大学，2006）、李朝阳的《潘岳研究》（贵州大学，2005）、刘洋的《潘岳的人生悲剧与其哀悼作品研究》（深圳大学，2010）、孙良申的《潘岳生平、心态及文学研究》（国学院硕士论文，2010）。著作有王晓东的《潘岳研究》（上海古籍出版社，2011），既有对潘岳的婚姻情况作出新的阐释，也有对其悼亡诗及哀诔作品的研究。还有专门研究潘岳其人、其悼亡和哀诔作品的专著，如台湾学者洪顺隆弟子陈淑美的《潘岳及其诗文研究》（台湾文津出版社，1999）、台湾学者林文月的《潘岳的妻子》（中外文学，1977）等。

唐代：主要以元稹、李商隐、韦应物为研究中心。对元稹的研究主要在两方面：一是对其悼亡诗的文本分析，代表作品有硕士论文：李晶琳的《元稹悼亡诗研究》（黑龙江大学，2003）、丁河滨的《走近元稹——元稹研究》（黑龙江大学，2009）。二是对元稹人文之争导致对其悼亡诗情感真实性的争论。研究影响最大的是陈寅恪的观点，他在《元白诗笺证》第四章《艳诗及悼亡诗》中指责元稹巧宦巧婚、无行无文，后继者有秦吟、杨民的《几分矫饰几分真——元稹〈遣悲怀〉等悼亡诗质疑》（名作欣赏，2005(7)）等，而2000年之后多数学者对元稹悼妻情感的真实性持肯定态度，如莫砺锋的《〈唐诗三百首〉佳作解读：关于元稹〈遣悲怀三首〉的争论》（文史知识，2011(2)），硕士论文有黄冬红的《元稹艳诗与悼亡诗研究》（广西师范大学，2007）、曾昭游的《元稹的婚恋经历及其婚恋作品研究》（江西师范大学，2011）、万建军的《元稹诗歌研究》（扬州大学，2009）等。

对李商隐悼亡诗的研究集中在两个方面：一是对《锦瑟》是否为悼亡诗的争辩，代表论文有杨艳梅的《〈锦瑟〉是悼亡诗新证》（古籍整理研究学刊，1997(4)）、高桂馥的《也谈〈锦瑟〉》（社会科学战线，1981(2)）、梁枢的《〈锦瑟〉新论》（西北师大学报：社会科学版，1984(2)）、王鹏飞的硕士论文《海外李商隐研究》（华东师范大学，2013）等；二是对李商隐悼亡诗思想内容和艺术特点的总结，代表论文有卢燕平的《试论义山无题诗悼亡内容及其常用意象》（社会科学辑刊，2002(5)）、蔡燕的《论李商隐悼亡诗对婚姻情感价值的新发现》（云南民族大学学报：哲学社会科学版，2004(2)）等。也有把李商隐与其他悼亡诗人相比较的论文，如施红梅的《雪中探梅雾里看花——元稹、李商隐悼亡诗比较》（江南社会学院学报，2002

(4))等。

相对来说，对韦应物悼亡诗的研究不够深入，论文数量也相对较少，主要集中在对其作品艺术特点和文学地位的研究上，如吴惠敏的《论韦应物诗歌的生命意识》(江淮论坛，2010(3))、梅华的硕士论文《韦应物诗歌艺术研究》(南京师范大学，2005)等。清乔亿的《剑溪说诗又编》对韦应物悼亡诗的评价很高："古今悼亡之作，惟韦公应物十数篇，澹缓凄楚，真切动人，不必语语沉痛，而幽忧郁堙之气，直灌输其中，诚绝调也。"[①]

3. 对悼亡诗的整体研究存在的问题

期刊论文不多，虽然表述不同，观点大多相似，都存在忽略量化统计、只是举历代典型例子进行阐述的问题，有以偏概全之通病。较为出色的论文有：尚永亮的《血泪哀歌，生死恋情：中国古代悼亡诗初探》(江汉论坛，1989(4))、蒋寅的《悼亡诗写作范式的演进》(安徽大学学报：哲科版，2011(3))和赵梅的《历代悼亡诗初论》(苏州大学学报，1992(1))。尚文认为将"悼亡"作为夫悼妻诗的专称是不合适的，应将悼亡诗的内涵予以扩大，把它视为夫妻间丧偶后生者哀悼亡者的诗篇。蒋文从男性心理及其艺术表现范式演进的角度考察悼亡诗，提出了悼亡诗的演进大致经历了三个阶段：西晋潘岳的《悼亡诗》始定悼亡诗专悼亡妻的内涵，但抒情重点在诗人而非亡妻，唐代韦应物的悼亡诗重心由诗人向亡妻转移，自其后在悼亡诗中写夫妻间日常生活琐事和丧葬经过成为惯例，韦诗营造意象更为丰富和细腻。元稹开拓了悼亡诗的新境界，《遣悲怀》代表其艺术的最高成就，此后悼亡诗的艺术再无过多的开拓空间。可谓是对悼亡诗流变的较高创见。

硕士论文有 8 篇：周如月《先秦至唐五代悼亡诗研究》(广西师范大学，2010)、马碧心的《何以悼亡方费词?》(东北师范大学，2011)、史贝贝的《先秦至唐五代悼亡诗研究》(湖南大学，2012)、于丽的《悼亡诗研究》(上海师范大学，2012)、武志龙的《中国古代悼亡诗中意象体系及爱情婚姻思考》(兰州大学，2011)、王婉灵的《唐代悼亡诗初探——兼论中西悼亡诗的比较》(山西大学，2000)，吴炳辉的《六朝哀挽诗研究》(国立政治大学，中国文学研究所，1990)。存

① 郭绍虞编，富寿荪校点《清诗话续编》上，上海：上海古籍出版社 1983 年版，第 1131 页。

在的问题有：都注意悼亡诗的纵向梳理、艺术手法的探求，但风格和文化的阐述不够深入，理论性普遍不强。相比之下，周文考证较为严密，论述较为详尽，是此类论文中的佼佼者。

著作：尚永亮、高阵的《十年生死两茫茫——古代悼亡诗百首译析》（陕西人民教育出版社，1989）是悼亡诗词的译析鉴赏集，收集了自《诗经》至清末49位作者的103首作品，采用了作者简介、注释、译诗、解析的编写体例，分析通俗易懂，而且前言部分从定义界定、历代著名诗人词人悼亡诗词的思想内涵、艺术成就、文学地位等方面对悼亡诗词的总体发展规律作了疏理，并对其研究价值和历史局限作了说明，惜理论略显单薄，是早期研究悼亡诗词的奠基之作。

王立的《永恒的眷恋——悼祭文学的主题史研究》（上海学林出版社，1999）是一部研究丧祭文学及文化的力作，但仅有其中的第四章第一节论述分析了悼亡诗的发展状况及情感取向。

胡旭的《悼亡诗史》（东方出版中心，2010）是近几年研究悼亡诗的力作。它的前言对悼亡诗的定义、内容特点、审美特征作了概述，正文分九章，以悼亡诗在各个历史时期的发展为线索，概括出每个时代悼亡诗的总体特征，还重点从作家的生平、生活经历、思想内涵和艺术成就等方面解读了94位悼亡诗人的作品，此专著既有宏观对某朝某代悼亡诗发展规律的整体把握，也有微观对具体诗人悼亡诗特色的解读和概括，惜理论略显单薄和无妻悼夫诗，实为悼亡诗史的一大缺憾。

此外还有刘洁的《唐诗审美十论》（民族出版社，2002），是书第六论从生死隔绝、抚今追昔、触景伤情、虚实相生、悲人悲己五个方面概括地论述了唐代悼亡诗的悲怆美，并旁涉了其他朝代、其他国家的诗作为论述，惜唐代诗人只用元稹和李商隐作例，略有片面。

（二）挽歌的研究现状及存在问题

1995年以前人们对中国古代挽歌的研究较少，1995年以后特别是2007年以后，挽歌的研究逐渐受到学者们的关注，研究重点有三：

1. 关于挽歌古辞及起源、发展演变的研究

(1) 关于挽歌古辞的音乐性等问题的研究

代表作品有：任半塘的《唐声诗》（上海古籍出版社，2006）、萧涤非的《汉魏六

朝乐府文学史》(人民文学出版社,1998)、王运熙的《乐府诗述论(增补本)》(上海古籍出版社,2006)等。任半塘在《唐声诗》第八章“杂歌与声诗”“挽歌”一节中在探讨唐以前挽歌的作用、语言形式、歌唱情况和唐代挽歌的体裁及与挽诗、挽章等的区别的基础上,重点介绍了唐代挽歌的使用以及在声乐方面的发展情况。萧涤非指出东汉以来世人特好《挽歌》,虽宴饮嫁娶亦喜用之。他认为《薤露》《蒿里》古辞作于汉初,《薤露》的曲名始见《文选·宋玉对楚王问》,《蒿里》的曲名则是“死人里之通称”。王运熙在《乐府诗述论》中对挽歌也作了探讨:《薤露》《蒿里》在《乐府诗集》中题作古辞,或许不一定出自田横门人,但他们无疑是汉代作品。还考辨了二曲中“七言隔句用韵”这种令人疑惑又罕见的语用现象,分析了《读曲歌》与挽歌的关系,认为现存89首《读曲歌》多凄婉哀厉,其中有一部分可能最初是被当作挽歌使用的。

(2) 关于挽歌古辞及起源的研究

著作专论有:闻一多的《乐府诗笺》、范文澜的《文心雕龙注·乐府》(人民文学出版社,1958)、齐天举的《挽歌考》(《文史》第二十九辑,中华书局,1988)、丘述尧的《〈挽歌考〉辨》(上、下)(《文史》第四十三、四十四辑,中华书局)。期刊论文有:谭达先的《哭丧歌源流考略》(广西社会科学,1988(1))、何立庆的《早期挽歌的源流》(文史杂志,1999(2))、王功龙的《中国古代的挽歌》(江汉论坛,2001(4))、杜瑞平的《挽歌考》(中北大学学报,2005(4))等。硕士论文有:宋亚莉的《汉魏六朝挽歌研究》(青岛大学,2009)、彭蓉蓉的《先唐挽歌研究》(华南师范大学,2010)。

闻一多、范文澜、齐天举对《薤露》《蒿里》两首挽歌古辞的起源均有考辨和论述。

谭达先从中国民俗学和民间文学的角度考察了哭丧歌,认为广义的哭丧歌有两个含义,一是“挽歌”,二是民间文学的“哭丧歌”。在具体考察的基础上指出近代中国仍有以挽歌哀悼死者的现象。

何立庆认为《虞殡》和齐讴为春秋战国时风行齐国的哀乐。他研究了《虞殡》的具体使用时间是“日中迎精时”,指出《蒿里》和《薤露》是迄今所见的最早的被正式称为挽歌并有歌词流传的作品,同时区别了自挽和他挽。

王功龙系统讨论了挽歌的起源、使用以及与挽歌相关的挽联的情况,对挽歌做了较为全面的论述。

20世纪中期以来，对挽歌古辞和挽歌起源演变问题的研究是众多学者倍感兴趣的话题，在现存挽歌研究中占有较大的比重，研究范围不断扩大，争论和分歧也不断产生。只有对挽歌古辞和挽歌起源的原始典籍作对比思考才能找到解决问题的答案。

(3) 关于挽歌发展演变的研究

代表论文有：吴承学的《汉魏六朝挽歌考论》(文学评论，2002(3))、王宜瑗的《六朝文人挽歌诗的演变和定型》(文学遗产，2000(5))、胡可先的《墓志新辑唐代挽歌考论》(浙江大学学报：人文社会科学版，2009(3))等。硕士论文有欧阳波的《汉魏六朝挽歌研究》(华中师范大学，2007)。

吴承学认为挽歌源于先秦，先秦就已经出现了各种挽歌形态，汉代逐渐形成风气和规范并被官方定为"送终之礼"，东汉以后出现以挽歌为乐的奇异现象，反映了当时人们的特殊心态与审美风尚，魏晋以后文人所创作的挽歌成为特殊的抒情诗样式，以表现诗人对人生的体悟。此后又出现弱化传统挽歌实用功能、强化文学与人生意味的自挽诗。

王宜瑗认为，就类型而言，六朝文人挽歌诗大致可分三期：魏晋期抒情型的拟挽诗、南朝刘宋期过渡型的自挽式诗和赠献挽诗、北朝期实用型的赠献挽歌。而其中，北朝的赠献挽歌奠定了后代挽歌的基本模式。通过对各个阶段挽歌题材的特征及相互之间关系的梳理，着重考察这一时期挽歌题材的演变、定型及其在六朝诗史上的意义。

胡可先从新近出土的唐代墓志中发现了刻在墓志盖上的挽歌和墓志铭中的挽歌，并考论了它们的作者、哀挽对象以及与唐代丧葬制度、礼仪习俗的关系，丰富了挽歌的形态。

2. 关于具体挽歌作品的研究

代表论文有：(日本)一海知义的《文选挽歌考》(《中国文学报》第十二册，1960年4月)、(日本)冈村贞雄的《乐府挽歌考》(《中国中世文学研究》，1967年日本第六号)、胡大雷的《〈文选〉诗"哀伤"类初探》(山西大学师范学院学报：哲学社会科学版，1997(2))、傅刚的《试论〈文选〉所收陆机〈挽歌〉三首》(文学遗产，1996(1))、高欣的《智者的挽歌——读陶渊明的〈拟挽歌辞三首〉》(文史杂志，

2002(1))等。硕士论文有：杜瑞平的《魏晋南北朝挽歌研究》(河北师范大学，2004)等。

首先，19世纪60年代日本学者冈村贞雄的《乐府挽歌考》和一海知义的《文选挽歌考》被公认是较早研究挽歌且系统考论挽歌诗的代表作，他们梳理了具体挽歌诗的发展流变，尤其是深入研究了陆机和陶渊明的挽歌诗。

其次，陶渊明的《拟挽歌辞》是众多学者关注的焦点，主要体现为对生死观和生命意识的研究和相关的考证。杜瑞平在考证陶渊明挽歌题目和其挽歌作品非为临终属纩之作和系壮年所作的基础上，分析了陶渊明挽歌诗在三国两晋南北朝挽歌诗发展中的作用和地位，从挽歌与挽诗的角度阐发陶渊明挽歌诗的价值。其硕士论文《魏晋南北朝挽歌研究》对此作了更为系统的研究。

再者，亦有不少学者关注《文选》中的挽歌作品。傅刚从陆机《挽歌》的原貌、《乐府诗集》编辑与《文选》的关系、《陆士衡集》的编辑与《文选》的关系四个角度来考证陆机的《挽歌》三首。陆机现存的九首挽歌诗原本是有标题的，可分为《王侯挽歌》和《庶人挽歌》两类，一组是标题为“王侯挽歌”的组诗，另一组是标题为“庶人挽歌”的组诗，《文选》所选三首《挽歌》都是“王侯挽歌”。胡大雷认为《文选》所录“哀伤”类诗表明，在死亡这个问题上，西晋以前的知识分子尚无很强烈的个体意识，与《文选》“挽歌”类叙写死亡的概括性与虚拟性相比，“哀伤”类突出的是具体性与真实性。《文选》“祖饯”“咏史”“赠答”“咏怀”等类也有哀伤性作品，与其相较，可用哀悼同时代某人死亡来限定“哀伤”类诗作的界域。

3. 关于挽歌与生命价值之关系的研究

代表论文有：芦苇蔷的《魏晋文人与挽歌》(复旦学报，1988(5))、王小盾的《〈行路难〉与魏晋南北朝的说唱艺术》(清华大学学报，2002(6))、范子烨的《永恒的悲美——中古时代的挽歌与挽歌诗》(求是学刊，1996(2))、袁济喜的《〈列子〉与六朝文士的演生》(中国人民大学学报，2005(6))等。博士论文有徐国荣的《中古文士生命观及其文学表述》(南京大学，1998)。芦苇菁认为挽歌是魏晋人在动荡的特定历史时期感受到强烈生死之痛时表达复杂心绪的载体。袁济喜认为《列子》将人生视为生死等量齐观的过程与六朝文士对生死大化的挽歌情结非常相似。徐国荣从汉魏六朝时期的历史、宗教、哲学等方面考察，探导了当时的感伤思潮与文学的相互关系，并对挽歌做了重点论述。

20 世纪以来中国古代挽歌研究取得了较为可喜的成绩，研究范围不断扩大，研究方法不断更新，传统的研究问题也得到深化和明晰。但是仍存在有三方面问题：一是诸多研究集中在先唐尤其是魏晋南北朝的挽歌研究上，主要探讨挽歌的起源演变、陶渊明的挽歌辞、魏晋人“以悲为美”的价值取向等。二是在已有的研究中，使用材料大多雷同是部分研究者的通病。三是部分研究者对前人的研究成果质疑不足，草率引用，从而影响了结论的说服力。

此外，专门研究先秦至唐五代哀悼诗文化的作品亦较少，博士论文有徐国荣的《中古文士生命观及其文学表述》(南京大学，1998)。硕士论文有刘包发的《文化视域：中西悼亡诗的“爱”与“死”》(中南大学，2009)。期刊论文有战学成的《丧礼与〈诗经〉悼亡诗》(学术交流，2006(4))等。它们虽然多多少少也写有文化，但是不够系统、深入和全面，尤其是文学与文化的关系更是有待进一步挖掘。王立的著作《中国文学主题学——悼祭文学与丧悼文化》是哀祭文学主题学研究的奠基作品，书中把悼祭文学与古代传统的丧悼文化联系起来，运用主题学与心态史联系的方法，来验证古代的民俗传闻。悼祭对象广泛，包括妻子、子女、友人和姬妾等。文体包括诔、吊文、祭文、哀辞、墓碑文以及墓志铭等悼祭文学文体，为后人对其中某些类型的深入研究提供了参考价值。

综上所述，当前学界对先秦至唐五代哀悼诗的研究有以下特征：一、从类别看，着重研究悼亡诗和挽歌，然而重复论述较多，创新较少。二、从时间看，断代的研究较多，尤其侧重汉、三国、晋、南北朝的作品。三、从范围看，大多侧重诸如潘岳、陶渊明、韦应物、元稹、李商隐等作家的个体研究。四、在纵向研究方面较为薄弱，极少有人研究哀悼诗的传承与流变、传播与影响，从而突出它在文学史上的地位。五、从哀悼文学与文化研究现状来看，虽然多多少少都涉有文化，但是不够系统、深入和全面，尤其是文学与文化的相互关系更是有待进一步挖掘。六、尚无人探导其不同诗歌体式的表达规范、使用功能及审美效果。七、研究方式方法较为传统，鲜有人进行跨学科研究。总之，当前学界尚未对先秦至唐五代哀悼诗进行全面系统的研究，有些研究成果与本课题虽有牵连及交叉的地方，但其指向不在“哀悼”，或仅仅是“泛化”“捎带”式的提及，或仅仅是局部片面的研究。

三、研究目的

在前人哀悼文学研究的基础上，首先从纵向梳理先秦至唐五代每类哀悼诗在中国文学史上的发展历程和艺术特点，继而将其置于中国历史纵向、横向对比的整体坐标上探讨先秦至唐五代哀悼诗所反映的死亡本质、情感内涵及中国传统文化儒家思想、道教、佛教对哀悼诗的影响，再从文体上探寻先秦至唐五代哀悼诗四言体，楚歌体，五、七言古体，律诗，绝句的表达规范、使用功能和审美效果，以及从本体上总结先秦至唐五代哀悼诗的语言风格、抒情模式、抒情方式、意象、意境的艺术特征，最后分析典型优秀代表作家的艺术个性，力图从纵向与横向、内部与外部、共性与个性多角度展现先秦至唐五代哀悼诗的整体风貌。

四、研究方法和创新之处

本系列论著的研究方法和研究手段是以文学为本位，将语言学、社会学、哲学、历史学、美学、民俗学、地理学、生理学、心理学、宗教、伦理学、文化人类学等学科融入研究，综合运用多学科的研究视角和研究方法。具体来说就是：在文献调查与实践调查的基础上，先用定量统计法统计出先秦至唐五代所有的哀悼诗，继用考论结合法、文史互证法对先秦至唐五代著名诗派、著名哀悼诗人及其作品进行考证、分析、论述，得出其艺术规律，进而从历时的角度通过探讨哀悼诗的起源、发展、情感内蕴、艺术特点、风格流变和先秦至唐五代哀悼诗在后代的流变、影响，再从共时的角度探索先秦至唐五代哀悼诗与中国传统文化的相互关系，比较先秦至唐五代哀悼诗内部四言体，楚歌体，五、七言古体，律诗，绝句的表达规范、使用功能及审美效果的差异，最后归纳总结出先秦至唐五代哀悼诗的类型特点、情感内蕴、体式特征、风格流变、艺术特色、文化意义。研究方法和手段有：定量研究与定性研究相结合法、静态研究与动态研究相结合法、文献调查与实践调查相结合法、比较研究法、文史互证法、考论结合法、归纳演绎法。

由于本论题是一个较为传统的课题，要想取得创新性成果，必须站在研究对象先秦至唐五代哀悼诗的外围，运用不同学科、不同研究方法对其从不同侧面、不同角度反复观照。因此本著作尝试运用跨学科、多角度的方式展开研究，将语言学、社会学、哲学、历史学、美学、民俗学、地理学、生理学、心理学、宗教、伦理学、文化人类学等学科的有关理论和研究方法引入论文，不管成功与否，均请专家批评指正。

首先，本系列论著最显著的成绩是将语言学的研究理论和研究方法引入古代文学：一、音韵学知识尤其是汉语发音原理、发音方法的引入有助于解释先秦至唐五代哀悼诗多以押阳声韵为主、押 i、u、ü 收尾的阴声韵为辅的原因，也有利于解释楚歌体哀悼诗中语气词“兮”的音韵作用，为当前古典诗歌音韵研究的滞后增加一点新鲜元素；二、尽管我国古代对风格学早有关注，也有不少论著，如南朝刘勰的《文心雕龙·体式》，唐代释皎然的《诗式》、司空图的《二十四诗品》，宋代严羽的《沧浪诗话》、陈骙的《文则》，明代屠隆的《鸿苞集》、费经虞的《雅论》、胡应麟的《诗薮》，清代袁枚的《续诗品》和《随园诗话》、姚鼐的《诗辨》、刘大櫆的《论文偶记》等，但由于中国人受整体性思维方式的影响，中国古代的风格学论说都有个共同的特点，就是将风格分得很细，而每种风格运用哪些语言手段构成却言之不详或采用比喻性的含糊说法，致使有些风格之间杂糅不清，如司空图所说的“含蓄”和“委曲”两种风格就是如此：

含蓄

不着一字，尽得风流。语不涉己，若不堪忧。是有真宰，与之沉浮。
如渌满酒，花时反秋。悠悠空尘，忽忽海沤。浅深聚散，万取一收。①

委曲

登彼太行，翠绕羊肠。杳霭流玉，悠悠花香。力之于时，声之于羌。
似往已回，如幽匪藏。水理漩洑，鹏风翱翔。道不自器，与之圆方。②

上述两种风格都采用比喻的说法，均很生动形象，但具体在遣词造句、布局谋篇上如何运用却不甚明了，而且两种风格看似有别实则相像，在实际运用中极易混淆。而现代语言风格学受西方语言学的影响，其分类不求过细但求明确，它将每一种风格的特征从语音、语汇、语法、章法、修辞五个方面是如何构成的一一明

① （唐）司空图撰《诗品二十四则》，中华书局 1985 年版，第 6 页。
② （唐）司空图撰《诗品二十四则》，中华书局 1985 年版，第 9 页。

指，使语言手段构成落到实处，例如含蓄的风格往往运用简洁的语言，在修辞上大多选用描绘形象、创设意境及利用语言条件灵活变通的表达类修辞，如借代、比喻（尤其是最精练的借喻）、比兴、衬托、讽喻、婉曲、暗引、讳饰、用典、反语、双关、象征、通感、业警等，在章法上要注意剪裁、选取典型，让人一目了然。本系列论著运用现代语言风格学理论分析了先秦至唐五代哀悼诗的总体语言风格特征和四言体，楚辞体，五、七言古体，律诗，绝句哀悼诗的不同审美风格特征，有助于推动当前古典诗歌语言风格的研究。所以把现代语言风格学的相关理论引入中国古典诗学研究，对中国古典诗学风格研究起到一定的补充作用。三、诗歌体式研究实是语言的研究，北京大学葛晓音教授在《先秦汉魏六朝诗歌体式研究》一书中明确说过中国古典诗歌体式的研究必须借鉴语言学的研究成果，本著作正是利用语言学知识探索了先秦至唐五代哀悼诗四言体，楚辞体，五、七言古体，律诗，绝句的不同体式特征及其构成原理，大胆地涉足了许多人不敢触及的领域，为当前中国古典诗歌体式的探索起到一定的推动作用。四、英国语言学家G. Leech的"礼貌原则"和我国人类学家胡先晋的"面子/礼貌系统"的引入也有利于解释中国古代封建社会错综复杂的社会关系和作家在哀悼诗中情感表露的差异，从而总结出先秦至唐五代哀悼诗特有的言语策略及抒情模式和抒情方式。五、语言学从微观入手、注重量化统计的研究方法对古代文学善于从宏观着眼、忽视量化统计的研究方法也起到一定的补充作用。因此，语言学理论和研究方法的引入对中国古典诗学的研究具有一定的借鉴意义。

其次，引入美国耶鲁大学谢利·卡根教授提出的剥夺解释理论，指明了死亡的最本质特征就是剥夺性，即死亡的坏处不是绝对的、稳固的、内在的坏处，也不是结果上的坏处，而是相对的坏处，就是某些事物有坏处是因为你在接触它们时，就失去了或无法接触其他更好的事物的机会，即经济学家所说的"机会成本"，死亡的最大坏处或最大特点是剥夺了你生活中本来应该得到的美好事物。这有利于理顺当前一些哀悼文学研究中将死亡的内在坏处、结果坏处、相对坏处杂糅不清的现象。

再次，将宗教伦理文化与文学结合研究，更容易看出先秦至唐五代哀悼诗受中国古代传统文化影响的深厚，儒家思想在巩固中国古代封建王权中具有怎样不容忽视的价值，道教的贵生长生观念在缓解死亡哀痛和维持心态平和、佛教的苦空观在消解死亡给存者带来的痛苦和生活挫折上所起到怎样的积极作用，以及给人带来了怎样的生命活力。

最后，结合美学、哲学、宗教、地理学、生理学、心理学研究，一方面能更全面地从历时的角度总结先秦至唐五代哀悼诗意象体系的构成、组接方法和典型意象的演变，另一方面更有利于理解先秦至唐五代哀悼诗中包含着多种审美意蕴的"空"境。

此外，也运用古代文学传统的考论法对学界一些存有争议的悼亡诗作了重新考辨。

第一编 类型论

任何社会的人际关系都是由社会结构所决定的。我国的宗法制度立于夏朝，发展于商朝，完备于周朝，影响了后来历代封建王朝。维护宗法制社会制度的是国与家相通、君权与父权相附的由家庭伦理延伸而来的国家伦理。伦即等级次序，即辈分，理即维持等级次序应遵循的规律，所以我国古代社会的基本结构是差序格局，与之相对应的社会关系和人际关系是“父子有亲，君臣有义，夫妇有别，长幼有序，朋友有信”的“五伦”。因此，尽管诗歌有多种分类标准，但是从生者与死者的伦理角色关系来对中国古代哀悼诗进行分类是较为合理的。先秦至唐五代的哀悼诗从生者与死者的伦理角色和情感倾向大致可以分为四类：一是侧重抒发男女之情的悼亡诗[①]，二是侧重抒发亲情的悼亲诗[②]，三是侧重抒发友情的悼友诗，四是出于交际应酬和某些政治目的而产生的哀悼诗，本著作称之为其他哀悼诗，包括悼君诗，悼臣诗，悼王诗，悼后妃诗，悼夫人诗，悼他人父母、夫、妻、妾（包括家妓、侍儿）诗[③]，悼太子诗，悼公主诗，悼妓诗，悼节妇诗。

---

① 悼亡诗原指悼念死去的人，自西晋潘岳《悼亡诗》出现以后，就专指悼念亡妻，后来发展为夫悼念亡妻（妾）或妻（妾）悼念亡夫或有事实婚姻的一方悼念已去世的另一方。

② 悼亲诗指亲属哀悼诗。我国古代亲属分三大类：宗亲、外亲、妻亲。宗亲又称内亲、本亲、本族，为最重要的亲属，指由同一祖先所出的男系血亲，包括未出嫁的女子和已嫁入父宗的女子。外亲指与女系血统相联系的亲属。他们之间具有内外姨表关系，处于相对次要的地位，包括己身之母；祖母的本生亲属；己身之女、孙女、姊妹、侄女；姑母的子孙。妻亲是以妻子为亲属关系的中介，指夫对妻的血亲之间的亲属关系，包括妻的父母、兄弟姐妹及其配偶、子女。因丈夫、妻妾在悼亡诗中已经讨论过了，本著作的悼亲诗侧重指除丈夫、妻妾之外的亲属哀悼诗。

③ 此处的悼他人父母、夫、妻、妾（包括家妓、侍儿）诗不包括悼友诗、悼君诗、悼臣诗、悼王诗、悼后妃诗、悼夫人诗、悼太子诗、悼公主诗、悼节妇诗。

第一章

悼 亡 诗

两性题材是文学作品中的永恒题材，两性之间尤其是有感情的夫妻之间的生离死别最令人痛彻心扉，由此而写作的哀悼诗亦更能扣人心弦。中国古代的悼亡诗包括夫悼妻诗，夫悼妾（包括家妓、侍儿）诗，妻悼夫诗，妾、家妓、侍儿悼夫诗四种。从文学发展史看，中国古代的悼亡诗源自《诗经》，现存的作品先秦有3首，汉代有2首，三国两晋南北朝有10首，唐代有107首。可以说先秦两汉是悼亡诗的发轫期，三国两晋南北朝是悼亡诗的发展期，唐代以后是悼亡诗的高潮期。在中国古代以男性为中心的男权社会里，悼亡诗因女性身份地位的不同，表达的情感和表现手法也各异。

一、悼妻诗

从法律关系看，我国古代社会实行的是一夫一妻多妾制，一个男人在同一时间内只能娶一个妻子，妻是门当户对应父母之命、媒妁之言娶的，是“正室”“嫡”，而妾则不然，不能算作正式婚配，只能是“侧室”“偏房”“庶”，嫡庶不可乱，这有法律明文规定，《说文·女部》的“妇与夫齐者也”[①]和《广雅·释亲》的“妻，齐也”[②]中以“齐”为“妻”的义解和声训均表明了：在妻妾之中，只有妻才与丈夫有齐等的地位。正因为如此，男性对妻子的态度是比较尊重的，在现存悼亡诗中，悼妻诗是最多的，而且悼妻诗往往是对亡妻品德及作为知心伴侣的赞颂，对夫妻恩爱生活的回忆，对失去妻子之后自己的悲痛、孤单、寂寞、悔恨情感的抒发，很少对妻子的容貌神态、穿着打扮、歌舞技艺、性爱这些显示女性作为艺术品和性对象的不庄重内容进行描绘。在作品数量上，先秦仅存1首悼妻诗，三国两晋南北朝的悼妻诗存8首，唐五代存的悼妻诗最多，有87首。现存悼妻诗数量的多寡，大致与

① （汉）许慎撰，（宋）徐铉校定《说文解字》，北京：中华书局2013年版，第259页。

② （清）王念孙著《广雅疏证》，北京：中华书局1983年版，第202页。

时代精神和审美风尚、年代的久远、流传及保留的情况等诸多因素有关。

《邶风·绿衣》是先秦留存的唯一一首悼妻诗[①]，全诗共四章，以亡妻生前做的绿衣为线索，睹物思人，前三章第一句都以"绿兮衣兮"起兴，第四章用"絺兮绤兮"起兴，前两章第三、四句着重写失妻之伤，后两章第三、四句着重赞美妻子劝我过失及知我心之德。

汉代现存作品有悼节妇诗而未发现有悼妻诗，其原因大体与汉代推崇罢黜百家、独尊儒术的文化政策有关，诗歌在当时很多时候成了宣扬儒家思想的工具，抒发悼妻之类私人性情感的作品不太被人欣赏和传播，故流传较少。汉、三国、两晋、南北朝现存的悼妻诗开始增多，其主要原因是：战乱和分裂、朝代更迭频繁导致人们容易产生幽微、深婉、凄苦、自怜自伤的社会心态，从而使风格凄婉的悼妻诗更容易被人接受和保存。现存作品有：潘岳的《悼亡诗三首》《杨氏七哀诗》，沈约的《悼亡诗》，庾信的《伤往诗二首》，薛德音的《悼亡诗》。其特点比较明显：一是在诗歌体裁上，均是用五古写成。二是在哀悼诗史上首次出现了悼妻组诗，如潘岳的《悼亡诗三首》、庾信的《伤往诗二首》，组诗的出现实是《诗经》诗歌重章叠唱的进一步发展，这种形式既增加了作品的长度，又使作者的感情得以进一步抒发。三是在内容上，除了哀悼之外，大多是描写生物候象在季节推移中的变化来表现悼念哀思的长久和一种感伤的生命意识。例如，"去秋三五月，今秋还照梁。今春兰蕙草，来春复吐芳。悲哉人道异，一谢永销亡。"（沈约《悼亡诗》）妻子去世了就一去不返，而去年秋天的月亮今年秋天还在照着，今年春天的兰蕙明年春天还重新开花，用的就是人去物新的手法。又如潘岳的《悼亡诗三首》，用铺叙的手法从室外写到室内，从冬春写到暑秋，从现在回忆过去再展现未来，层层铺写对亡妻的思念、痛苦及对未来前途的担忧之情。其中的"帏屏无仿佛，翰默有余迹。流芳未及歇，遗挂犹在壁"用的是睹物思人手法。

唐代的悼妻诗创作带有明显的时代特征，现存的中晚唐悼妻诗比初、盛唐悼妻诗的数量明显增多。其原因大体与以下因素有关，初、盛唐是中国文学史上诗

---

① 《绿衣》的主旨大体有：(一)卫庄姜伤已也。妾上僭，夫人失位而作是诗也。见《毛诗序》、唐孔颖达《毛诗正义》，陈奂、马瑞辰、方玉润从之，宋朱熹《诗经集传》稍异，指出"不必其人自作也"。(二)思死去的人。见《孔子诗论》。(三)悼念故妻。余冠英、周振甫、程俊英、蒋见元、高亨等今人学者皆认为此诗是悼亡诗，此说对后世影响较大，本著作从此说。

歌创作的黄金时期，大一统帝国的建立、政局的稳定、经济的繁荣给文人带来前所未有的自信心和自豪感，至盛唐，积极向上的时代精神、开阔雄浑的气象、昂扬奔放的精神风貌形成了诗歌的主旋律，在这个奋发有为的外向型时代，很多人想得更多的是去如何建功立业，很少人去关注悼妻诗这种私人情感类的作品，而且悼妻诗凄苦低回的特点与时代主旋律和审美风尚不符，很多诗人不喜欢创作此类风格的作品，即使有人创作了悼妻诗，也得不到广泛流传，很多作品经过安史之乱的战火后已销声匿迹，只有少数保留在个人集子里的作品才得以流传。而安史之乱后，大唐帝国江河日下，经历过社会动乱的文人大多情绪低落、心情黯淡，凄苦低回的悼妻诗正好吻合他们的心境，社会形成了喜欢哀怨的审美倾向，许多作家喜欢创作此类作品，也较容易接受此类作品，而且中晚唐作家的悼妻诗因为较少受到战火的销毁而得到了更好的保存，所以现存的中晚唐悼妻诗作家、作品数量比初、盛唐有所增加。唐五代的悼妻诗作品有：

韦应物22首：《伤逝》《往富平伤怀》《出还》《冬夜》《送终》《除日》《对芳树》《月夜》《叹杨花》《过昭国里故第》《夏日》《端居感怀》《悲纨扇》《闲斋对雨》《林园晚霁》《感梦》《同德精舍旧居伤怀》《悲故交》《夜闻独鸟啼》《子规啼》《登蒲塘驿沿路见泉谷村墅忽想京师旧居追怀昔年》《感镜》。

戴叔伦1首：《妻亡后别妻弟》。

孟郊1首：《悼亡》。

刘禹锡2首：《谪居悼往二首》。

元稹33首：《夜闲》《感小株夜合》《醉醒》《追昔游》《空屋题（十月十四日夜）》《初寒夜寄卢子蒙》《城外回，谢子蒙见谕》《谕子蒙》《遣悲怀三首》《旅眠》《除夜》《感梦》《合衣寝》《竹簟》《听庾及之弹乌夜啼引》《梦井》《江陵三梦》《张旧蚊帱》《独夜伤怀赠呈张侍御（张生近丧妻）》《六年春遣怀八首》《答友封见赠》《梦成之》。

李商隐5首：《王十二兄与畏之员外相访见招小饮时予以悼亡日近不去因寄》《悼伤后赴东蜀辟至散关遇雪》《正月崇让宅》《相思》《房中曲》。

赵嘏2首：《悼亡二首》。

王涣1首：《悼亡》。

唐晅 3 首：《还渭南感旧二首》[①]《赠妻诗》。

韦检 1 首：《附：检悼亡姬诗》。

李煜 6 首：《挽辞二首》《感怀》《梅花》《书灵筵手巾》《书琵琶背》。

以上作品的辑录与当前学界一些学者的认定有些出入，胡旭(《悼亡诗史》，东方出版中心，2010)认为除上述作品外，还有一些作品也是悼亡诗：

韦应物的《送杨氏女》《有所思》《七夕》《对残灯》《赠别河南李功曹》《善福精舍答韩司录清都观会宴见忆》《同褒子秋斋独宿》《暮相思》《秋夜二首》。

李商隐的《房中曲》《辛未七夕》《壬申七夕》《七夕》《李夫人三首》《青陵台》《破镜》《属疾》《临发崇让宅紫薇》《崇让宅东亭醉后沔然有作》《西溪》《西亭》《昨夜》《夜冷》《宿晋昌亭闻惊禽》《七月二十九日崇让宅宴作》《赴职梓潼留别畏之员外同年》《过招国李家南园二首》《壬申闰秋题赠乌鹊》。

白居易的《和元九悼往(感旧蚊帱作)》《见元九悼亡诗，因以此寄》《答谢家最小偏怜女(感元九悼亡诗，因为代答三首)》《为薛台悼亡》。

赵嘏的《题横水驿双峰院松》[②]《别麻氏》。

还有一些主题虽非悼亡但亦旁带与亡妻相关之事、间出悼亡之情的诗：韦应物的《赠别河南李功曹》《善福精舍答韩司录清都观会宴见忆》《感镜》《送杨氏女》《同褒子秋斋独宿》《暮相思》。

冯浩(《玉溪生诗集笺注》，蒋凡标点，中华书局，1979 年)认为李商隐的《房中曲》《宿晋昌亭闻惊禽》《西溪》《夜冷》《西亭》《李夫人三首》《正月崇让宅》是悼亡诗，而《壬申七夕》《崇让宅东亭醉后沔然有作》《临发崇让宅紫薇》《七月二十九日崇让宅宴作》《破镜》《昨夜》《临发崇让宅紫薇》不是悼亡诗。

孙望(《韦应物诗集系年校笺》，中华书局，2002)认为《悲故交》年代不可考且非悼亡诗。陶敏、王友胜(《韦应物集校笺》，上海古籍出版社，1998)认为是伤悼经迁贬而归之古人作，但其人及创作时间不详。胡旭也认为其诗内容与题目不相合。

综上观之，作者认为判断一首诗是否是哀悼诗，首先要明确标准：一、主题必

---

① 一名为《唐晅悼妻诗》。

② 一作《横水馆双松》。

须是哀悼死者；二、诗中必须含有哀悼死者的内容，如死者人物形象、遗物等。两条标准必须同时存在，缺一不可。韦应物《送杨氏女》的主题是送女儿出嫁，《有所思》只是抒写自己游春时的一些惆怅之情，《七夕》仅是对牛郎织女之事抒发感叹，《对残灯》旨在写自己因孤独而不能入眠，主题均不是悼妻，故不是悼妻诗。《赠别河南李功曹》《善福精舍答韩司录清都观会宴见忆》《同褒子秋斋独宿》《暮相思》只是带有与亡妻相关的一些事，其主题并非悼妻，也不能视为悼妻诗。《秋夜二首》虽被列入在《韦苏州集》卷六、《全唐书》卷一九一的《伤逝》诗题下注"此后十九首，尽同德精舍旧居时伤怀时所作"的十九首之内，但是它不是悼妻诗，理由有二：一、从主旨看，此诗是因"惆怅平生怀""心事若寒灰"而在秋夜不能入眠，并没有明说这些心事是由亡妻所引起。二、《伤逝》诗题下的小注是否真实，尚待考证。因为宋刊书棚本《韦应物集》存一至四卷、元刊麻纱本《韦苏州集》存五至十卷所配成的"宋刊元配本"及清汪名刻《唐四家诗》均不录此题注，根据《四部丛刊》所录《韦应物集》附录诸文所载，两宋时《韦应物集》有几次校刻，还增补了一些诗，此注可能是后人在校刻时增补上去的，傅璇琮先生亦有质疑："此注不知为何人所加，其说颇误。"[①]《悲故交》从"万里颠沛还，高堂已长暮。积愤方盈抱，缠哀忽逾度。念子从此终，黄泉竟谁诉"这几句看，必是哀悼诗无疑，"子"指"你"，不一定是男性，"高堂"指父母，其《送黎六郎赴阳翟少府》诗亦有"秖应传善政，日夕慰高堂"。虽然韦应物父母生卒年不可考，但也可知"子"应该死于韦应物的父母去世后不久，当时诗人从离家较远的地方赶回，从上下文的语境来看，上有高堂、下有妻子儿女是常见说法，"子"应该是韦家的一位重要家庭成员，而且用"子"(你)第二人称称呼死者，证明其与诗人是平辈或平等的关系，"缠哀忽逾度""黄泉竟谁诉"也表明了其与韦应物的关系非常密切、是说心里话的人。结合韦应物的行迹，大历十一年(776 年)于长安任京兆功曹，与妻居长安昭国里宅，八月，出使蓝田，淹留涉季，其诗《赠令狐士曹诗》题下有注："自八月朔旦同使蓝田，淹留涉季，事先半日而不相待，故有戏赠。"[②]是年冬天其妻卒于长安昭国里宅。再从长安与蓝田的地理关系看，韦诗《采玉行》孙氏笺："大历十年(七七五)在京

① 傅璇琮著《唐代诗人丛考》，北京：中华书局 1980 年版，第 300 页。

② 罗联添著《唐代诗文六家年谱》，台北：学海出版社 1986 年版，第 102 页。

兆府任京兆功曹，使蓝田时作。《汉书·地理志》上谓：蓝田县山出美玉。《长安志》卷一六蓝田县引郭缘生《述征记》曰：蓝田山，山形如覆车之象，其山出玉，亦名玉山。"[①]可知此蓝田即是陕西长安附近的蓝田。长安于"隋开皇三年，自汉长安故城东南移二十里，迁都龙首川，改京兆尹为雍州。……（唐）开元元年，改雍州为京兆府……京兆府管二十三县"[②]，长安、蓝田为其中之二。可见，蓝田与长安毗邻，虽隔无万里，但诗歌的数量有时也未必实指，虚指用以夸张、渲染感情亦为常见。由此大体可确定《悲故交》为悼妻诗。但诗题"悲故交"中的"故交"应是指老朋友而不是妻子，所以自相矛盾。联系古代诗歌的题目也有错题或失题而被后人添补的情况，可以推知《悲故交》疑为错题或后人补题的悼妻诗。

李商隐的《房中曲》作于唐宣宗大中五年（851 年），时李商隐从武宁节度使（治徐州）卢弘正幕府回来为妻子王氏奔丧，但因未及与妻子见最后一面，感伤而作。全诗共 16 句，除首尾 8 句外，中间 8 句处处写妻亡，"枕是龙宫石，割得秋波色"中的"割秋波"，"玉簟失柔肤，但见蒙罗碧"中的"失柔肤"，"忆得前年春，未语含悲辛。归来已不见，锦瑟长于人"中的"已不见""长于人"，而且周代有《房中曲》，汉也有《房中词》《房中歌》，作者是借其名以抒写面对妻亡房空的悲伤，故此诗为悼妻诗。而《辛未七夕》《壬申七夕》《七夕》均为咏七夕诗，叹牛郎织女相会之事，《李夫人三首》为咏史诗，《青陵台》为怀古诗，《破镜》为咏物诗，《属疾》写托病告假，《临发崇让宅紫薇》是咏物诗，即大中五年（851 年）深秋离开洛阳赴梓州幕前对紫薇花开的抒感之作，《崇让宅东亭醉后沔然有作》把秋日雨后园景和酒后幽兴融合，抒发怀才不遇之感，《西溪》似有寄托，"不惊春物少，只觉夕阳多"写迟暮，"天上莫为河"承上意，"京华他夜梦，好好寄云波"言让西溪水把梦传到京城，但更多的是寄托怀才不遇之感，均与悼亡无关。《西亭》《昨夜》《夜冷》《宿晋昌亭闻惊禽》只是写自己的孤寂，《七月二十九日崇让宅宴作》着意写飘零的生涯、寂寞的感受，其原因或许与妻亡有关，却不太好说是悼妻。《赴职梓潼留别畏之员外同年》只是陈述自己新丧妻，《过招国李家南园二首》写自己丧妻之后拜访老友的情况，《壬申闰秋题赠乌鹊》写自己丧妻不久即远赴东川，沉沦漂泊，也不

① （唐）韦应物著；孙望编著《韦应物诗集系年校笺》，北京：中华书局 2002 年版，第 97 页。

② （元）骆天骧撰；黄永年点校《类编长安志》，北京：中华书局 1990 年版，第 3、18 页。

太好说是悼妻。

白居易的《和元九悼往(感旧蚊帱作)》是悼元稹亡妻的诗，属悼他人妻诗，《为薛台悼亡》是代他人悼妻诗，不是悼亡诗。《见元九悼亡诗，因以此寄》是安慰朋友的诗，不是哀悼诗。《答谢家最小偏怜女(感元九悼亡诗，因为代答三首)》是白居易代元稹亡妻回答元稹，不是自己悼自己妻子的悼亡诗。

赵嘏的《题横水驿双峰院松》[1]为咏物诗，主要写离乡漂泊之感，《别麻氏》写与麻氏分别后的痛苦，均无涉死亡，与悼妻无关。

唐代悼妻诗主要以韦应物、元稹、李商隐的作品为多，成就也较高，尤其是元稹，成为我国悼亡诗史上的标志性人物。在诗歌体裁上，唐代的悼妻诗众体多备：五古、七古、五律、七律、五绝、七绝，主要以格律诗为主。在内涵情感上，唐代悼妻诗更为丰富，除了表达对妻子品德的赞扬和对妻子的思念及表达亡妻之悲外，还有对不能给妻子过上富裕幸福生活的内疚，如元稹的悼妻诗；还有兼对自己飘零身世的感叹，如李商隐的悼妻诗；还有对妻子去世后小孩无母的悲惨生活的描绘，如韦应物的悼妻诗，等等。在表现手法上，唐代悼妻诗的表现更为多样，或者通过写妻子的遗物悼念，如李煜的《挽辞二首》中妻子用过的香奁、《梅花》中曾与妻子一起种过的梅花、《书灵筵手巾》中妻子用过的手巾、《书琵琶背》中李璟曾送给周后的琵琶等都是作者睹物思人的遗物。或者通过写曾经与妻子一起生活过的住宅来抒发悼念之情，如李商隐的《正月崇让宅》中的崇让宅、韦应物的《过昭国里故第》中的昭国里故第等。或者通过写醉、梦来抒发悼念之情，如元稹的《醉醒》《感梦》《梦井》《江陵三梦》《梦成之》。或者通过描写子女来抒发悼念之情，如韦应物《出还》中的“幼女复何知，时来庭下戏”写出了幼小的女儿不懂得母亲去世的悲哀、也不懂得父亲哀悼母亲的痛苦，只是一味地玩乐，以乐衬悲，因而更能打动人心。或者通过回忆曾经与妻子一起度过的贫贱生活来抒发悼念之情，如元稹的《遣悲怀三首》等诗作。或者通过写无儿的悲哀来抒发悼念之情，如元稹的《谕子蒙》写“抚稚君休感，无儿我不伤”，说是不伤，但实际上还是伤。或者通过多地点、多时段、借不同物品来抒发对妻子的悼念之情，如韦应物的悼妻诗就属此类写法，除了《夜闻独鸟啼》《子规啼》具体时间地点不明之外，其余的作

[1] 一作《横水馆双松》。

品,《伤逝》约于大历十二年(777 年)秋作于长安,《往富平伤怀》《出还》《冬夜》《送终》约于大历十二年(777 年)冬作于长安,《除日》约于大历十二年(777 年)除夕作于长安,《对芳树》《月夜》《叹杨花》约于大历十三年(778 年)春作于长安,《过昭国里故第》于大历十三年春末作于长安,《夏日》《端居感怀》于大历十三年夏作于长安,《悲纨扇》《闲斋对雨》《林园晚霁》于大历十三年秋作于鄠县,《感梦》于大历十三年秋冬作于鄠县,《同德精舍旧居伤怀》于建中三年(782 年)秋作于洛阳,《悲故交》于贞元三年(787 年)作于长安,《登蒲塘驿沿路见泉谷村墅忽想京师旧居追怀昔年》于贞元二年(786 年)春作于江州巡属途中,《感镜》于建中四年(783 年)作于广陵,它们创作的时间、地点均不太一样。其中《对芳树》《叹杨花》《悲纨扇》《感镜》《闲斋对雨》《林园晚霁》是借不同物品抒怀的作品。

二、悼妾诗(包括家妓、侍儿)

在我国古代一夫一妻多妾制社会中,除了正妻之外,姬妾、家妓、侍儿亦是男人家庭中的性对象。妾是妻因生育缺陷或年老色衰丧失吸引力时作为生育及色相之补,《广雅·释亲》"妾,接也"[①]以"接"训"妾"即表明了"妾"只不过是作为"妻"的某种续补而存在。而且《说文解字》释:"妾,有辠女子,给事之得接于君者。从辛从女。"[②]以"辛"这个低贱有罪的标志给"妾"当字素亦表明了妾的低贱身份。在家庭关系中,是处在正妻之下、受正妻管束的女子,妾不得僭位,这也有法律规定。家妓是贵族富户私家蓄养的艺妓,也称作"女乐""歌舞人""音声人"等,身份近似姬妾、婢女,唯以歌舞技艺为主业,供主人娱乐玩赏或宴宾娱客,时人常以"妓妾"类合称或妓、婢混称,生活状态与姬妾、婢女相类,但比滕妾身份更低贱,没有婚姻之名,不仅常被主人淫占,而且常被买卖、赠送或转让,她们与娼妓一样,都是以色艺侍人,只是她们仅供私人娱乐玩赏而已。私家婢女是私家贱民妇女(包括部曲妻、客女、私家婢女)中人数众多、分布较普遍的一类,她们在唐代也称作"侍婢""侍儿""侍女""女使""女奴""女仆""女童"等,往往由赏赐、强掠、俘获、典贴、买卖、转让、赠送、原婢女生而来,她们一般从事家务劳动、侍奉主

① (清)王念孙撰《广雅疏证》,北京:中华书局 1983 年版,第 202 页。
② (汉)许慎撰,(宋)徐铉校定《说文解字》,北京:中华书局 2013 年版,第 53 页。

人起居生活，除了一部分是配给同类仆人为妻外，年轻貌美者往往是给男主人当没有名分的姬妾，提供没有拒绝权力的性服务，一旦玩腻便惨遭抛弃，更可怕的是因遭到主妇忌恨而备受折磨以至惨死。可见，姬妾、家妓、侍儿的共同特点是在家庭中身份低微、受到正妻管制，依靠相貌、才艺、性爱来博得男主人的欢心。在作为丈夫的男人心目中，妾、家妓、侍儿与妻的地位是不一样的，妻子往往是奉父母之命、媒妁之言明媒正娶过来的，大多考虑的是家族、政治、身份地位或某种利益而不是爱情的因素，当然也有少数例外，很多夫妻在结婚之前从未谋面，只有成亲之后才认识，有些夫妻一辈子也无法产生真正的爱情，而妾、家妓、侍儿则不一样，往往是自己看满意之后才要回来的，有喜爱之情在先。正所谓妻取德，妾、家妓、侍儿取貌、艺、性。而且妾、家妓、侍儿往往比妻子年轻貌美，容易激起男子重回青春的爱慕之心，妾、家妓、侍儿的生儿育女，能够弥补男子无后的愧疚之心，很多妾、家妓、侍儿擅长歌舞技艺，能够满足男子的感官享受，所以妾、家妓、侍儿往往比原妻更能得到男子的宠爱，她们的去世也较能勾起男主人对她们的相貌、才艺、性爱甚至真挚感情的回忆。

汉前尚无悼妾诗传世，汉代仅存 1 首帝悼妃的悼妾诗，即汉武帝刘彻的乐府诗《李夫人歌》[1]。汉武帝哀悼的李夫人，生卒不详，本属娼籍，汉宫廷乐师李延年之妹，有绝世之姿，擅长歌舞，是一位很懂得男性心理并长于谋划之人。她的入宫是由她哥哥策划的，李延年在一次宫廷宴会上为汉武帝唱一首歌“北方有佳人，绝世而独立。一顾倾人城，再顾倾人国。宁不知倾城与倾国，佳人难再得”（《李夫人歌》），汉武帝心动，其姐平阳公主因而将李夫人推荐给汉武帝，遂得到宠爱。后来李夫人病重，汉武帝临候，李夫人蒙被坚持不让见面，其理由是“夫以色事人者，色衰而爱弛，爱弛则恩绝”[2]。说皇上之所以宠爱她、对她念念不忘，是因为她的容貌美丽。如今看到她美貌不存、颜色非故，一定会嫌弃她，怎么会在她去世后因曾经怜爱她而对她的兄弟多加照顾呢？所以，她去世以后，汉武帝对她念念不忘，对她的父兄多有照顾，还为她招魂，作了《李夫人歌》《李夫人赋》。《李夫人歌》是以乐府诗的形式写方士齐少翁为李夫人招魂，汉武帝看到一位貌

① 《落叶哀蝉曲》出自东晋王嘉的《拾遗记》，说是汉武帝所作，但《拾遗记》是古代的一本神话志怪小说集，里面的内容不可等同历史，故本著作不将此诗列入汉武帝的作品。

② （汉）班固撰《汉书》，北京：中华书局 1962 年版，第 3952 页。

似李夫人的女子，但不得就视，所以感悲而作，“是邪？非邪？立而望之，偏何姗姗其来迟！”前两个疑问句表现了汉武帝将信将疑的心理，第三句和后一个感叹句表现了汉武帝渴望相见的痴情。“偏”，即“翩”的通假字，表现了李夫人款移莲步、步履轻盈，如西子起舞、洛神凌波般的动态，也包含着武帝对其的美好回忆和油然而生的爱悦。

三国晋南北朝无悼妾诗传世。唐代的悼妾诗现存 18 首，即韦庄的《悼杨氏妓琴弦》《悼亡姬》《独吟》《悔恨》《虚席》《旧居》，刘禹锡的《有所嗟二首》，杨虞卿的《过小妓英英墓》，京兆韦氏子的《悼妓诗》，韦检的《附：检悼亡姬诗》，张说的《伤妓人董氏四首》，长孙佐辅的《伤故人歌妓》，李群玉的《伤柘枝妓》，李播的《悼故妓》，主要以韦庄为多。这些诗歌在内容上往往表达对侍妾美貌、技艺的赞扬，对两人性爱和曾经爱情生活细节的回忆，对其早逝的惋惜和自己现在寂寞孤独心境的描绘。例如刘禹锡的《有所嗟二首》：

庾令楼中初见时，武昌春柳似腰肢。相逢相笑尽如梦，为雨为云今不知。
鄂渚濛濛烟雨微，女郎魂逐暮云归。只应长在汉阳渡，化作鸳鸯一只飞。

这两首诗是诗人在大和二年（828 年）春时为主客郎中分司东都所作，第一首回忆曾经在江西九江初次与小妾相见的情景，鄂姬的腰肢纤细如柳，美丽动人，两人情投意合，云雨尽欢。第二首以巫山神女之典写鄂江上烟雨迷蒙，小妾已魂归仙界，只剩下自己孤独漂泊，感伤之意融入蒙蒙细雨中。又如韦庄的《悔恨》：

六七年来春又秋，也同欢笑也同愁。才闻及第心先喜，试说求婚泪便流。
几为妒来频敛黛，每思闲事不梳头。如今悔恨将何益，肠断千休与万休。

首联写亡姬生前与自己度过六七年甘苦与共的生活，颔联作者回忆起当初乾宁元年（894 年）小妾听到自己进士及第的欢喜以及向她求婚时她的悲辛，颈联写与小妾生活的日常琐事和生活习惯，尾联抒发对小妾去世的相思与悔恨之情。也有描写性爱的悼妾诗，如“独伤窗里月，不见帐中人”（张说《伤妓人董氏四首》）中的“帐中人”也给人一种性联想的色彩，不甚严肃。

在艺术上，悼妾诗常常运用打破时空界限、虚实结合、情景交融的手法，将情人之间的深情蜜意、心灵相通、欢乐戏谑、刻骨之悲表现得委婉缠绵。如杨虞卿的《过小妓英英墓》：

萧晨骑马出皇都，闻说埋冤在路隅。别我已为泉下土，思君犹似掌中珠。
四弦品柱声初绝，三尺孤坟草已枯。兰质蕙心何所在，焉知过者是狂夫。

首联写诗人在一个凄清的秋晨骑着马出了皇都，来到爱妓英英的墓前，写的是现在之景；颔联回忆起已经去世的小妾，自己爱她就像爱掌上的明珠，写的是过去之景；颈联将弦声初绝与坟草已枯进行映衬，曾经的才艺与现在的死亡形成对比，营造出一种悲凉的气氛；尾联则是展开想象，“狂夫”是女子对其夫婿的戏称，想象爱妓英英大概应该不知道此时来拜访她的是我吧。全诗将过去、现在、现实、想象融合在一起，虚实交错，写出自己对爱妓英英的缠绵情感。

另还存有10首没有明确说是悼妻还是悼妾之作，即南朝江淹的《悼室人诗十首》，从江淹的《伤内弟刘常侍诗》可知，江淹妻刘姓，也许是江淹爱子江艽之母，《伤爱子赋》曰：“夺怀袖之深爱，尔母氏之丽人。屑丹泣于下壤，傃殷忧于上旻。”大约江艽死去未久，其母即亡故。赋中的“验纤带之夜缓，察葆鬓之朝侵”与此诗其五“鬓局将废葆，带减不须摧”相吻合，诗中自称为“楚客”，元徽三年（475年）江淹在吴兴，可以推测本篇或许是其妻死后一年所作。其次从内容看，前八首写对亡者的四时怀念之情，后二首以神女作衬表达哀思和祝愿，有庄重的生命感伤之情，而无男女缠绵之思。再者，古代悼亡诗史上也有以“室人”称妻子的传统，如韦应物的悼妻诗《伤逝》“念我室中人，逝去亦不回”中的“室中人”即为其妻，故《悼室人诗十首》应为悼念亡妻之作。

三、悼夫诗

唐前的女子悼夫诗数量很少，还有的是由男子代作的作品，由于中国古代社会是一个男尊女卑的社会，大多数女子被剥夺了受教育的机会，所以能断文识字的很少，能够写作诗歌的更少，即使写出来了，也很难保存和流传下来。唐前悼夫诗的内容大多是表达妻子对亡夫的思念、守寡的痛苦及对爱情的忠贞，只是不同时代其表达的方式有所不同而已。

先秦存有2首悼夫诗:《诗经·唐风·葛生》[1]共五章,用人物独白的形式,前二章写丈夫去世后自己形单影只的悲哀,每章的前两句都以起兴入笔,"葛"攀附于荆树、"蔹"在地上蔓延暗喻夫妻互相依存的关系及丈夫生前夫妻之间的恩爱,后两句转入直接抒情,抒发丈夫去世后自己的孤苦寂寞,"予美亡此,谁与独此"和"予美亡此,谁与独息"反复咏叹,形成一种哀婉的气氛。第三章是寡妻抒发对丈夫思念之情的高潮,由角枕之"粲"和锦衾之"烂"与亡夫进行对比,人亡物存,睹物生情,寡妻不禁再次发出"予美亡此,谁与独旦"的沉重叹息,一唱三咏,感伤之情溢于言表。最后二章表达寡妻生活的艰难和漫长,并表达死后要与亡夫共处一穴的愿望。第四章的"夏之日,冬之夜"换成第五章的"冬之夜,夏之日"表明妻子寡居待熬的日子还很漫长。后两句则以明朗率真的誓言表达了死后要与丈夫共葬一穴的决心。全诗以起兴入笔,采用《诗经》常用的重章叠唱形式,反复咏叹,让人深刻体会到战争给人带来的巨大创伤。托名陶婴所作的《黄鹄歌》写的是年轻丧偶的女子陶婴,相传其以纺绩为生,抚育幼孤。这首诗触景生情,用单飞的黄鹄自喻,诉说自己思念亡夫的痛苦和不忘故夫、终身守寡的志向,多用"兮""哉""呜呼"等语气词和感叹词、感叹句反复抒发自己的悲哀和痛苦,感人至深。

汉代仅存1首悼夫诗无名氏的《杞梁妻歌》,此诗用汉乐府琴曲歌辞的形式写成,春秋时的杞梁殖在齐庄公侵袭莒国的战争中死去,其妻闻讯后悲叹:"上则无父,中则无夫,下则无子,外无所依,内无所倚,将何以立,吾节岂能更哉!"遂援琴唱了这支歌,唱完后投淄水自杀而死。诗首两句"乐莫乐兮新相知,悲莫悲兮生别离"以反衬的手法展示人生的欢乐与悲哀,用最快乐的事是得与自己相亲相爱的人相聚反衬最痛苦的事莫过于与相爱的人生离死别,这种手法与《楚辞·九歌·少司命》中用"悲莫悲兮生别离,乐莫乐兮新相知"来写神去后人的悲哀相似,杞梁妻撕心裂肺的悲悼之情感动了上苍,于是城墙就在她的悲哭声中崩毁。

① 《葛生》的主旨大体有:(一)刺晋献公残忍好战。见《毛诗序》、唐孔颖达《毛诗正义》。(二)丈夫服役久不归,其妻思念之而作。见宋朱熹《诗经集传》、清姚际恒《诗经通论》。(三)悼亡诗。一说为夫悼妻之作,见高亨《诗经今译》。二说为妻悼夫之作。见周振甫译注《诗经译注》,余冠英选注《诗经选》,程俊英、蒋见元《诗经选译》。本著作从妻悼夫说。

这首民歌采用楚辞体的形式，每句中间用语气词“兮”来连接两件相关的事：“乐”和“相知”，“悲”和“生别离”，“哀感皇天”和“城为隳”，句式灵活、随便，言简意赅，很好地表现了杞梁妻哭夫悲痛而绝的忠贞情状。

三国两晋南北朝存 2 首悼夫诗，是以五古形式写成的贞女悼夫诗。《连理诗》《孤燕诗》的作者王氏为南朝梁代卫敬瑜之妻，年十六时夫亡，相传父母和公婆劝其改嫁，她截耳明志，誓不再嫁，寡居终身。其亡夫墓地所种柏树忽然长成了连理树，一年后又分开，她有感而作《连理诗》。其住房有燕巢，先前燕常双飞，后来只剩一只独飞，王氏用红线缠鸟足，约其明春再来，次年春，孤燕果来，王氏感而作《孤燕诗》。当然其本事还有待进一步考证。《连理诗》首两句远镜头点明柏的处所和状貌，墓前柏融入了作者的主观情志，是其忠贞品格的象征，暗喻了诗旨。后两句用孟姜女哭长城的典故，表明自己和孟姜女的精神相通，表达了自己忠于爱情、守志不移的坚定信念。全诗用连理柏比兴、托物言志，五言四句，起承转合，章法讲究，实为一首精巧的言志小诗。《孤燕诗》首两句用“昔年”“今春”点明时间的流逝，突出了自己近年来孤单的生活“无偶”和“独”的状态，后两句说明原因，即与亡夫感情深挚、不忍改嫁。这首咏物诗，作者借物抒情，托物明志，语言通俗，表情自然。

唐代存 2 首悼夫诗，裴羽仙的《哭夫二首（时以夫征戎轻入被擒音信断绝作诗哭之）》为七律，表达的是战士的妻子对战死沙场的丈夫的深切哀悼、思念和痛苦的心情。第一首“风卷平沙日欲曛，狼烟遥认犬羊群”用“犬羊群”喻指匈奴军队，表明广漠的沙原燃起了烽火，匈奴军队入侵我国。“李陵一战无归日，望断胡天哭塞云”写丈夫随李陵军队作战，死而无归，自己只好对着边塞的云哭泣。第二首前两句“良人平昔逐蕃浑，力战轻行出塞门”写丈夫随军出战保卫西北边疆，后两句“从此不归成万古，空留贱妾怨黄昏”写丈夫战死沙场，寡妇只好在黄昏时悲伤哭泣，怨天尤人。语言平直易懂，意境大气，有边塞诗的风格。

综上所述，先秦至唐五代的悼亡诗反映了中国古代男权社会以男性为中心的价值观和审美观，夫贵，故悼夫诗多表达思念和忠贞之情；妻尊，故悼妻诗以哀为主、以赞为辅；妾卑，故悼妾诗赞貌、性、艺和思人兼而有之。

第二章

悼　亲　诗

以血缘为基础、以男子为中心是宗法制社会的特点，我国古代往往将亲属分为宗亲、外亲、妻亲。宗亲是同一祖先的父系男性血亲及其配偶及未嫁女，如祖父、祖母、父、母、伯父、伯母、叔父、叔母、兄弟、妻、子、儿媳、孙子等。外亲、妻亲是以婚姻为中介而产生的女系亲属关系，包括：己身之母、之女、孙女、姊妹、侄女，祖母的本生亲属，姑母的子孙，妻的父母、兄弟姐妹及其配偶、子女等。因此悼亲诗可以分为悼宗亲诗和悼外亲、妻亲诗。

现存先秦至唐五代的悼亲诗共73首，悼宗亲诗有悼父母诗、悼祖父母诗、悼子女诗、悼兄弟诗、悼叔诗，悼外亲、妻亲诗有悼舅诗、悼表弟诗、悼甥诗、悼姐夫诗。

一、悼宗亲诗[①]

（一）悼父母诗、悼祖父母诗

悼父母诗最早可以追溯到先秦，《诗经》存有两首悼父母诗：《桧风·素冠》《小雅·蓼莪》。三国魏文帝曹丕有《短歌行》、嵇康有《思亲诗》，晋孙绰有《表哀诗》，唐张籍有《江陵孝女》、李头陀有《沙堤葬母》、耿湋有《题孝子陵》。

这类诗的内容主要是抒发对父母品德的赞颂，对失去父母的悲哀和思念，对父母生育、养育自己艰辛的体谅和感激，对自己不能尽子女赡养父母尽孝的内疚和自责。如《桧风·素冠》[②]，“棘人栾栾兮”写孝子失去父母之后颜容的憔悴，“劳心慱慱兮”写其心情的焦虑，以致诗人要“聊与子同归兮”“聊与子如一兮”。《小雅·蓼莪》从抒写父母生、养自己的艰辛，“哀哀父母，生我劬劳（劳瘁）”，到抒发

① 此处的悼宗亲诗不包括悼丈夫、妻妾诗。

② 《桧风·素冠》的主旨素有争议，旧解有三：一是同情孝子丧亲，二是桧臣哀君被执，三是妇悼夫，而清姚际恒认为不知指何人何事，仅是劳心伤悲之词。本著作取一说。

失去父母的悲哀,“无父何怙?无母何恃?出则衔恤,入则靡至”,上升到不能报答父母的控诉,“欲报之德,昊天罔极!”“民莫不穀,我独不卒!”三国曹丕的《短歌行》先用八句“仰瞻帷幕。俯察几筵。其物如故。其人不存。神灵倏忽。弃我遐迁。靡瞻靡恃。泣涕连连”写睹物思人,再用四句“呦呦游鹿。衔草鸣麑。翩翩飞鸟。挟子巢栖”以动物亲子之情反衬自己失去父亲之悲。嵇康的《思亲诗》前5句“奈何愁兮愁无聊。恒恻恻兮心若抽。愁奈何兮悲思多。情郁结兮不可化。奄失恃兮孤茕茕”总写母兄去世的悲愁,中间“内自悼兮啼失声……顾自怜兮心切切”22句写哀愁之因和悲痛程度,末4句“诉苍天兮天不闻。泪如雨兮叹成云。欲弃忧兮寻复来。痛殷殷兮不可裁”总结,整首诗从不同侧面写思亲之痛。晋孙绰的《表哀诗》是悼母之作,“……感昔有恃。望晨迟颜。婉娈怀袖。极愿尽欢。奈何慈妣。归体幽埏。酷矣痛深。剖髓摧肝。”感情之真挚沉痛,一改其玄理诗之风貌。据《闽书》所录,唐僧人李头陀,幼从百丈禅师住洪州,后母丧归,于沙堤闾前葬母,守墓三年,在石上题诗:“守坟三载念生缘,种树为阴出世恩。划石寄言相付嘱,一重孙付一重孙。”表达对母亲养育之恩的感谢及要将报恩思想传承下去的愿望,题完之后,石自开,头陀就端坐其中,石复合,后人根据其题,刻之石,至今犹存。

当然最感人的作品是既有哀悼双亲、悲怜身世又有控诉世态炎凉的作品,如张籍的《江陵孝女》,此五律首联写孝女年龄很小就父母双亡,全家只剩下自己孤孤单单一个人,古代的儿童不束发,头发下垂,副词“独”与“垂发”搭配,突出了其年龄的幼小,副词“唯”与“一身”搭配,突出了其父母去世、只存己身的孤独之状,均强调了她的少年孤身之悲;颔联重写她的孝顺和孤苦,没有家只好居住在父母墓室旁,孤独祭拜父母;颈联一转,重心由叙写她转向描写世态,父母初丧时,尚还有人祭吊,等到她要在父母坟旁搭起简陋的守墓小屋时,以前的旧邻再也看不到了,可谓人走茶凉、世态炎凉;尾联上句写孝女的悲哭,为父母过早离世而哭,为自己的悲苦身世而哭,更为人情冷漠、世态炎凉而哭,下句写景,在她痛哭的地方楚花正默默地迎春绽放,“寂寂楚花春”,一动一静,一苦一欢,有声与无声,形成了鲜明的对比,更衬托出少女的人间悲苦。楚花默默无语或许是有情,对她的悲剧全知全明、无声支持;或许是无情,对她的悲剧无知无感、顺天而生,此时无声胜有声,留给人无限的遐想空间。

在诗体写作上，除了嵇康的《思亲诗》是用楚辞体、张籍的《江陵孝女》和耿湋的《题孝子陵》用五律、李头陀的《沙堤葬母》用七绝写作之外，其他 4 首诗都是用四言体写成，而且其中有 3 首用的是雅颂体。

悼祖父母诗极少，目前仅见 2 首悼祖父诗，即汉代石勋的《费凤别碑诗》和魏烈祖明皇帝曹叡的《苦寒行》，大都追溯祖父的功业、赞美祖父的品德及对失去祖父的悲痛。《费凤别碑诗》这篇碑文第一部分是作者的自我介绍，孙子驾着马车前来吊唁去世的祖父。第二部分是序文，介绍祖父出身于官宦世家，品德高尚，仁义慈孝，举孝廉，拜郎中，迁东国新平长。第三部分是主体部分——诗，首二十八句写祖父奉上司之命去讨伐越寇有功，皇帝赐他任堂邑宰，享有美誉，全族人都深感荣幸。次二十八句写对亡者的悼念，农夫不耕，桑妇扔刀，全家人痛哭不已。最后四句是全诗的结尾，写死别之哀。《苦寒行》是曹叡在东征孙权屯兵龙陂时看到祖父曹操在建安二十四年(219 年)南征关羽时驻军于龙陂所建的故垒而作，一共五解，诗首四句(一解)说明东征洛都的时间和地点，次四句(二解)写曹叡看到曹操昔时所建的故垒与以前一样，第三个四句(三解)写皇祖死而不朽，第四个四句(四解)写皇祖的荣耀。最后八句为皇祖不能永享百龄而悲哀。这首乐府诗采用相和歌的形式写成，语言平实，典雅大气，节奏清晰，抒发了对祖父曹操的哀思和敬仰之情。二首诗均是乐府诗，前者四言雅颂体，后者五古。

综上可见，为何悼父母诗和悼祖父母诗极少，而且又喜用雅颂体写作呢？除了古籍流失等考古方面的原因之外，这与中国传统儒家文化的孝观念有关。鲁国大夫孟懿子问何为孝，孔子曰："无违。"即无违于礼的尊严，具言之："生，事之以礼；死，葬之以礼，祭之以礼。"[①]强调子女在父母的生前死后都要严格按照礼节的规定行孝，绝不违礼。所以，当弟子宰我提出"三年之丧"为期太久的时候，孔子便怒责他为"不仁"，并说："予之不仁也！子生三年，然后免于父母之怀。夫三年之丧，天下之通丧也，予也有三年之爱于其父母乎！"[②]而且更明白地说："父在，

---

① (清)阮元校刻《十三经注疏·论语集疏·为政》，北京：中华书局 1980 年版，第 2462 页。

② (清)阮元校刻《十三经注疏·论语集疏·阳货第十七》，北京：中华书局 1980 年版，第 2526 页。

观其志；父没，观其行。三年无改于父之道，可谓孝矣。”①可见，孔子所提倡的“孝”对父母尊敬的诚意不仅仅是体现在内心，更体现在形式，即讲究礼节。祖父母、父母是我们的长辈，他们生育、抚养我们，活着，我们要尊重他们，死后，我们更要尊重他们。体现在哀悼诗中，在内容上往往是表达对他们的思念、对其养育之恩的感激、对其死后孤独的宣泄及不能尽孝的内疚，在形式上往往是采用典雅庄重的雅颂体来赞颂他们的美德，因此，无论是内容上还是形式上都不好作过多的发挥，否则就是对父母的不敬和不孝，因而创作数量极少。其次，与四言雅颂体的诗体特点有关。在词的韵位安排上，龙榆生认为："一般说来，句句协韵的，也就是韵位过密的，例宜表达激切紧促的思想感情，隔句协韵，也就是韵位均调的，例宜表达低回掩抑的凄婉情调。”[5]65 我们知道，韵位是表达节奏的，所以他这句话亦可用在诗歌中，亦可说成：一般说来，节奏多而密例宜表达激切紧促的思想感情，节奏疏而少例宜表达低回掩抑的凄婉情调。五律虽为格律诗中典雅之体，但它的诗歌节奏由两个双音步和一个单音步组成，构成两种节奏“二二一”或者“二一二”，有三个节奏。根据上述原理，节奏越多越显得热烈奔放，越适合表达兴奋愉悦的感情，而节奏越少，就越缓慢，越适合表达低沉、压抑、哀伤的感情，所以四言、五言、六言、七言哀悼诗的悲伤程度呈递减之势，这就是四言诗远远比五律等其他哀悼诗体更哀伤、更适合表达对父母哀悼之情的一个重要原因。四言体的“二二”节奏比五律的“二二一”或者“二一二”更为对称，而且《周颂》《大雅》及《小雅》中的一部分的诗歌即雅颂体大多是颂扬先祖和长辈的颂扬诗，这亦是四言体比五律更为端庄典雅的原因。

（二）悼子女诗

悼子女诗最早可以追溯到西晋潘岳的《思子诗》，唐代存有王勃的《伤裴录事丧子》，顾况的《伤子》《大茅岭东新居忆亡子从真》《悼稚》，于鹄的《悼孩子》，韩愈的《去岁自刑部侍郎以罪贬潮州刺史乘驿赴任其后家亦谴逐小女道死殡之层峰驿旁山下蒙恩还朝过其墓留题驿梁》，孟郊的《悼幼子》《杏殇》，元稹的《哭小女降

① （清）阮元校刻《十三经注疏·论语集疏·学而》，北京：中华书局 1980 年版，第 2458 页。

真》《哭女樊》《哭女樊四十韵(虢州长史时作)》《哭子十首》《感逝(浙东)》《妻满月日相唁》。白居易的《念金銮子二首》《病中哭金銮子(小女子名)》《重伤小女子》《哭崔儿》《初丧崔儿报微之晦叔》,李群玉的《哭小女痴儿》《伤小女痴儿》,皮日休的《伤小女》,韦庄的《忆小女银娘》,王□的《王氏殇女墓铭》。五代存有李煜的《悼诗》和《挽辞二首》。

此类作品在内容上往往抒写对年幼子女早夭的叹惜、失去子女的悲痛、对自己养育不周的自责,有的作品还写出了对后继无人的悲哀。例如韩愈的《去岁自刑部侍郎以罪贬潮州刺史乘驿赴任其后家亦谴逐小女道死殡之层峰驿旁山下蒙恩还朝过其墓留题驿梁》:

数条藤束木皮棺,草殡荒山白骨寒。惊恐入心身已病,扶舁沿路众知难。
绕坟不暇号三匝,设祭惟闻饭一盘。致汝无辜由我罪,百年惭痛泪阑干。

此七律是韩愈于元和十五年(820年)所作。韩愈于元和十四年(819年)因上《论佛骨表》触怒了宪宗,被贬往潮州,他的年仅十二岁的第四个女儿女挐时病在席,在赶赴潮州的途中死在路上,当时也没有什么条件好好地安葬,只好用几根野藤绑起薄皮木棺,草草埋葬在商南县层峰的驿山脚下。元和十五年九月韩愈被召为国子监祭酒,返京的路上祭奠女儿,自然无比感伤。诗首联写女儿去世时草葬的情景;颔联写女儿得病之因及医治之难;颈联反用"号三匝"季札事典,追述昔年途中草率葬女的情景,"数条藤束""草殡""荒山""白骨寒"写出了条件的简陋和环境的凄凉,"不暇"表示罪人被贬无法顾及礼仪,连绕坟而哭亦无时间,下句进一步交代了迫促的情况,祭奠唯饭一盘,简单得让人心疼;尾联"汝无辜"与"由我罪"进行对比,对亡女自责之情意于言表,"百年惭痛"与"泪阑干"亦说明了愧疚之深之强。

哀悼子女诗中最感人的是抒写病中丧子女或老年丧子女之悲的作品,例如唐大历诗人、画家、鉴赏家顾况晚年丧子,悲痛欲绝,为之作《伤子》《大茅岭东新居忆亡子从真》《悼稚》,用以抒发无法承受的丧子之悲。例如《伤子》:

老夫哭爱子,日暮千行血。

声逐断猿悲，迹随飞鸟灭。

老夫已七十，不作多时别。

此诗语言通俗易懂，但是却字字泣血，首句写诗人年老哭子，开篇就哭，为全诗总纲。次句"日暮千行血"用夸张的手法写出了白发人送黑发人、长者存而少者没的人间不能忍受之痛。第三、四句用典渲染失子之痛，断肠猿典自《世说新语》下卷下《黜免》，说恒温途经三峡入蜀，其部下有人捕抓得一只小猿，母猿沿岸哀号，走了一百多里不忍离去，最后上船后即死，破开它的腹部，只见它的肠子寸寸断开，恒温闻之大怒，命黜其部下。诗人用此典自喻自己丧子之后像母猿那样肝肠寸断。飞鸟灭典自《华严经》之"了知诸法寂灭，如鸟飞空，无有迹"[①]。诗人用此典喻自己爱子逝世、已无踪影。这两处用典自然无痕，通俗易懂，能更进一层表达出诗人生死阴阳两界、相隔无望之悲。最后两句转写自己年岁已老，人生七十古来稀，离死期不远了，是悲；但是离父子相见之日又近了，是喜。诗人由悲伤转绝望、由绝望又转有望，似喜实悲，是悲哀的执着和深化，更让人动容。顾况一生官位不高，早年任著作郎，后被贬饶州司户参军，晚年弃官受道箓，归隐于茅山，成了一名道教徒，似乎已摆脱尘世的纷争而进入了神仙境界，但是丧子的悲哀始终萦绕在他的心中，如《悼稚》中说"稚子比来骑竹马，犹疑只在屋东西。莫言道者无悲事，曾听巴猿向月啼"，言自己虽入了道，似乎已了却世间纷扰，但是还放不下丧子之悲。又如《大茅岭东新居忆亡子从真》以子夏予西河教授时为丧子而哭之失明喻自己也有丧子之悲，说自古以来生活不如意的人偶尔也要向宗教寻求安慰，所以想象自己儿子的夭折不是不幸，而是炼形由太阴，但让人难过的是自己已经入了道，自以为已经摆脱了人世间情尘的困扰，但还是无法抵抗内心对亡子思念之情的侵袭。"悲恨自兹断，情尘讵能侵。真静一时变，坐起唯从心"焕发出人性的光辉，展示出诗人常人的情怀，并非超越红尘的"道者"，而是爱子的慈父，深情的诗人。

在艺术上，哀悼子女诗大多用比喻手法，将子女比作宝、珠、柔弱的花朵、雏鸟等珍贵、美丽、柔弱、初生之物，如，"珠碎眼前珍，花凋世外春"（李煜《挽辞二

---

① 陈允吉著《古典文学佛教溯缘十论》，上海：复旦大学出版社2002年版，第93页。

首》），“魄散珠胎没，芳销玉树沉”（王勃《伤裴录事丧子》），孟郊的《杏殇》题注“杏殇，花乳也，霜翦而落，因悲昔婴，故作是诗”，“维鹈受刺因吾过，得马生灾念尔冤”（元稹《哭子十首》），“蜩甲暗枯秋叶坠，燕雏新去夜巢空”（元稹《感逝（浙东）》），“嫩似花房脆似琼”（白居易《重伤小女子》），“掌珠一颗儿三岁”（白居易《哭崔儿》），“龙眠惊觉失珠时”（白居易《初丧崔儿报微之晦叔》），“稚女如花坠晓枝”（李群玉《哭小女痴儿》），所以这些珍宝的丧失才让人如此地悲伤。

（三）悼兄弟姐妹诗

现存先秦至唐五代的悼兄弟姐妹诗很少，目前发现的有 11 首：三国嵇康的《思亲诗》（悼母亲和兄长），晋陶渊明的《悲从弟仲德》，南朝宋有江淹的《伤内弟刘常侍诗》，唐代有顾况的《哭从兄苌》、无可的《吊从兄岛》、元稹的《寒食日毛空路示侄晦及从简》、韦应物的《话旧》、李中的《哭舍弟二首》、贯休的《经弟妹坟》、白居易的《哭从弟》，主要是悼兄和弟诗。

三国至唐的悼兄或悼弟诗在内容上主要是对亡兄或亡弟品德、才学的赞美和对其去世的悲伤和叹惜。如顾况的《哭从兄苌》开头称赞亡兄长相俊美但怀才不遇，接着赞美他气节高尚、才学傲人，最后抒发对其突然去世的哀悼和感叹。《吊从兄岛》中僧无可称颂亡兄贾岛的品格孤高、诗名盖世，对其一生身世沉沦、贬谪不还和客死异乡的凄惨遭遇给予了深切的同情和哀痛。江淹的《伤内弟刘常侍诗》开头四句是对亡弟的赞美。“丹彩”两句赞美内弟生前的文章与才名。“伊余”两句借自谓自叹交代内弟之死，最后十二句由颂人述德转入抒发哀悼之情。

在艺术上主要是通过对住宅、灵堂或墓地的凄冷描绘和老人孩子的孤苦来烘托对亡者痛惜、怜悯的感情。例如陶渊明的《悲从弟仲德》：

衔哀过旧宅，悲泪应心零。
借问为谁悲，怀人在九冥。
礼服名群从，恩爱若同生。
门前执手时，何意尔先倾。
在数竟不免，为山不及成。

慈母沈哀疚，二胤才数龄。
双位委空馆，朝夕无哭声。
流尘集虚坐，宿草旅前庭
阶除旷游迹，园林独馀情。
翳然乘化去，终天不复形。
迟迟将回步，恻恻悲襟盈。

此诗作于晋义熙八年(412年)，时陶渊明48岁，全家离开南村回到阔别六年的上京里老家，他凭吊了已逝的从弟仲德的旧宅，极感恻怆，尤其是“慈母沈哀疚，二胤才数龄”写出寡奶遗孑的凄凉，室内虚座生尘，朝夕无哭声，前庭长满宿草，阶除空旷，园林寂寥，渲染出一个冷落、凄清、萧条的环境，格外让人触动悲情。全诗委婉道来，真情流露，毫不雕饰。清孙人龙在《陶公诗评注初学读本》评曰：“至情语。愈质愈惨。结有余情。”[①]“上空堂兮廓无依”(嵇康《思亲诗》)、“慈亲临老时”“遗稚呜呜处，黄昏绕繐帷”(李中《哭舍弟二首》)、“叔母年高新妇贫”(白居易《哭从弟》)等均属此类。

此外，悼叔诗仅存3首：南朝宋孝武帝刘骏的《拜衡阳文王义季墓诗》，唐代李洞的《吊膳曹从叔郎中》，唐代刘禹锡的《许给事见示哭工部刘尚书诗因命同作》。这三首诗都表达了诗人对叔父品德、才学或才能的高度赞扬以及对其去世的悲痛和悼念之情，只是所用的体裁和表现的手法有异。刘骏的诗用五古写成，通过描写清晨自己到叔父墓地祭拜时的所见所感来抒发哀悼之情，前十句写墓地的凄清、寂寥之景，十一、十二句抒发哀情，最后两句高度赞扬叔父的所作所为将成为世人的典范，定会流传千古。李洞的诗为五律，通过叙写从叔寒碜、简陋的葬礼来抒发哀悼之情，首联说用尚书省支付的残俸给从叔买了一些寒蔬作为简单的祭品；颔联写把从叔的坟安在终南峰对面，用他生前的官服折了作碑石；颈联写众人对他的哀悼；尾联赞美他的诗作流传四海。刘禹锡的诗是五排，是一首和许孟容的哀悼诗，通篇运用大量典故和铺叙手法，首先高度赞扬从叔的高贵

① (清)孙人龙纂辑《陶公诗评注初学读本》卷一，转引自《古典文学研究资料汇编 陶渊明卷》，北京：中华书局1962年版，第113页。

出身、深厚学识、高尚品德，接着叙写他的功业，进而写他因病逝世，最后抒发自己对他的哀悼之情。

二、悼外亲、妻亲诗

现存先秦至唐五代的悼外亲、妻亲诗也很少，大体有唐代的2首悼甥诗：刘商的《吊从甥》、黄滔的《伤翁外甥》，悼舅诗有刘禹锡的《途次敷水驿伏睹华州舅氏昔日行县题诗处潸然有感》，悼姐夫诗有唐权德舆的《从事淮南府过亡友杨校书旧厅感念愀然》。

刘商的《吊从甥》写作者去吊从甥遗孀的情景，首句写吊丧的时间和地点，"茕独"含蓄说明外甥已经去世；第二句描写了外甥住宅的情况，"衰柳""寒芜"描绘出一派衰败、凄冷的自然景象。"寒"由自然天气的变化引起人生理的变化，继而引起人心理的变化，"寒"不仅是身寒更是心寒，这种写法延续了《诗经·秦风·蒹葭》的写法，"蒹葭苍苍，白露为霜。所谓伊人，在水一方。"浩荡的芦苇荡，开阔的环境，凄清、寒冷的气候变化，引起人们生理的凄冷感觉，继而引起人们心理的孤独感应，因此才会去追寻伴侣"伊人"。"茅屋"可见其生活的贫苦，总体烘托出外甥去世后家里的萧条、冷落、凄苦的状况。"儿童惊走报人来"，一个"惊"字可以看出自外甥去世后人迹罕至的情形，"孀妇开门一声哭"中的"一声哭"可见弱妇的无依无靠，两句把儿童的不谙世事和大人的深明事理进行对比，更加突出了外甥去世后遗下弱妇幼儿的可怜之状，与杜甫"今夜鄜州月，闺中只独看。遥怜小儿女，未解忆长安"(《月夜》)写法相类，也与开头的"茕独"相照应。全诗语言平淡，但句句含情，让人心生怆然。

黄滔的《伤翁外甥》是对翁外甥客死他乡的哀悼。开头四句运用对比手法感叹离乡外出的人归来的很多，唯独翁外甥死在外地。"青春成大夜"是对其年纪轻轻就去世的惋惜，"新雨坏孤坟"是对其死后凄凉情景的刻画，"孤"坟还遭"新"雨坏，最后两句是对他的祝愿。

刘禹锡的《途次敷水驿伏睹华州舅氏昔日行县题诗处潸然有感》是诗人于永贞元年(805年)九月赴连州途中重过敷水驿时目睹从舅卢徵的遗诗有感而作的哀悼诗。此五律首联、颔联写从舅生前官高位尊，但是如今繁华已谢，只留下他所题的遗诗凄凉地挂在壁上；颈联用滕公闭佳城和燕召公惠政遗爱之典赞美从舅虽然人已去世，但是政德仍留在人们的心中；尾联用晋羊昙为谢安哀悼不忍过西州之典表达自己对从舅的哀悼之情，全诗用睹物思人的方法抒发了对从舅的赞颂和哀悼之情。“佳城”“棠树”和“西州”用典于无形，甚好，但是从诗中感觉到亲情的成分少些而应酬的成分多些，其原因是诗人更多把死者当作朝廷命官和朋友而不是当作亲戚来哀悼的缘故。

综上所述，在先秦至唐五代的悼亲诗中，悼宗亲诗较多而悼外亲诗较少，即哀悼父亲这边的宗亲诗较多，哀悼母亲那边的外亲、妻亲诗较少，而且悼宗亲诗大多写得情深意切、哀怨动人，而悼妻亲、外亲诗在情感上略逊一筹且略微呈现出应酬的倾向，其根本原因在于中国古代宗法制父权制社会男尊女卑、注重父系血缘关系使然。而在悼宗亲诗中，又以悼子女的诗为最多，其原因在于中国人重视子嗣的传统思想的影响。

第三章

悼友诗

《战国策·赵策一》云："士为知己者死，女为悦己者容，吾其报知氏之雠矣。"[①]可见朋友在中国人心目占有极其重要的位置。在现存所有哀悼诗中，悼友诗是最多的。

先秦未发现有悼友诗存世，汉代仅存2首悼友诗，无名氏的《郭辅碑歌》是一首用四言诗写成的乐府歌诗琴曲歌辞杂歌，是作者悼念朋友郭辅所写的一首悼友诗；无名氏的《张公神碑歌》是作者用楚歌体成的悼念朋友张公神的乐府歌诗琴曲歌辞杂歌。两首诗都是碑诗，在内容上都是宣扬汉儒所倡的仁义慈孝、忠上有节，《郭辅碑歌》称赞郭辅"孝友贞信，仁恕好惠。直己自求，不欲荣势。绰绰令人，获道之至。""克昌厥后，身去烈在。"《张公神碑歌》赞扬张公神"惟公德兮之所宁。""惟公德兮之所怀。""惟公德兮之所衍。""惟公德兮之所□。"汉代悼友诗反映了秦汉以来碑诗以颂扬为主的特点，也反映了汉代儒家思想的高涨和渗透。

三国两晋南北朝存27首悼友诗，比汉代略多。承第一章所述，三国两晋南北朝时期是中国历史上一个战乱、动荡和分裂的时期，人人性命朝不保夕，许多文人如东汉末年"建安七子"之一的孔融，曹植政治文学集团中的杨修、丁廙、丁仪、祢衡，三国曹魏时"竹林七贤"的精神领袖嵇康，西晋太康、元康年间"金谷二十四友"中的石崇、潘岳、陆机、陆云，西晋时期政治家、文学家、藏书家张华，两晋时期著名文学家、训诂学家、风水学者郭璞，东晋谢氏家族中的谢混、谢灵运、谢朓，南朝宋史学家、文学家范晔，"元嘉三大家"之一的鲍照、大臣袁淑和兄子袁粲，南朝齐"竟陵八友"之一的王融等均被莫名其妙地卷入政治斗争并遭到杀戮，还有一些文人如杜育、枣嵩、挚虞、王浚、刘琨、卢谌等则死于西晋末年的战乱之中。许多作家在战争和混乱中极易感受到祸福无常、命运难卜、生命短暂脆弱以及个人的无能为力，所以三国两晋南北朝悼友诗反映了三国两晋南北朝文学作

① (西汉)刘向集录《战国策》中册，上海：上海古籍出版社1978年版，第597页。

为乱世文学的典型特征，一方面表现了浓重的生命悲剧意识，另一方面带有很强的政治斗争、社会动乱色彩，此外还具有明显的文学团体创作意味。

三国曹植(192—232)，字子建，沛国谯人，曹操第三子，生前曾为陈王，去世后谥号“思”，亦称陈思王，他的《野田黄雀行》是一首反映争夺帝位失利后的悼友诗。曹植因为有才而深受曹操的宠爱，好几次几乎要被立为太子，但他文人气、才子气太浓，常率性而为，尤其是在建安二十二年(217 年)他趁曹操外出期间，酒后在只有帝王举行典礼才能行走的禁道上驾马驰骋，因此而失去曹操的信任和宠爱。十月，曹丕被召令为世子。之后，曹植的亲信开始遭到打击和杀戮，杨修、丁仪、丁廙先后被曹操和曹丕所杀。《野田黄雀行》作于黄初二年(221 年)，时曹植 30 岁，被徙封为安乡侯，邑八百户，当年七月又被改封鄄城侯，此诗是曹植自创的乐府新题相和歌瑟调曲，作者以黄雀投罗被捕、少年侠士拔剑解救作喻，抒发了朋友遇难而自己却无力援救的痛苦，所塑造的一个拔剑少年侠士形象寄寓了诗人解救受难者的理想和反抗政治压迫的情绪。

东晋刘宋时期是中国文学史上家族集团、文友集团、诸王集团林立的时期。其中有谢安、谢玄、谢混等谢氏家族为首的家族文学集团，东晋时有谢安、刘宋时有谢灵运主持的同气相求的文友文学集团；刘宋时有临川王刘义庆主持的文学集团；齐代有文惠太子萧长懋、竟陵王萧子良兄弟二人为领袖的文学集团，又有分别以隋王萧子隆、衡阳王萧钧为领袖的文学集团；梁代有梁武帝萧衍、裴子野、萧统、萧纲文学集团。其中就两晋、南北朝悼友诗而言，以竟陵王萧子良主持的文学集团成就最为突出。萧子良(460—494)，字云英，南兰陵人，竟陵文宣王，齐武帝萧赜次子。其好结儒士，常与文友交流学问。永明五年(487 年)为司徒，召天下有才之士抄写《五经》和百家著述，编《四部要略》千卷，作劝人为善之作数十卷，其中以范云、萧琛、任昉、王融、萧衍、谢朓、沈约、陆倕等最为出名，时称“八友”。此集团在悼友诗上的成就有三：一是哀悼南朝齐博通《五经》的聚徒教授、文学家刘瓛的集体奉和之作，先是竟陵王萧子良作《登山望雷居士精舍同沈右卫过刘先生墓下作诗并序》[1]、随郡王萧子隆作《经刘瓛墓下诗》，后虞炎有《奉和竟陵王经刘瓛墓下诗》、沈约有《奉和竟陵王经刘瓛墓诗》、柳恽有《奉和竟陵王经刘

① 一作《同随王经刘先生墓下作》。

瓛墓下诗》和诗。这些诗歌的内容都是对王瓛的才学、品德及聚徒讲学作高度赞扬，对其去世表达哀悼和惋惜之情。二是沈约为悼念昔日文友而作的五言组诗《怀旧诗九首》：《伤王融》《伤谢朓》《伤庾杲之》《伤王谌》《伤虞炎》《伤李珪之》《伤韦景猷》《伤刘沨》《伤胡谐之》。此组诗受到颜延年《五君咏》的影响，颜延年借咏三国两晋之际的阮籍、嵇康等文士以寄托感慨，同时也兼有对当世的愤慨之情，是咏史组诗，而沈约的《怀旧诗九首》组诗并非咏史组诗，咏悼的是今人，每首诗的首句四五两字往往概括出所怀旧友的特质，王融的奇调，谢朓的才杰，庾杲之的时誉，王谌的闲任，虞炎的擅美，李珪之的贞节，韦景猷的(识)前载，刘沨的(无)近累，胡谐之的(怀)风范，继而抒发对旧友的哀伤之情，处处在"伤"字落笔，如伤王融的功亏一篑及"命舛"而"途艰"、伤谢朓的在始安王萧遥光谋篡中被无辜冤死等，在伤旧友中兼有自伤。三是任昉为范云之死所作的悼友诗《出郡传舍哭范仆射诗三章》，任昉与范云同为"竟陵八友"的成员，是交情深厚的老朋友。入梁之后，任昉为黄门侍郎、吏部郎，范云官至左仆射。天监二年(503 年)任昉出任吴兴太守，与范云告别赴任，在途中听到范云逝世的噩耗，为悼亡友而作此诗。诗中作者追叙二人友情、临官赴任分别的情况及好友去世后的哀悼之情，伤友亦自伤，其中含有很强的生死离别的生命感伤之情。

庾信、王褒同为西魏灭梁后被迫留在北方仕任的南北朝诗人、文学家，他们有着矛盾的心理，一方面他们受皇帝礼遇，与诸王结交，身居要职，官高显贵，被尊为文坛宗师；另一方面又为自己身仕敌国而羞愧，不再自由而悲怨，强烈思念故国乡土的情绪时刻萦绕于心，所以他们的悼友诗中既有对好友去世的哀悼思念，又有浓厚的身世之悲和乡关之思。庾信有 3 首悼友诗，《和王少保遥伤周处士诗》是庾信和王褒悼念周弘让处士的诗，据《周书・王褒传》所载，褒与梁处士周弘让平时相处不错，周弘让的哥哥周弘正从陈朝来，高祖(周武帝)允许王褒等通亲问音，王褒与周弘让互通书信。诗中有对周弘让早年隐于句容茅山的回顾，对其去世的哀悼，"虽言异生死。同是不归人"也含有自己与他一样不得归乡的身世之感。《伤王司徒褒诗》对好友王褒出身高贵、品德才华的高度赞赏，对其去世的深切哀悼，其中也渗透有作者无奈的身世之感。王褒有 2 首悼友诗，充满了人生忧患的意识和久客思乡的悲哀，《送观宁侯葬诗》和《送刘中书葬诗》分别是写给被迫由南入北者萧永、刘瑶的送葬诗，王褒以梁时旧职称之，含有恋国怀乡的深意。这些由南入北的文士被迫去国离乡，思念故土，客死异乡，共同的命运和共同的情感使得王褒不可遏制地想到自己的将来，情不自禁地在诗中表达了兔死狐悲的伤感和凄寂之情。《送观宁侯葬诗》结尾的“挽铎已流唱，歌童行自喧。眷言千载后，谁将游九原”，歌童的嬉闹更反衬出自己的孤独、落寞，将诗人怅然若失、迷茫无措、欲归无所的心情表露无遗。《送刘中书葬诗》的“书生空托梦，久客每思乡”含有对故乡故国的思念之情，借刘瑶自伤、温序死而思归的典故表达了诗人强烈的思归情绪。“陵谷俄迁变，松柏易荒凉。题铭无复迹，何处验龟长”更是抒发了多年后墓碑铭刻的文字被磨灭、无法辨认、自己被沦为异乡孤坟野鬼的痛彻之情。故明代张溥在《王司空集题辞》中云：“盖（褒）外縻周爵，而情切土风，流离寄叹，亦徐孝穆之报尹义尚，庾子山之哀江南也。”[①]

此外还有一些悼友诗亦含有很强的生命意识。南北朝时期诗人何逊《伤徐主簿诗》中的徐主簿为何人，现有争议，但诗中对他的学识才华表示赞赏，对他的去世表示哀悼，而作者对其生命的感伤之意也是很明显的。吴均《伤友诗》借咏桂花以抒怀，抒发自己对友人怀才不遇、被闲置贬地、至死无人问津的不平和不满，诗中既含伤友之旨，亦有自伤之意。何胥的《哭陈昭诗》哀悼的是陈庆之长子陈昭，他在梁时以军功封永兴侯，诗中通过对其曾经的空馆昔时歌舞嚣喧而今寂寞冷清的对比，抒发了对友人去世的感伤以及对人生无常的感慨。江总的《鲁广达诗》哀悼的是以身殉国的陈之良将鲁广达，其中渗透着对其的高度赞美及对黄天无眼、湮没忠良的愤慨。

唐代悼友诗开始出现繁荣局面，表现为：一是作家、作品突增，现存有 194 位作家共 630 首悼友诗（详见附《先秦至唐五代悼友诗汇总表》）。二是作品体裁出现新变，四言体诗和骚体诗消失，除了三国两晋南北朝流行的五古、七古之外，格律诗开始盛行，五绝、七绝、五律、七律、排律均有，以五律最多。三是结派同题共咏的现象不多，体现出各成一家、百家争鸣、百花齐放的繁荣局面。从作家的身份看，几乎全是士大夫。从哀悼对象看，绝大部分也是有官职的人，少数是没有官职的人，其中还有一部分是和尚和道士。依此可以分为三类：

① 张溥著，殷孟伦注《汉魏六朝百三家集题辞注》，北京：人民文学出版社 1960 年版，第 293 页。

一、悼官员朋友诗

唐代悼友诗的作者几乎都是官员，官员之间在工作上互通往来，在政治上互相利用，有的还是属于同一个政治派别的人，而且唐代实行科举诗赋取士的政策，所以多数官员是精通诗歌创作的，官员之间写诗互相唱和、去世后写诗哀悼是很普通的现象，因此，悼官员朋友诗在唐代悼友诗中是最多的。这一类诗歌在内容上主要是对官员的高贵出身、官高位尊、品德气节、胸怀气度、学识才干、丰功伟绩的赞颂，对其生前与诗人交谊的回忆，对其突然去世表示哀悼和惋惜，也有少数诗歌是同情其被贬或怀才不遇的，在写法上往往是运用许多典故，通过今昔对比、人去物存、睹物思人的手法，或描写其去世后家中惨状、或描写送葬返葬情景、或描写墓地祭拜来抒发哀悼之情。例如张说的《李工部挽歌三首》：

锦帐为郎日，金门待诏时。杨官先上赋，柏殿几连诗。
瞬息琴歌断，凉箫挽悲。那堪霸陵岸，回首望京师。

宅兆西陵上，平生雅志从。城临丹阙近，山望白云重。
会葬知元伯，看碑识蔡邕。无由接神理，挥涕向青松。

常时好宾客，永日对弦歌。是日归泉下，伤心无奈何。
墓庭人已散，祭处鸟来过。碑石生苔藓，荣名岂复多。

此诗为唐代文学家、诗人、政治家张说（667—730）于景云二年（711年）为好友李适作的挽歌。李适（663—711），字子至，自号东山子，京兆万年人。景龙中任中书舍人，后转工部侍郎，工诗。睿宗时，赠诗给天台道士司马承祯，序其高尚之致，其词甚美，一时朝士属和者有三百余人。此五律挽诗第一首运用了《后汉书·钟离意传》中的“锦帐郎”、金门待诏、扬雄上《长杨赋》、柏殿连诗、王粲《七哀诗》的“南登期陵岸，回首望长安”五个典故，首联、颔联赞美了李适官高位尊、擅作诗赋，颈联、尾联抒发对其突然去世的哀悼。第二首先用范式哭张劭事典赞美李适的雅志，再用《后汉书》郭太事典，郭太卒，四方之士一千多人都来会葬，蔡邕为之撰碑文，不久对卢植说："吾为碑铭多矣，皆有惭德，唯郭有道无愧色耳。"[1]郭太曾举有道，世称郭有迈。用此典故赞美李适如郭有道一样品德高尚。最后两句对他突然去世表示哀痛。第三首的首联、颔联将昔日的荣华富贵生活与今日的悲惨去世相对比，颈联、尾联描写墓地萧条、冷落的景象，渲染出一种悲凉的气氛，并抒发了荣华名誉随着死亡的降临一切成空的人生感慨。

又如贾岛的《吊孟协律》：

才行古人齐，生前品位低。葬时贫卖马，远日哭惟妻。

孤冢北邙外，空斋中岳西。集诗应万首，物象遍曾题。

此诗是晚唐诗人贾岛于元和九年(814 年)为好友孟郊去世而作的五言律诗，孟郊(751—814)，唐代著名诗人，字东野，湖州武康人，工五古，与贾岛齐名，人称"郊寒岛瘦"。46 岁[2]始登进士第，后东归，旅汴州、越州。贞元十七年(801 年)任江南溧阳尉，在任时常以作诗为乐，不事朝务，有"诗囚"之称，不久弃官。他的前妻早死，三子夭折，家境凄苦。元和初，河南尹郑余庆奏其为河南水陆转运从事，试协律郎。60 岁时，因母死去官。郑余庆又奏其为参谋、试大理评事。郊前往，到阌乡，元和九年(814 年)八月己亥二十五日(9 月 12 日)暴病身亡，其友韩愈、郑余庆等人凑钱为他营葬。此诗首联称赞孟郊才学、品行高，可惜官位不高，实是为其怀才不遇的惋惜；颔联写他家贫，死时要卖马安葬，亲友全无，只余其妻；颈联写孟郊曾隐嵩山，现已人去山空，孤冢葬于北邙山；尾联则抒发他人去诗存、身去名在的感慨。

二、悼平民朋友诗

此类诗在唐代悼友诗中比例不是很多，如杜荀鹤的《哭刘德仁》《哭友人》《哭山友》《哭方干》《哭贝韬》，孙郃的《哭方玄英先生》，褚载的《吊秦叟》，韦庄的《刘得仁墓》《哭麻处士》，徐夤的《吊赤水李先生》，曹松《忆江西并悼亡友》等等，毕竟有名有位的官员与一般的平民身份并不对等，要么平民有杰出的才华或高尚的

① (宋)范晔撰，(唐)李贤等注《后汉书》，北京：中华书局 1965 年版，第 2227 页。

② 一说 45 岁。

气节，令官员欣赏，要么是官员对这一平民怀有慈悲之心或有特别的感情，才会为他作哀悼诗。而无官职的人为同样无官职的人所作的哀悼诗大多因其名位不显而无法传世。唐代悼平民朋友诗在内容上往往是抒发对平民朋友怀才不遇或悲惨身世的同情，或对其高尚气节的赞赏，对他的去世表达哀悼之情。在艺术上往往是通过为平民朋友的怀才不遇而死鸣不平，或是描写他去世后家中的悲惨情状，或是回忆两人曾经的交情以抒发哀悼之情。例如唐代平民诗人刘得仁去世，几位官员和诗僧皆有悼诗：

哭刘得仁

杜荀鹤

贾岛还如此，生前不见春。岂能诗苦者，便是命羁人。

家事因吟失，时情碍国亲。多应衔恨骨，千古不为尘。

刘得仁墓

韦庄

至公遗至艺，终抱至冤沉。名有诗家业，身无戚里心。

桂和秋露滴，松带夜风吟。冥寞知春否，坟蒿日已深。

哭刘得仁

栖白

为爱诗名吟至死，风魂雪魄去难招。

直须桂子落坟上，生得一枝冤始消。

怀刘得仁

贯休

诗名动帝畿，身谢亦因诗。白日只如哭，皇天得不知。

旅坟孤螗岳，羸仆泣如儿。多少求名者，闻之泪尽垂。

上述四位诗人所哀悼的刘得仁（字、号、生卒年均不详，约 838 年前后在世）为唐朝平民诗人，大约唐文宗开成中前后在世。据传为公主之子，工诗，长庆中即有诗名。自开成至大中四朝出入举场三十年，屡试不中，而昆弟以贵戚皆擢显位，其著有诗集一卷。四位诗人均高度赞扬他的诗才，为他的怀才不遇而感叹。杜诗把他比作晚唐怀才不遇、屡遭贬谪的诗人贾岛，诗好但命不好，而且因写诗把家事耽误了，时局不利，与显赫的亲戚不对等，只能遗恨终生。韦诗也是高度赞扬他的诗艺，但却因诗含冤而死，有名不显，颈联和尾联描写其坟墓的凄凉景象以抒发哀悼之情。栖诗写刘得仁一生爱诗、享有诗名，但最终因诗冤死。贯诗首联、颔联写刘得仁诗名高却因诗含冤而死，颈联写其去世后的惨状，尾联用求名者泪垂来抒发对其追求功名却怀才不遇、不得善终的感慨。

又如徐夤的《吊赤水李先生》：

三年悲过隙，一室类销冰。妻病入仙观，子穷随岳僧。

荒丘寒有雨，古屋夜无灯。往日清猷著，金门几欲征。

此五言律诗所哀悼的李先生名不可考，首联写时间过得很快，李先生转眼就去世了；颔联写他死后家中的惨状，妻子患病去了仙观医治，儿子没有出路只好去当和尚；颈联描绘其坟墓的凄凉景象以抒发哀悼之情；尾联则以朝廷多次想征辟他来赞扬他的才华显著。

三、悼佛友诗、悼道友诗

唐前悼佛友诗、悼道友诗极少，南北朝仅存有庾信的1首悼佛友诗《送灵法师葬诗》。唐代之后开始出现。唐代的悼佛友诗存46首：李忱的《悼盐官和尚》，杨炯的《和旻上人伤果禅师》，刘长卿的《题灵祐和尚故居》，张谓的《哭护国上人》，段怀然的《挽涌泉寺僧怀玉》，严维的《哭灵一上人》，李益的《哭柏岩禅师》，李端的《青龙寺题故昙上人房》，于鹄的《哭凌霄山光上人》，徐凝的《伤画松道芬上人(因画钓台江山而逝)》，周贺的《哭闲霄上人》，郑巢的《哭虚海上人》，李远的《闻明上人逝寄友人》，元稹的《僧如展及韦载同游碧涧寺各赋诗 予落句云他生莫忘灵山座满壁人名后会稀殿共吟他生之句因话释氏缘会所以不凄然久之不十日而展公长逝惊悼返覆则他生岂有兆耶其间展公仍赋黄字五十韵飞札相示予方属和未毕自此不复撰成徒以四韵为识》，刘得仁的《吊草堂禅师》，贾岛的《哭柏岩和尚》《哭宗密禅师》，林宽的《哭造微禅师》，皮日休的《过云居院玄福上人旧居》，张乔的《吊栖白上人》《吊造微上人》，裴说的《哭处默上人》，李洞的《吊草堂禅师》和

《哭栖白供奉》，王镕的《哭赵州和尚二首》，陈陶的《哭宝月三藏大禅师》，齐己的《寄哭西川坛长广济大师》，清尚的《哭僧》，钱起的《哭空寂寺玄上人》[①]，柳宗元的《韩漳州书报彻上人亡因寄二绝》和《闻彻上人亡寄侍郎杨丈》，皎然的《哭觉上人（时绊剡中）》，白居易的《与果上人殁时题此诀别，兼简二林僧社》，刘言史的《伤清江上人》，贞素的《哭日本国内供奉德仙和尚诗》，贯休的《哭灵一上人》和《闻大愿和尚顺世三首》和《闻无相道人顺世五首》。唐代悼道友诗有 14 首：宋之问的《使至嵩山寻杜四不遇慨 然复伤田洗马韩观主因以题壁赠杜侯杜四》、刘长卿的《故女道士婉仪太原郭氏挽歌词》和《杪秋洞庭中，怀亡道士谢太虚》、顾况的《哭绚法师》、孟浩然的《伤岘山云表观主》、刘禹锡的《伤桃源薛道士》[②]、皮日休的《伤开元观顾道士》、陆龟蒙的《和袭美伤开元观顾道士》、郑璧的《和袭美伤顾道士》、张贲的《奉和袭美伤开元观顾道士》、沈佺期的《哭道士刘无得》、贯休的《闻赤松舒道士下世（东阳未乱前相别）》和《怀赤松故舒道士》、姚合的《哭砚山孙道士》。

这些诗在内容上大多含蓄表达和尚、道士的死亡，赞美他们的才学或得道、得法，抒发对他们的哀悼之情，往往渗透着一种佛理或道理，在艺术上，大多运用佛教、道教词汇和人去物空存或今昔对比的抒情方式进行表达。例如，贾岛的悼和尚诗《哭柏岩和尚》：

苔覆石床新，师曾占几春。写留行道影，焚却坐禅身。
塔院关松雪，经房锁隙尘。自嫌双泪下，不是解空人。

这首五律首联写由眼前石床上的苔覆想起柏岩和尚曾经在这里坐禅，用了睹物思人和人死物新、人去物存的手法。颔联写柏岩和尚写的字还保留着他修道的影子，但是他的人却早已被焚烧了。颈联写安葬和尚的塔院关着覆盖着松雪的松树，曾经念经的经房结满了尘埃。这两联用了人去物空存的手法进行抒情。尾联抒发作者对他的悼念之情。“不是解空人”暗含佛理，是说自己不能像参透红尘的和尚那样，以一种四大皆空、看透一切的超然之态来面对死亡。诗中的

---

① 一作《少林寺哭晖上人》。
② 一作《尊师》。

“行道”“焚却”“坐禅”“塔院”“经房”“解空人”均是佛教用语。又如皮日休的悼道友诗《伤开元观顾道士》：

> 协晨宫上启金扉，诏使先生坐蜕归。鹤有一声应是哭，丹无余粒恐潜飞。
> 烟凄玉笥封云篆，月惨琪花葬羽衣。肠断雷平旧游处，五芝无影草微微。

这首七律首联说顾道士已得道升仙了，含蓄写其的去世；颔联以物衬哀情；颈联以环境衬托哀情；尾联用今昔对比和人逝物空存的抒情方式再次抒发对顾道士的哀悼之情。“丹无余粒恐潜飞”暗含着道教服用仙丹追求长生的意思，“协晨”“坐蜕”“丹”“玉笥”“云篆”“琪花”“羽衣”“五芝”均是道教或仙界语汇，共同营造出一个美轮美幻的神仙世界。

唐代较多悼和尚诗、悼道士诗的出现，表明了和尚、道士这两个群体在唐代数量的增多，也从侧面可以看出佛教、道教在唐代发展的兴盛。佛教和道教是唐代流行的主要宗教。李唐皇帝以春秋战国时期著名的道家学者、道家教主——老子的后裔自居，借助神权来巩固皇权。武德八年(625 年)李渊下令道教为儒、道、佛三教之首，确立了唐代的崇道政策。贞观十二年(638 年)唐太宗令道士、女冠位于僧、尼之前。乾封元年(666 年)高宗追封老子为“太上玄元皇帝”。玄宗诏令道士、女冠隶宗正寺，视为皇族宗室，位于亲王之后，还令王公以下习《老子》，力壮道教势力。时两京和各州均建有玄元皇帝庙和道观，长安有 30 所道观。开元末年，道教发展到鼎盛时期。唐代也是佛教发展的全盛期，形成了三大主要宗派：天台宗、法相宗、华严宗。唐代佛、道之间一直存在有很激烈的斗争。唐高祖和唐太宗重道于佛；武则天为了取唐建周，又重佛于道；唐武宗为了打击极度膨胀的佛教寺院经济，下令灭佛；唐宣宗继位又扶植佛教。

总之，悼友诗是先秦至唐五代哀悼诗的重要组成部分，不同的朝代呈现出不同的风貌：汉代儒家思想的独尊导致了汉代悼友诗的宣扬忠、孝、节、义，三国两晋南北朝的分裂与动荡导致了三国两晋南北朝悼友诗的生命危机意识和团体化创作倾向，唐代政治的开明、经济的繁荣导致了唐代悼友诗的百花齐放、百家争鸣。在内容上，不论是悼哪一类朋友，均是以赞和哀作为主要内容和情感基调，这是由于诗人与死者处于一种大体平等但又彼此独立的社会关系使然。

附录：

先秦至唐五代悼友诗汇总表（悼佛友诗、悼道友诗见文中）

汉代：

无名氏《郭辅碑歌》

无名氏《张公神碑歌》

三国：

曹植《野田黄雀行》

南北朝：

竟陵王萧子良《登山望雷居士精舍同沈右卫过刘先生墓下作诗并序》（一作同随王经刘先生墓下作）

虞炎《奉和竟陵王经刘瓛墓下诗》

沈约《奉和竟陵王经刘瓛墓诗》

柳恽《奉和竟陵王经刘瓛墓下诗》

江淹《出郡传舍哭范仆射诗三章》

沈约《怀旧诗九首》：《伤王融》《伤谢朓》《伤庾杲之》《伤王谌》《伤虞炎》《伤李珪之》《伤韦景猷》《伤刘沨》《伤胡谐之》

何逊《伤徐主簿诗》

江总《在陈旦解酲共哭顾舍人诗》

吴均《伤友诗》

庾信《和王少保遥伤周处士诗》《送炅法师葬诗》《伤王司徒褒诗》

何胥《哭陈昭诗》

江总《鲁广达诗》

王褒《送刘中书葬诗》《送观宁侯葬诗》

唐代：

张籍《哭元九少尹山》

鲍溶《悼豆卢策先辈》

褚亮《在陇头哭潘学士》《伤始平李少府正己》

孔绍安《伤顾学士》

白居易《哭微之二首》《梦微之》

上官仪《谢都督挽歌》

卢照邻《哭金部韦郎中》《哭明堂裴主簿》《同崔录事哭郑员外》

张九龄《故刑部李尚书挽词三首》《故徐州刺史赠吏部侍郎苏公挽歌词三首》《故荥阳君苏氏挽歌词三首》《眉州康司马挽歌词》《和姚令公哭李尚书乂》

宋之问《伤王七秘书监寄呈扬州陆长史通简府僚广陵以广好事》《故赵王属赠黄门侍郎上官公挽词二首》《杨将军挽歌》

崔湜《秦州薛都督挽词》

李峤《马武骑挽歌二首》

崔融《户部尚书崔公挽歌》《韦长史挽词》《哭蒋詹事俨》

苏颋《蜀城哭台州乐安少府》《赠司徒豆卢府君挽词》《故右散骑常侍舒国公褚公挽词》

徐彦伯《题东山子李適碑阴二首》

骆宾王《伤祝阿王明府》《过张平子墓》《乐大夫挽词五首》《丹阳刺史挽词三首》

乔知之《哭故人》

陈子昂《同旻上人伤寿安傅少府》

张说《韦谯公挽歌二首》《右丞相苏公挽歌二首》《崔尚书挽词》《右侍郎集贤院学士徐公挽词二首》《崔司业挽歌二首》《李工部挽歌三首》《赠工部尚书冯公挽歌三首》《徐高御挽歌》

李乂《哭仆射鄂公杨再思》《故西台侍郎上官公挽歌》

卢藏用《宋主簿鸣皋梦赵六予未及报而陈子云亡今追为此诗答宋兼贻平昔游旧》

吴少微《哭富嘉谟》

沈佺期《伤王学士》《秦州薛都督挽词》《哭苏眉州崔司业二公》

赵彦昭《哭仆射鄂公杨再思》

郑愔《哭郎著作》

王湾《哭补阙亡友綦毋学士》

孙逖《故右丞相赠太师燕文贞公挽词二首》《故陈州刺史赠兵部尚书韦公挽词》

王维《哭殷遥》《宋进马哀词》《故西河郡杜太守挽歌三首》《哭褚司马》《过沈居士山居哭之》《哭祖六自虚(时年十八)》《哭孟浩然(时为殿中侍御史,知南选,至襄阳有作)》《送殷四葬(一作哭殷遥)》《过太乙观贾生房》

储光羲《同王十三维哭殷遥》

常建《吊王将军墓》

刘长卿《家园瓜熟,是故萧相公所遗瓜种,凄然感旧,因赋此诗》《哭魏兼遂》《哭张员外继(公及夫人相次没于洪州)》《见故人李均所借古镜恨其未获归府斯人已亡怆然有作》《双峰下哭故人李宥》《哭陈歙州》

崔曙《登水门楼,见亡友张贞期题望黄河诗,因以感兴》

孟云卿《伤怀赠故人》

李白《哭晁卿衡》《自溧水道哭王炎三首》《哭宣城善酿纪叟》《宣城哭蒋征君华》

韦应物《张彭州前与缑氏冯少府各惠寄一篇多故未答张已云没因追哀叙事兼远简冯生》《东林精舍见故殿中郑侍御题诗追旧书情涕泗横集因寄呈阎澧州冯少府》《同李二过亡友郑子故第(李与之故,非予所识)》《至开化里寿春公故宅》《四禅精舍登览悲旧寄朝宗巨川兄弟》《睬阳感怀》

刘湾《虹县严孝子墓》

岑参《苗侍中挽歌二首》《故仆射裴公挽歌三首》《河西太守杜公挽歌四首》《故河南尹岐国公赠工部尚书苏公挽歌二首》

包佶《客自江南话过亡友朱司议故宅》

李嘉祐《伤吴中》《故吏部郎中赠给事中韦公挽歌二首》《伤歙州陈二使君》

皇甫曾《哭陆处士》

高適《哭单父梁九少府》《哭裴少府》

杜甫《过郭代公故宅》《八哀诗·赠司空王公思礼》《八哀诗·故司徒李公光弼》《八哀诗·赠左仆射郑国公严公武》《八哀诗·赠太子太师汝阳郡王琎》《八哀诗·赠秘书监江夏李公邕》《八哀诗·故秘书少监武功苏公源明》《八哀诗·故著作郎贬台州司户荥阳郑公虔》《八哀诗·故右仆射相国张公九龄》《故武卫将军挽歌三首》《别房太尉墓(在阆州)》《哭严仆射归榇》《承闻故房相公灵榇自阆州启殡归葬东都有作二首》《追酬故高蜀州人日见寄》《存殁口号二首》《奉汉中王手札报

韦侍御、萧尊师亡》《哭王彭州抡》《哭李尚书》《重题》《哭李常侍峄二首》《哭韦大夫之晋》《哭长孙侍御(一作杜诵诗。以下为杜甫补遗)》《哭台州郑司户苏少监》《送卢十四弟侍御护韦尚书灵榇归上都二十韵》《闻高常侍亡》《遣怀》《怀旧》

钱起《哭曹钧》《哭常征君》《哭辛霁》

皇甫冉《送魏六侍御葬》

顾况《经徐侍郎墓作》《鄜公合祔挽歌》《伤大理谢少卿》《相国晋公挽歌二首》《哭李别驾》

耿湋《哭张融》《哭麴象(一作司空曙诗)》《哭苗垂》

戎昱《汉阴吊崔员外坟》《哭黔中薛大夫》

窦常《故秘监丹阳郡公延陵包公挽歌词》《哭张仓曹南史》

窦巩《哭吕衡州八郎中》

杜诵《哭长孙侍郎(一作杜甫诗)》

戴叔伦《吊畅当》《哭朱放》

卢纶《哭司农苗主簿》《同兵部李纾侍郎刑部包佶侍郎哭皇甫侍御曾》《酬李叔度秋夜喜相遇因伤关东僚友丧逝见赠》

李益《闻亡友王七嘉禾寺得素琴》《嘉禾寺见亡友王七题壁》《惜春伤同幕故人孟郎中兼呈去年看花友》

李端《张左丞挽歌二首》《哭张南史因寄南史侄叔宗》《哭苗垂(一作过故友墓)》

司空曙《冬夜耿拾遗王秀才就宿因伤故人》《哭麴山人(一作耿湋诗)》《哭王注》

卫象《伤李端》

王建《哭孟东野二首》

刘商《哭韩淮端公兼上崔中丞》《杂言同豆卢郎中郭南七里桥哀悼姚仓曹》《同诸子哭张元易》《哭萧抡》

于鹄《哭刘夫子》《哭王都护》《哭李暹(一作赵嘏诗)》

武元衡《经严秘校维故宅》

权德舆《哭李晦群崔季文二处士》《张工部至薄寒山下有书无由驰报精车之至倍切悲怀》《工部友引日属伤足卧庆不遂执绵》《从事淮南府过亡友杨校书旧厅

感念愀然》《湖南观察使故相国袁公挽歌二首(一作刘禹锡诗)》《哭张十八校书(数日前辱书,未及还答,俄承凶讣)》《题亡友江畔旧居》《故太尉兼中书令赠太师西平王挽词》《故司徒兼侍中赠太傅北平王挽词》

令狐楚《李相薨后题断金集(一作裴夷直诗)》

韩愈《哭杨兵部凝陆歙州参》

陈羽《观朱舍人归葬吴中》

欧阳詹《有所恨二章》《睹亡友题诗处》

柳宗元《同刘二十八哭吕衡州,兼寄江陵李元二侍御》《段九秀才处见亡友吕衡州书迹》《哭连州凌员外司马(凌员外准也)》《韦道安(道安尝佐张建封于徐州,及军乱而道安自杀)》

刘禹锡《伤丘中丞》《湖(河)南观察使故相回袁公挽歌三首其三(前二首一作权德舆诗)》《哭王仆射相公(名播,时兼盐铁,暴薨)》《伤韦宾客(自工部尚书除宾客,一作伤韦宾客缜)》《再经故元九相公宅池上作》《虎丘寺见元相公二年前题名怆然有咏》《西川李尚书知愚与元武昌有旧远示二篇吟之泫然因以继和二首》《哭吕衡州,时予方谪居》《令狐仆射与余投分素深纵山川阻修然音问相继今年十一月仆射疾不起闻予已承讣书寝门长恸后日有使者两辈持书并诗计其日时已是卧疾手笔盈幅翰墨尚新律词一篇音韵弥切收泪握管以成报章虽广陵之弦于今绝矣而盖泉之感犹庶焉焚之繐帐之前附于旧编之末》《伤段右丞(江湖旧游,南宫交代)》《伤独孤舍人》《哭庞京兆》《再伤庞尹》《王思道碑堂下作》《伤愚溪三首》《重至衡阳伤柳仪曹》《伤循州浑尚书》《祭韩吏部文附诗》《故相国燕国公于司空挽歌二首》《伤桃源薛道士(一作尊师)》《乐天见示伤微之敦诗晦叔三君子皆有深分因成是诗以寄》《和仆射牛相公追感韦裴六相登庸皆四十馀未五十薨殁岂早荣早枯之义今年将六十粗强健因亲故劝酒率然成篇并见寄之作》《哭张十八校书(数日前辱书,未及还答,俄承凶讣)》《吟乐天自问怆然有作》《伤秦姝行》《窦夔州见寄寒食日忆故姬小红吹笙,因和之》《夔州窦员外使君见示悼妓诗顾余尝识之因命同作》《和杨师皋给事伤小姬英英》《和乐天题真娘墓》

孟郊《吊元鲁山》《伤哉行》《哭李观》《李少府厅吊李元宾遗字》《悼吴兴汤衡评事》《哭卢贞国》《伤旧游》《吊房十五次卿少府》《哭秘书包大监》《逢江南故昼上人会中郑方回》《吊李元宾坟》《览崔爽遗文,因纾幽怀》《哭李丹员外,并寄杜中

丞》《哭刘言史》《吊卢殷》《哀孟云卿嵩阳荒居》

张籍《哭于鹄》《祭退之》《哭山中友人》《庄陵挽歌词三首》《没蕃故人》《哭丘长史》《哭胡十八遇》《哭丘长史》《哭孟寂》《哭元九少府》

元稹《哭吕衡州六首》《和乐天梦亡友刘太白同游二首》《酬乐天见忆，兼伤仲远》《与乐天同葬杓直》《褒城驿二首》《和乐天刘家花》《公安县远安寺水亭见展公题壁漂然泪流因书四韵》

白居易《哭孔戡》《哭刘敦质》《伤唐衢二首》《秦中吟十首·伤友(又云伤苦节士。一作胶漆契)》《伤杨弘贞》《梦裴相公》《哭李三》《哭王质夫》《哭诸故人，因寄元八》《夜哭李夷道》《过高将军墓》《感月悲逝者》《忆微之伤仲远(李三仲远去年春丧)》《梦亡友刘太白同游彰敬寺》《李白墓》《予与故刑部李侍郎早结道友以药术为事与故京兆元尹晚为诗侣有林泉之期周岁之间二群长逝李住曲江北元居升平西追感旧游因贻同志》《题故元少尹集后二首》《元相公挽歌词三首》《哭微之二首》《哭皇甫七郎中(湜)》《哭师皋》《哭崔二十四常侍》《令狐相公与梦得交情素深眷予分亦不浅一闻薨逝相顾泫然旋有使来得前月未殁之前数日书及诗寄赠梦得衣吟悲叹寄情于诗诗成示予感而继和》《哭刘尚书梦得二首》《哭崔常侍晦叔》《微之敦诗晦叔相次长逝，岿然自伤，因成二绝》《采石墓》《哭微之二首》《梦微之》《过颜处士墓》《哭微之》《自问》

杨衡《哭李象》

刘言史《恸柳论》

王鲁复《吊韩侍郎》

郑立之《哭林杰》

李德裕《重过列子庙追感顷年自淮服与居守王仆射同题名于庙壁仆射已为御史余尚布衣自后俱列紫垣继游内置两为夏官之代复联左揆之荣荷宠多同感涕何极四书四韵奉寄》《遥伤茅山县孙尊师三首》

熊孺登《题逍遥楼伤故韦大夫》

李涉《重到襄阳哭亡友韦寿朋》《哭田布》

李绅《悲善才》

无名氏《转寿春守太和庚戌岁二月祗命寿阳时替裴五墉终殁因视壁题自墉而上或除名在边坐殿殁凡七子无一存焉寿人多寇盗好讼讦时谓之凶郡犷俗特著

蒙此处之顾余衰年甘蹑前患牌三月而寇静期岁而人和虎不暴物奸吏屏窜三载复曹邪佞所恶授宾客分司东都或举其目或寄于风亦粗继诗人之末云》

陈彦博《恩赐魏文贞公诸孙旧第以导直臣》

姚合《哭费拾遗征君》

李敬方《闻高侍御卒贬所》

顾非熊《哭韩将军》

张祜《哭汴州陆大夫》《哭京兆庞尹》《伤迁客殁南中》

朱庆馀《哭胡遇》

雍陶《哭饶州吴谏议使君》

杜牧《闻庆州赵纵使君与党项战中箭身死，辄书长句》《哭李给事中敏》《哭韩绰》《重到襄阳，哭亡友韦寿朋（一作重宿襄州哭韦楚老拾遗）》

许浑《再游越中，伤朱馀庆协律好直上人》《伤冯秀才》《重伤杨攀处士二首（攀自号绿云翁）》《伤虞将军（一作伤河东虞押衙）》《伤故湖州李郎中》《哭杨攀处士》《经故丁补阙郊居》《同韦少尹伤故卫尉李少卿》《经李给事旧居》

李商隐《哭刘司户二首》《闻著明凶问哭寄飞卿》《哭刘蕡》《过伊仆射旧宅》《故驿迎吊故桂府常侍有感》《哭刘司户蕡》《过故崔兖海宅与崔明秀才话旧因寄旧僚杜赵李三椽》

萧浣《哭遂州萧侍郎二十四韵》

虞卿《哭虔州杨侍郎》

喻凫《经刘校书墓》

刘得仁《哭鲍溶有感（过鲍溶宅有感）》《哭翰林丁侍郎》

赵嘏《哭李进士》

项斯《哭南流人》《经李白墓》

马戴《宿贾岛原居（一作寻贾岛原东居）》《哭京兆庞尹》《过亡友墓》

李群玉《伤友》《哭郴州王使君》

贾岛《哭卢仝》《哭孟郊》《吊孟协律》《哭胡遇》《哭张籍》《哭孟东野》《过京索先生坟》

温庭筠《中书令裴公挽歌词二首》《秘书刘尚书挽歌词二首》《哭王元裕》《伤温德彝（一作伤边将）》《宿城南亡友别墅》

段成式《哭李群玉》《哭房处士》《哭李群玉》

刘沧《经无可旧居兼伤贾岛》

李频《过长江伤贾岛》《哭贾岛》

李郢《伤贾岛无可》《小石上见亡友题处》

崔珏《哭李商隐》

储嗣宗《哭彭先生》

许棠《哭宣城元征君》

林宽《哭栖白供奉》

皮日休《伤卢献秀才(献有《悠征赋》一卷,人为作注)》《伤史拱山人》

陆龟蒙《奉和袭美伤史拱山人》《严子重以诗游于名胜间旧矣余晚于江南相遇甚乐不幸且没袭美作诗序而吊之其名真不朽矣又何戚其死哉余因息悲而为之和》《和过张祜处士丹阳故居》

聂夷中《哭刘驾博士》

张乔《吊建州李员外》《吊前水部贾员外》《哭陈陶》

曹唐《哭陷边许兵马使》

李咸用《哭所知》《悼范摅处士》

方干《哭秘书姚少监》《哭胡硅》《哭喻凫先辈》《哭江西处士陈陶》《哭王大夫》

罗隐《重过随州故兵部李侍郎恩知因抒长句》《故洛阳公镇大梁时隐得游门下今之经历事往人非聊抒所怀以伤以谢》《三衢哭孙员外》《箧中得故王郎中书》《重过三衢哭孙员外》《哭张博士太常》

唐彦谦《吊方干处士二首》《拜越公墓因游定水寺有怀源老》《闻李渎司勋下世》《咸通中始闻褚河南归葬阳翟是岁上平徐方大肆庆赏又诏八品锡其裔孙追叙风概因成二十韵》

周朴《哭陈庚》《哭李端》《吊李群玉》

郑谷《哭建州李员外频》《哭进士李洞二首》《吊水部贾员外嵩》)《吊故礼部韦员外序》

崔涂《读段太尉碑》

杜荀鹤《哭刘德仁》《哭山友》《哭方干》《哭陈陶》《哭贝韬》

孙郃《哭方玄英先生》

褚载《吊秦叟》

韦庄《刘得仁墓》《哭麻处士》《哭同舍崔员外》《夏初与侯补阙江南有约同泛淮汴西赴行朝庄自九驿路先至甬桥补阙由淮楚续至泗上寝病旬日遽闻损馆回首悲恸因成长句四韵吊之》

张蠙《哭建州李员外》

黄滔《伤蒋校书德山》

徐夤《吊崔补阙》《吊赤水李先生》《经故翰林杨左丞池亭》《经故广平员外旧宅》《潘丞相旧宅》《伤前翰林杨左丞》《伤进士谢庭皓》《闻司空侍郎讣音》

崔道融《悲李拾遗二首》

卢延让《哭李郢端公》

曹松《哭陈陶处士》《哭胡处士》《哭李频员外(时在建川)》《吊贾岛二首》《忆江西并悼亡友》《哭胡处士》《吊建州李员外》

李洞《吊侯圭常侍》《吊郑宾客》《哭栖白供奉》《吊曹监》《贾岛墓》

唐求《伤张玖秀才》

任翻《哭友人》

刘斌《和许给事伤牛尚书》

王仁裕《过平戎谷吊胡翙》

陈陶《哭王赞府》

李中《哭故主人陈太师》《哭柴郎中》

徐铉《陶使君挽歌二首》《文彧少卿文山郎中交好深至二纪已馀暌别数年二子长逝奉使岭表途次南康吊孙氏之孤于其家睹文彧手书于僧室慷慨悲叹留题此诗》《哭刑部侍郎乔公诗》

徐锴《同家兄哭乔侍郎》

王元《哭李韶》

王延彬《哭徐夤》

安锜《题贾岛墓》

叶元良《御制段太尉碑》

卢尚书《哭李远》

无名《唐衢墓(一作贾岛诗)》

灵澈《远公墓》《闻李处士亡》

护国《伤蔡处士》

杨衡《伤蔡处士》

无可《哭张籍司业》

张乔《哭陈陶》

皎然《哭吴县房耸明府》

栖白《哭刘得仁》

贯休《悼罗隐》《怀刘得仁》《闻王慥常侍卒三首》《闻李频员外卒》《经友生坟》《悼张道古(昭宗时道古官拾遗以直谏贬蜀中死)》

齐已《伤郑谷郎中》《闻贯休下世》《吊杜工部坟》《哭郑谷郎中》《闻尚颜下世》

虚中《哭悼朝贤》《悼方干处士》

郑遨《哭张道古》

吕岩《哭陈先生》

张白《哭陆先生》

崔泰之《哭李峤诗》

司空曙《故郭婉仪挽歌》

陶翰《吊王将军》

佚名《哭押牙四寂》

卢肇《吊进士杨邺》

詹敦仁《琲访刘君乙时已歿》

贞素《哭日本国内供奉德仙和尚诗》

韩愈《题杜工部坟》

李郢《伤贾岛无可》

崔锜《岳阳惮贾岛》

卢延让《吊孟浩然》

詹琲《承请隐命访刘处士已殁因吊以诗》

王元《吊贾岛》

无名《哭从伯祭酒》

赵过《故功德使凉国公李将军挽歌词二首》

柳登《颜鲁公挽歌词》
李节《过耒江吊子美》
余镜《哀林虔中》
狄常侍《悼孟昭图题拟》
贾纬《哀韩璆》
王樑《哭左偃》
文彧《吊陈文亮》
无名氏《吊子美》
无名氏《刘明德德墓志铭末附歌》
雍陶《路逢有似亡友者，恻然赋此》
廖有方《题旅榇（一作葬宝鸡逆旅士人铭诗）》

第四章

其他哀悼诗

其他哀悼诗主要是指作者与死者没有亲属关系、朋友关系，一般是出于应酬或某些政治目的而写的哀悼诗，主要包括悼君诗，悼臣诗，悼王诗，悼后妃诗，悼夫人诗，悼他人父母、妻、妾(包括家妓、侍儿)诗[①]，悼太子诗，悼公主诗，悼妓诗，悼节妇诗。

一、悼国君诗、悼臣诗、悼王诗

国君、臣与王三者是以国君为中心而互相联系的三个主体。国君是具备国家雏形以后人类文明社会的最高统治者的称谓。中国的最高统治在上古三皇五帝时期单称“皇”或“帝”，如羲皇、娲皇、黄帝、炎帝等，夏朝称“后”，商朝称“帝”，周时称“王”。战国时期诸侯大多也僭越称王。秦始皇统一中国以后，“皇帝”成为两千多年来中国封建社会对最高统治者的正式称号。臣作为君主制度下的官吏，他与国君是下级与上级的关系，下级对上级要事之以忠，正如孔子所说：“君使臣以礼，臣事君以忠。”[②]先秦臣在君前还有一定的人格，但是经西汉的董仲舒对君臣关系的再论证、《白虎通·三纲六纪》对“三纲”理论的确定以及东汉《忠经》的“移孝作忠”对忠道的系统化后，臣的独立性被取消，国君的绝对权威得以树立。王是秦始皇统一之后封建社会的一个爵位，从汉始，皇帝封兄弟、皇子为王。从三国两晋始，王分亲王、郡王两等，亲王专封皇子、皇帝兄弟；郡王初封皇太子之子，后多分封节度使等武臣，亦封文官。

① 此处的悼他人父母、夫、妻、妾(包括家妓、侍儿)诗不包括悼友诗、悼君诗、悼臣诗、悼王诗、悼后妃诗、悼夫人诗、悼太子诗、悼公主诗、悼节妇诗。

② 程树德撰，程俊英，蒋见元点校《论语集释》第一册，北京：中华书局1990年版，第197页。

（一）悼国君诗

悼国君诗按照哀悼主体来分，可分为两种：国人悼国君诗和臣悼国君诗，前者多产生于先秦时代，后者多产生于汉以后，显示出悼国君诗从集体创作向个人创作，从歌谣向五、七古体和律诗演变的发展过程。

1. 民间悼国君诗

先秦至唐五代的民间悼国君诗存有：先秦的《楚人谣》，北魏的《东魏武定末童谣》。此类诗均以歌谣的形式写成，作者不明，哀悼的都是在政治斗争中失利的、命运悲惨的国君。

《楚人谣》中的楚怀王熊槐（？—前296），战国时期楚国国君，曾被山东六国推为纵约长，又乘越内乱，攻灭越国，设郡江东。但他本性贪婪，优柔寡断，排斥改革派，被秦说客张仪所骗，毁坏齐、楚联盟，先后败于秦和齐，失去汉中等地。在位时信任奸臣令尹子兰、子椒、上官大夫靳尚，贬斥左徒屈原，致使国家每况愈下。公元前299年被骗入秦，被扣留，客死于秦。

《东魏武定末童谣》中的渤海王高澄（521—549），北齐文襄皇帝，高欢长子，东魏权臣。十五岁入朝辅政，通过制定法律惩治贪污受贿、整顿吏治、改革官员选举制度等手段，迅速树立了权威，高欢故后，掌控了东魏政权。他对高氏地位的巩固和东魏、北齐间政权的过渡有重大贡献。他击败叛将侯景，用反间计乱梁，拓展两淮，收复河南，在短时间内团结东魏统治阶层，并开始为北齐建立做准备，而受魏禅前夕却被膳奴刺杀。

民间悼国君诗都是时政歌谣，除了具有一般歌谣口头创作、贴近生活、直接表达人民的思想感情和意志愿望的共同特点之外，还具有时政歌谣现实性、政治性、斗争性、感情强烈、爱憎分明、语言生动形象、简短有力的特点，它敢于把批判矛头指向最高统治者，公开揭露其美丑、长短。《楚人谣》反映了楚怀王被张仪所欺、客死秦国及后楚国又为秦所灭的现实。此歌谣表达了楚人痛恨秦国、哀悼楚怀王的心理。《东魏武定末童谣》则反映了东魏、北齐间政权过渡的复杂斗争，揭露了一位有雄才大略的皇帝继承人被暗杀的残酷现实。

2. 文人悼国君诗

现存唐前文人悼国君诗极少，仅先秦有屈原的《招魂》[①]和《大招》[②]，三国有吴质的《思慕诗》，而唐存较多：刘祎之的《孝敬皇帝挽歌》，贾曾的《孝和皇帝挽歌》，卢僎的《让帝挽歌词二首》，包佶的《朝拜元陵》，皇甫冉的《故齐王赠承天皇帝挽歌》，李泌的《建宁王哀词二首》，郑丹的《明皇帝挽歌》，李端的《代宗挽歌》，武元衡的《德宗皇帝挽歌词三首》《顺宗至德大圣皇帝挽歌词三首》，郑丹的《肃宗挽歌》，权德舆的《德宗神武孝文皇帝挽歌词三首》《顺宗至德大安孝皇帝挽歌三首（时充卤簿使）》，刘禹锡的《德宗神武孝文皇帝挽歌二首》《赴连山途次德宗山陵寄张员外》《敬宗睿武昭愍孝皇帝挽歌三首》《文宗元圣昭献孝皇帝挽歌三首》，吕温的《顺宗至德大圣大安孝皇帝挽歌词三首》，元稹的《顺宗至德大圣大安孝皇帝挽歌词三首（左拾遗时作）》《宪宗章武孝皇帝挽歌词三首（膳部员外时作）》，白居易的《德宗皇帝挽歌词四首》《开成大行皇帝挽歌词四首，奉敕撰进》，姚合的《敬宗皇帝挽词三首》《文宗皇帝挽词三首》，顾非熊的《武宗挽歌词二首》，张祜的《宪宗皇帝挽歌词》，李商隐的《昭肃皇帝挽歌辞三首》，曹邺的《文宗陵》，李中的《烈祖孝高挽歌二首》，无名氏的《挽歌五首（高坐星文掩）》。其主要特点有：

首先，哀悼的对象大多是在政治斗争中失利且早薨的国君，少数哀悼的是有奇功或有德行的国君。前者如，战国时期内被奸臣令尹子椒、子兰、上官大夫靳尚所蒙蔽，外被秦说客张仪所欺骗，弃合纵取连横，最终客死秦国的楚国国君楚

① 《招魂》的主旨大体有：（一）宋玉拟屈原自招其魂。见汉王逸《楚辞章句补注》。（二）宋玉招屈原生魂。见唐李周翰注《文选》、宋朱熹《楚辞集注》。（三）宋玉招屈原亡魂。见明陈第《屈宋古音义》、明陆时雍《楚辞疏》。（四）宋玉招顷襄王生魂。见胡念贻《屈原作品的真伪问题及其写作年代》，潘啸龙《〈招魂〉研究商榷》《关于〈招魂〉研究的几个问题》，罗义群《〈招魂〉研究观点辨析》。（五）宋玉招楚考烈王亡魂。见明黄文焕《楚辞听直·听二招》、清蒋骥《山带阁注楚辞》、清林云铭《楚辞灯》。（六）屈原招怀王生魂。见清吴汝纶《古文辞类纂校勘记》。（七）招楚国阵亡将士之魂。见林庚《诗人屈原及其作品研究》。（八）招淮南王刘安之魂。见朱东润《离骚以外的"屈赋"》。（九）屈原招怀王亡魂。见郭沫若《屈原研究》。本著作从此说。

② 《大招》的主旨大体有：（一）屈原自招生魂。见汉王逸《楚辞章句补注》。（二）屈原招怀王生魂。见周秉高《〈大招〉二论》。（三）屈原招怀王亡魂。见清林云铭《楚辞灯》。本著作从此说。（四）景差招顷襄王生魂。见许富宏《关于〈大招〉的作者、创作背景的探索》。（五）伍被谏刘安。见金荣权《关于〈楚辞·大招〉的几个问题》。（六）楚人招战国时楚怀王之魂。见章培恒《关于〈大招〉的写作时代和背景》。（七）楚王室镇魂之歌。见日本藤野岩友《〈楚辞〉解说》。

怀王；自幼孝顺仁德，体恤民情，曾进谏高宗修正不合理的法律，为两个获罪的姐姐求情让其出嫁，被武则天鸩杀，年仅23岁的唐孝敬皇帝李弘；两次当政，共在位五年半，被妻子韦后和女儿安乐公主毒害，终年55岁的唐中宗李显；目睹张皇后被宦官李辅国杀害而被吓死的肃宗；因李辅国、张良娣谗言诬陷，被肃宗赐死的承天皇帝李倓；做了26年储君，因女儿部国公主淫乱、巫蛊之事深受连累的顺宗李诵；被宦官谋杀、年仅18岁的唐敬宗李湛；与宦官斗争、在甘露之变中失败、后形同傀儡、抑郁而死的唐文宗李昂；励精图治、实现"元和中兴"、后为宦官谋杀的唐宪宗李纯；后者如：平定边患，恢复汉朝在西域的设置，诗、赋、文皆有成就的曹魏高祖文皇帝曹丕；本为太子，后让与其弟李隆基的让帝李宪；平定了安史之乱的唐代宗李豫；与太平公主联手发动"唐隆政变"、实现"开元盛世"后又导致"安史之乱"的明皇帝李隆基；前期信用百官、严禁宦官干政、颇有一番中兴气象而后期委任宦官、乱收杂税、招致民怨的唐德宗李适；成功毁佛、扩大了政府税源、巩固了中央集权的唐武宗李炎；兴利除弊、变更旧法、与吴越和解、与民休息、因服用丹药中毒而亡的南唐烈祖李昪。

其次，唐代臣悼国君诗的繁荣反映了唐代统治阶级内部权力之争的激烈与腐败。从秦始皇建立帝制开始，皇帝就是中国古代封建社会的最高统治者，具有最大的权力，因而被称为至尊。正因为如此，皇帝才具有最大的诱惑力，令古往今来的人们为之明争暗斗、兵戈相见、血流成河。唐代有39位皇帝，其中追尊的有11位，统治的有24位，自立的有4位，现存臣悼国君诗共写了13位皇帝，他们的逝世反映了从上元二年(675年)起至升元七年(943年)统治阶级内部权力的斗争变化情况。自显庆五年(660年)起，高宗染风疾，开始让武则天协助裁决政务，形成"二圣"格局。上元二年(675年)，武则天为了便于自己称帝，毒杀太子李弘。弘道元年(683年)，高宗去世，李显即位为唐中宗。第二年，武氏废中宗为庐陵王，另立李旦为皇帝，为唐睿宗，武氏开始临朝称制。载初元年(690年)废睿宗，自称皇帝，改唐为周。神龙元年(705年)，张柬之等发动政变，逼武则天传位中宗李显。中宗懦弱，皇后韦氏及女安乐公主于景云元年(710年)将其毒死。李隆基与姑母太平公主杀死韦后及安乐公主，拥立睿宗，后李隆基逼死太平公主，时李宪本为太子，他恳求睿宗将帝位传给李隆基。唐玄宗后期不理朝政，导致了天宝十四年(755年)爆发了安史之乱，李亨在混乱中继位，为唐肃宗。宝应元年

(762年)，宫廷政变，宦官李辅国杀死张皇后，吓死肃宗，拥立李豫为代宗。唐后期宦官专权，顺宗、宪宗、敬宗都死于宦官之手，穆宗、文宗、武宗、宣宗、懿宗、昭宗皆由宦官拥立，期间还发生了“二王八司马事件”“甘露之变”“牛李党争”等，纷争直至唐王朝灭亡。

再次，在艺术表达上，经历了一个从骚体诗到五古到五律组诗挽歌的演变。

先秦屈原的《招魂》是楚国大夫屈原用骚体诗的形式为客死他乡的楚怀王写的招魂词。《招魂》从开头到“不能复用”是引言，叙述招魂的缘由。“巫阳焉乃下招曰”至“反故居些”是招魂的正文，前半部铺写东南西北上下六方的险恶和恐怖，告诫怀王灵魂哪儿也不去。后半部分别从居处的讲究、宴游的逸乐、饮食的丰盛、娱乐的狂欢四个方面铺写楚国的华美，引诱怀王灵魂归来。“乱曰”至末尾是尾声，总结全篇主题。屈原写作《招魂》时，已流放江南，但面对顷襄王恣情淫逸、置国难家仇于不顾，深感国事艰难，更加哀悼楚怀王，所以《招魂》的写作意图实是屈原借招怀王之魂，抒发对祖国的热爱之情，同时激励顷襄王发愤图强，报仇雪耻。

三国吴质的《思慕诗》以建安体五古的形式哀悼曹丕。吴质起初是因文才而被曹丕所喜爱，后来在曹丕被立为太子时，吴质出谋划策，立下大功。曹丕与他结有很深的感情，建安二十年(215年)后，陈琳、应玚、刘桢、徐干等人先后死于疫病，曹丕作有《与吴质书》以抒发感慨，吴质复以《答魏太子笺》。曹丕还给吴质作有《与朝歌令吴质书》，吴质亦复以《在元城与魏太子》。他与陈群、朱铄、司马懿一并被称为曹丕的“四友”。因而曹丕的离世让吴质深感悲痛，他在诗中感念曹丕对自己的知遇之恩，表达对曹丕的思慕和悼念之情。

唐代的文人悼国君诗除2首五古、1首五绝、1首七绝外，其余均用五言律诗、挽歌组诗的形式写成。在内容上多是将皇帝比为古代贤君如尧、舜、禹，为其歌功颂德，描写送葬的情景，对其去世表达惋惜、哀悼之情。因为唐代国君的废与立大多身不由己，出于诸多政治原因，所以作者一般较少在诗中表达对自己的知遇之恩。例如元稹的《宪宗章武孝皇帝挽歌词三首(膳部员外时作)》：

国付重离后，身随十圣仙。北辰移帝座，西日到虞泉。
方丈言虚设，华胥事眇然。触鳞曾在宥，偏哭堕髯前。

天宝遗余事，元和盛圣功。二凶枭帐下，三叛斩都中。
始服沙陀虏，方吞逻逤戎。狼星如要射，犹有鼎湖弓。

月落禁垣西，星攒晓仗齐。风传宫漏苦，云拂羽仪低。
路隘车千两，桥危马万蹄。共蹉封石检，不为报功泥。

第一首含蓄表达宪宗的去世。第二首歌颂宪宗的丰功伟绩。第三首描写为宪宗送葬的情景，表达对他的哀悼之情。

（二）悼臣诗

1. 君悼臣诗

现存先秦至唐五代的君悼臣诗有：汉代有汉武帝刘彻的《思奉车子侯歌》；南朝有梁萧绎的《怀旧诗》；唐代有李世民的《望送魏征葬》《魏征葬日登凌烟阁赋七言诗》《五言悼姜确题拟》，李忱的《吊白居易》。君悼臣诗实为少见，有以下特点：

首先，均是有雄才大略或者才华横溢的皇帝哀悼功臣、忠臣及有杰出文学才华的大臣。

实现了中国历史上的三大盛世之一的汉武帝刘彻（前156—前87）所哀悼的奉车子侯是西汉名将、军事家霍去病之子。霍去病（前140—前117），一生抗击匈奴，建有奇功，在两次河西之战中，曾大破匈奴，俘虏匈奴祭天金人，直取祁连山。在漠北之战中，封狼居胥，大捷而归。23岁亡。汉武帝对其去世很悲伤，遣调铁甲军从长安一直排阵到茂陵霍去病的坟墓，还将其坟墓修成祁连山的样子，追谥为景桓侯。其子霍嬗继承冠军侯的侯位，深受武帝喜爱并寄以继承其父功业的厚望。初为侍中，后拜奉车都尉。公元前110年，随武帝到泰山封禅，此后不久暴卒，年仅十余岁。汉武帝异常悲伤，为之作《思奉车子侯歌》。

梁元帝萧绎（508—554），南北朝时期梁代皇帝。他善画鹿鹤、景物、佛画，技巧全面，传世的《职贡图》为北宋年间的摹本。好学能写，有大量学术著作：《注汉书》《周易讲疏》《孝德传》《忠臣传》《全德志》《江州记》《老子讲疏》《职贡图》等。《梁书·元帝本记》赞他："才辩敏速，冠绝一时。"但政治无能。其所哀悼的臣子颜协为世祖正记室，其博涉群书，工于草隶，饱有才学，著有《晋仙传》五篇、《日月灾异图》两卷。其父颜见远，博学有行，初为齐和帝之臣，后高祖受禅后乃不食而卒。协为报舅鞠养之恩，以伯叔之礼居丧，为人所赞，又感家门事义，仅求游于蕃府。

实现“贞观之治”和启迪倡导了唐代三百年风雅之盛的唐太宗李世民（599—649）所哀悼的大臣一是姜确，字行本，贞观中为将作少匠，护作九成、洛阳宫及诸苑御，以才干著称，深受太宗赏识，游幸无不从，拜迁宣威将军、本左屯卫将军。在高昌之役中为行军副总管，立有战功，后随帝征高丽，中流矢而卒。帝甚悲痛，赋诗悼之，赠郧国公、左卫大将军，谥襄，陪葬昭陵。二是魏征（580—643）。魏征于隋末加入瓦岗义军，后归顺李唐，安抚山东时被窦建德俘虏，继被太子李建成用为太子洗马，后因敢于说真话被李世民用为谏臣，先后陈谏二百余事，虽然多有触怒李世民，但李世民都能原谅并赞赏：“贞观之后，献纳忠谠，安国利人，成我今日之功业，为天下所称者，惟魏征而已。”[①]著有《群书治要》《谏太宗十思疏》《十渐不克终疏》等书。魏征死后，唐太宗很悲恸，亲临哭吊，罢朝五日，亲制碑文，并为书石，曰：“今魏征逝，一鉴亡矣！”[②]

实现大中之政的唐朝第十八位皇帝唐宣宗李忱（810—859）哀悼的是唐代三大诗人之一、唐代伟大的现实主义诗人白居易（772—846）。白居易与元稹一起倡导新乐府运动，世称“元白”，与刘禹锡并称“刘白”。他的诗歌形式多样，题材广泛，语言通俗易懂，被称为“诗魔”和“诗王”。官至翰林学士、左赞善大夫。著有《白氏长庆集》，代表诗作有《长恨歌》《卖炭翁》《琵琶行》等。

其次，先秦至唐五代的君悼臣诗还体现出不同时代的审美风尚和皇帝的喜好。

汉代社会是崇尚神仙的社会，民间亦是巫风盛行，“街巷有巫，闾里有祝”，汉代统治者如汉高祖刘邦、汉文帝、宣帝、成帝、哀帝、王莽、桓帝等大都倾心于鬼神之事。而汉武帝时，国力鼎盛，尤重醉心于祭祀鬼神、迷信神仙方术之事，惹得“上疏言神怪奇方者讲求以万数”[③]，“海上燕齐之间，莫不槛挽而自言有禁方，能

① （唐）吴兢撰《贞观政要》，上海：上海古籍出版社 2008 年版，第 24 页。
② （宋）欧阳修，宋祁撰《新唐书·魏征传》，北京：中华书局 1975 年版，第 3880 页。
③ （汉）司马迁撰，《史记》卷二十八，北京：中华书局 1959 年版，第 1397 页。

神仙"[①]。他一人就曾8次前往泰山"登封报天，降禅除地"[②]。汉武帝在《思奉车子侯歌》中悼念的奉车子侯是在元封元年(前110年)陪汉武帝在泰山封禅大典中一日暴亡的。汉武帝在诗中称他为"至人"，说他去世是到了仙乡，"天路远兮无期，不觉涕下兮沾裳"。难怪后代有人把这首诗称为游仙诗。

南朝梁萧绎的《怀旧诗》反映了三国两晋南北朝时流行的人物品鉴之风。汉代末年的察举制度使士族开始流行乡党评议的风气，而魏文帝曹丕实行九品中正制以后，人物品鉴之风更加兴盛。汉末的人物品评多带有预言成败之意味，偏重在识鉴人才、拔擢俊贤，品评的重点在政治、道德方面。而三国两晋以后的人物品评则在预言性和政治、道德的评议外，还增加了许多审美成分，用形象的语言、比喻象征的手法为已经享名的人物加以品题。萧绎在《怀旧诗》中前两句赞扬颜协的"多雅度""信"，品德高尚，后两句"鸿渐殊未升，上才淹下秩"是对他才华的赞扬和怀才不遇的惋惜。

唐代是诗的国度，其体现在：①作品众多、诗人林立。②题材丰富、内容广博。③艺术精湛，不同的题材、不同的诗体风格纷然杂呈，体裁完备，除古体诗外，近体诗的五律、七律、五绝、七绝、排律亦发展成熟，流传深远。④唐诗的题材、文辞、意境、声律、艺术表现手法对后世的词、曲、小说、戏曲、说唱文学等都有很大的影响。其原因除了唐代经济的繁荣、诗赋取士的科举制度、相对宽松的政治环境、佛教道教的兴盛及与文学的互相渗透、相关艺术的繁荣和前代诗人的各种创作试验外，皇帝的提倡与示范也是一个重要的原因。唐太宗开设弘文馆、文学馆，倡导了唐诗三百年之盛。唐宣宗亦爱好和倡导文学，每逢曲宴，喜与学士唱和，公卿出镇，多赋诗饯行。他对文学之才白居易尤其看重，公元847年即位后，在宰相的人选上首先考虑的是白居易，但下诏时，白居易已经去世了。于是，唐宣宗写下《吊白居易》，其诗对白居易的诗才一再称赞，对他的去世无比悲痛和惋惜。

再次，在艺术上，或采用情景交融手法、或采用高度赞扬的手法来抒发哀悼之情，使用的体裁有骚体诗、七律、五古。刘彻的骚体诗《思奉车子侯歌》在诗中

① (汉)司马迁撰，《史记》卷二十八，北京：中华书局1959年版，第1391页。
② (汉)司马迁撰，《史记》卷二十八，北京：中华书局1959年版，第1404页。

称奉车子侯为“至人”，为他的去世而流泪，前四句托景起兴，后四句怨天无眼，抒发痛失爱将之情，语言恳切，章法有致。李世民的五古诗《望送魏征葬》描绘的是给魏征送葬的情景，前四句写己出官门登车，来到上林苑的西楼，但这一次不同于往日君臣在此地的饯别，含蓄写出魏征的去世，继而借景抒情，白日为之惨淡，山峰为之下沉，云为之愁转，悲哀的音乐声时断时续，旌旗含悲忽舒忽卷，送葬的人眼泪汪汪，最后以痛失知音的感慨作结。全诗情景交融，君臣情深意于言表，这是我国历史上少有的君臣情谊。李忱的七律《吊白居易》首联把白居易称为“诗仙”，“缀玉联珠”形容他诗文的艳丽光彩，运用比喻手法巧妙地概括了白居易一生的艺术成就；颔联运用对仗和互文的手法表达了对白居易去世的无比惋惜。颈联借代表作《长恨歌》与《琵琶行》来赞美白居易的艺术成就与巨大影响力；尾联进一步表达了对白居易的器重和对其去世的悲怆感伤。全诗感情真挚，语言凝练，集哀痛与赞赏于一体。

2. 民间悼臣诗

先秦至唐五代的民间悼臣诗仅存有：《诗经·秦风·黄鸟》。民间悼臣诗哀悼的多是受到不公平待遇而身逝的忠臣，诗人一方面同情他们的遭遇、赞美他们的才干，另一方面，对统治者及不合理的制度发出悲愤的谴责和控诉，讽刺意味非常明显。

《诗经·秦风·黄鸟》哀悼的是秦国三位被秦穆公殉葬而死的忠臣，《左传·文公六年》云：“秦伯任好卒，以子车氏之三子奄息、仲行、针虎为殉，皆秦之良也。国人哀之，为之赋《黄鸟》。”[①]《史记》亦有记载，秦穆公死时殉葬者多达177人，其中包括秦国的贤者奄息、仲行、针虎。20世纪80年代发掘的陕西凤翔雍城秦公一号墓的墓主是春秋晚期秦穆公的四世孙秦景公，他的墓中被殉者竟有182人！足可见人殉制度在当时的盛行与残酷。此诗分三章，每章悼一人，每章开头用双关词和呼告来渲染殉葬的悲惨气氛，中间描写良人被迫从死的惊恐之状，继而谴责上天的有眼无珠，最后用夸张手法宣泄对“三良”之死的惋惜，三个设问句和六个感叹句充分体现了作者对暴君的憎恨和对人殉制度的不满。

① (清)阮元校刻《十三经注疏·春秋左传正义》，北京：中华书局1980年版，第1844页。

（三）悼王诗

先秦至唐五代的文人悼王诗哀悼的都是在政治斗争中失利而死的王。

汉三国现存的2首悼王诗为乐府民歌，带有很强的讽刺意味。汉代的《民为淮南厉王歌》是一首哀悼淮南厉王、讽刺汉文帝的歌。汉高帝少子淮南王刘长于文帝六年(前174年)谋反，十三年(前167年)被文帝以废法不轨罪捉获，但文帝不忍心置以法律，就用辎车处蜀严道邛邮。刘长在从淮南迁蜀的途中绝食自杀，百姓以为是文帝为了夺其弟的封地而作此歌。这首歌谣借尺布斗粟之微的贫穷之家与富有四海之大的帝王之家作对比，讽刺了帝王之家父子、兄弟为了争权夺利而相互残杀的事实。北魏的杂歌谣辞《咸阳宫人为咸阳王禧歌》讽刺和哀悼的是北魏咸阳王元禧。时高祖崩，咸阳王受命辅政，贪淫财色，骄纵狂奢。后世宗亲政，元禧不安而谋反，被赐死于私第。他的宫人作歌悼之。诗首两句直接感叹和评论其命运，用“金床玉几不能眠”喻不满足，用“夜起踏霜露”喻指谋反，用“洛水湛湛弥岸长”喻指谋反之举的艰难，用“行人哪得渡”喻指他最终失败而死，既充满了对元禧不幸遭遇的同情，又充满了对其贪得无厌的讽刺。

南北朝的文人悼王诗均表现了深怀知遇之恩的大臣对有才干的王死于政治斗争的惋惜和哀悼。作品存有谢灵运的《庐陵王墓下作诗》、温子升的《相国清河王挽歌》、卢思道的《彭城王挽歌》，均用五古的形式写作。《庐陵王墓下作诗》所哀悼的庐陵孝献王义真，美姿容，有才干，年仅12岁被封散骑常侍，永初元年(420年)被封庐陵王，食邑三千户，受高祖赏识与百姓爱戴，聪敏好文，常与谢灵运、琅邪颜延之、慧琳道人周旋，曾以灵运、延之为宰相，慧琳为西豫州都督，后因朝廷谋废立之事先被废为庶人后被杀害，谢灵运也遭到当权者疑忌而被贬为永嘉太守。谢灵运对庐陵王的被害至为悲愤，从他作的《庐陵王诔》诔序中可见。几年以后，谢灵运返京经过庐陵王墓，内心仍悲伤不已，乃又作此诗以叙哀。《相国清河王挽歌》哀悼的是北魏相国清河王元怿(487—520)，孝文帝元宏第四子。他于太和二十一年(497年)封清河王，有文才，博涉经史，善综群言，宽厚仁慈，从政明于断决，享有美誉。于正光元年(520年)被领军将军元叉和宦官刘腾杀害，年仅34岁。诗前两句“高门讵改辙，曲沼尚余波”是赞扬他高贵的气节，后两句是对其突然去世的哀悼。《彭城王挽歌》哀悼的是北齐高湝(532—564)，高欢的第五个儿子。他为政严察，部内肃然。河清三年（564 年）被盗贼田子礼等数十人阴谋劫去做他们的首领，高湝誓死不从而被杀害，年仅 32 岁。诗中通过描绘为高湝送葬的情景来表达对其的哀悼之情。

唐文人悼王诗存有宋之问的《梁宣王挽词三首》、《鲁忠王挽词三首》《范阳王挽词二首》，上官仪的《故北平公挽歌》，岑参的《成王挽歌》，钱起的《故相国苗公挽歌》，皮日休的《襄州汉阳王故宅》，李峤的《武三思挽歌》，均是五律组诗、挽歌，分别哀悼了神龙三年（707 年）重俊之变时被杀、睿宗时被废谥号并开棺戮尸、毁其墓地的梁宣王武三思，被节愍太子所杀的鲁忠王武崇训，垂拱四年（688 年）被杀的范阳王李蔼及北平公李世武，盛王李琦。在内容上大多歌功颂德，赞扬其才华横溢、身份尊贵，表达对其死亡的哀悼之情。例如宋之问的《梁宣王挽词三首》：

贵藩尧母族，外戚汉家亲。业重兴王际，功高复辟辰。
爱贤唯报国，乐善不防身。今日衣冠送，空伤置醴人。

金精何日闭，玉匣此时开。东望连吾子，南瞻近帝台。
地形龟食报，坟土燕衔来。可叹虞歌夕，纷纷骑吹回。

像设千年在，平生万事违。彩旌翻葆吹，圭翣奠灵衣。
垄日寒无影，郊云冻不飞。君王留此地，驷马欲何归。

第一首首联说明武三思的身份高贵，是武则天的侄子，是国戚。颔联说武三思的功业，武则天称帝时，武三思任春官尚书、夏官尚书等职，被封梁王，参预军国政事。值中宗复位，武三思进开府仪同三司。颈联赞扬武三思爱国爱贤、品德高尚。尾联用元工和穆生事典，抒发对其死亡的哀悼。第二首首联、颔联、颈联用事典喻武三思去世，尾联表达对其的哀悼之情。第三首主要描写送葬情景，表达对其的哀悼之情。

二、悼后妃诗，悼夫人诗，悼他人父母、夫、妻、妾（包括家妓、侍儿）诗

（一）悼后妃诗

中国古代社会从理论上实行的是一夫一妻制，实际上实行的是一夫一妻多妾制，大户人家妻妾成群实属平常，帝王三宫六院更是天经地义，但宫廷后妃与民家妻妾不可同日而论，她们是帝王化家为国下的产物，她们来源不一，或来自礼聘，或来自进献，或来自罪没，或来自采选；出身不同，或出身微贱，或出身显贵；心愿各异，或心甘情愿，或身不由己。德行才学、美貌技艺也各有差异，所以处境也不尽相同。但是有一点是相同的，她们靠近皇帝即靠近政治中心，互相之间争宠斗艳，有可能一日光宗耀祖，鸡犬升天，也可能瞬间祸及九族，辱没先人。

自西周始，“后”专指帝王之正妻，初指三代的最高统治者的第一配偶——王后，秦始皇统一中国之后，自称皇帝，其正妻就上升为皇后。西汉建朝以后，因循秦的称号，皇帝的母亲称为皇太后，祖母称为太皇太后，皇帝的正妻称皇后。在皇帝制度下，皇帝治理前朝政务，皇后作为一国之母，掌管后宫事务以辅助皇帝，他们的结合是外治与内治的政治结合，正如《周礼》的比附，“天子与后犹日之与月，阴之与阳，相辅而成”。[①] 甚至在皇帝昏庸或皇嗣中断时，皇太后还可以凭监护人身份掌皇室继承人废立之权，如西汉昭帝死后，上官太后和霍光废“好倡乐逸游”的昌邑王刘贺而另立刘询为帝。有的皇太后还以种种借口临朝称制，代替皇帝执掌朝致，如西汉的吕、窦、傅、王等握有大权的太后，西晋的惠帝皇后贾南风，北魏的冯、胡太后。宋代还正式确立了因皇帝年幼而由皇太后垂帘听政的制度，宋代有八位母后执掌过朝政。所以皇后的逝世，不同于一般妇人的去世，其哀悼诗要写得十分讲究。

唐前未发现有悼皇后诗，唐代始存，宋代以后则大量出现，唐代悼皇后诗存有：宋之问的《则天皇后挽歌》、崔融的《则天皇后挽歌二首》、无名氏的《则天挽

① （清）孙希旦撰，沈啸寰、王星贤点校《礼记集解》，北京：中华书局 1989 年版，第 1423 页。

歌》、朱子奢的《文德皇后挽歌》、李百药的《文德皇后挽歌》、包佶的《昭德皇后挽歌词》、武元衡的《昭德皇后挽歌词》、权德舆的《昭德皇后挽歌词》、白居易的《昭德皇后挽歌词》、钱起的《贞懿皇后挽词》、窦叔向的《贞懿皇后挽歌三首》(今存二首)、皇甫冉的《赠恭顺皇后挽歌》、徐铉的《光穆皇后挽歌三首》、王氏的《大行皇太后挽歌词三首》、韩愈的《大行皇太后挽歌词三首》、许浑的《懿安皇太后挽歌词》、薛能的《恭禧皇太后挽歌词三首》。其特点有：

1. 哀悼的皇后大都是有杰出政治才能、对皇室政治起过重要作用的、深受皇帝信任与宠爱的皇后。

则天皇后(624—705)，唐高宗皇后，中国历史上唯一的正统的女皇帝，为唐朝功臣武士彟次女。十四岁入宫为唐太宗的才人，被赐号“武媚”，唐高宗时初为昭仪，后为皇后，尊号为天后，与唐高宗李治并称二圣，683 年十二月二十七日—690 年十月十六日作为唐中宗、唐睿宗的皇太后临朝称制。天授元年(690 年)自立为帝，建立武周王朝，神龙元年(705 年)正月，病笃，被宰相张柬之发动兵变逼迫退位。唐中宗复辟，为其上尊号“则天大圣皇帝”，后遵武氏遗命改称“则天大圣皇后”，以皇后身份入葬乾陵，唐玄宗开元四年(716 年)，改谥号为则天皇后，天宝八年(749 年)，加谥号为则天顺圣皇后。

文德皇后，唐太宗李世民皇后长孙氏(601—636)，隋朝右骁卫将军长孙晟之女，与李世民青梅竹马，感情深厚。武德末年她竭力争取李渊后宫对李世民的支持，626 年玄武门之变当日，她亲自上城楼勉慰诸将士。李世民即位后册封她为皇后。其在后位时，恭敬节俭，善良贤惠，常与太宗讨论国家大事，出谋划策，善于借喻匡正太宗为政的失误，保护忠正得力的大臣，还以外戚掌权多危害国家为由，多次让位于凌烟阁二十四功臣之首的长孙无忌兄长向李世民辞官。先后为皇帝诞下三子四女。贞观十年(636 年)崩，谥号文德皇后；咸亨五年(674 年)，加谥号为文德圣皇后；天宝八年(749 年)，加尊号为文德顺圣皇后。李世民赞她为“嘉偶”“良佐”并筑层观望陵怀念。尝著有《女则》十卷，已佚，仅存《春游曲》一首。

昭德皇后王氏(？—786)，唐德宗李适的皇后，唐顺宗的母亲。上元元年(761 年)王氏生长子李诵，即唐顺宗。德宗因此对王氏“特承宠异”(《旧唐书》)、“尤见宠礼”(《新唐书》)。大历十四年(779 年)李适登上皇位后，册封王氏为淑妃，居众嫔妃之首。783 年泾原兵变时，德宗携王淑妃逃到奉天避难，忘带玉玺，而淑妃已把传国玉玺系在衣带上带出，此举更得德宗宠信。786年，王淑妃病危，十二月三日，德宗立她为皇后，当天，王皇后去世。[1] 787年五月葬于靖陵，谥号昭德皇后，永贞元年(805年)十一月，祔葬崇陵。

贞懿皇后独孤氏(?—775)是唐代宗李豫的贵妃，左威卫录事参军独孤颖的长女。其因容貌美丽入宫，受到皇帝的独宠专房，大历三年(768年)被册封为贵妃，生韩王李迥、华阳公主。华阳公主是代宗唯一的嫡亲女儿，深得其宠爱。大历十年(775年)十月初六贵妃逝世，追谥贞懿皇后，殡于内殿。皇帝三年不忍让其出宫归葬，十三年(778年)十月才葬于庄陵之园。

恭顺皇后张氏，是唐名相张说的孙女，张垍与玄宗女儿兴信公主所生的第十四女，幼年夭折。大历三年，唐代宗因弟弟建宁王(齐王)李倓在安史之乱的艰难时局中首定大谋，力排众议，拥立其父唐肃宗为王，有中兴之功，所以在其去世后进谥号承天皇帝，并让表妹张氏与其冥婚，追封为恭顺皇后，葬于顺陵。

光穆皇后钟皇后(?—965)，南唐元宗李璟的皇后，南唐后主李煜的生母。在南吴时，钟皇后的父亲钟泰章曾帮助徐温杀死张颢，夺得权力。徐温因此将钟泰章的次女许配给义子徐知诰的儿子徐景通(李璟)。李璟于升元七年(943年)三月初一即位，立钟氏为皇后。钟氏为人节俭淡然，生四皇子。北宋建隆二年(961年)李煜即位后尊钟皇后为皇太后。乾德三年(965年)得病，李煜为其亲侍汤药，十月病逝，祔葬李璟的顺陵，谥号光穆皇后。

懿安皇太后郭氏(?—851)，为唐宪宗嫡妻、唐穆宗生母、唐朝名将郭子仪孙女、郭暧与升平公主的长女、唐代宗的外孙女、唐德宗的外甥女与长孙媳、唐顺宗的表妹兼媳妇。因生母身份高贵和父、祖皆有功于皇室，所以颇得顺宗异宠。其忠于本分，穆宗崩后，宫中谣传郭太后将效法武后临朝称制，郭太后大怒而斥，言太子年幼可选重德之人辅佐，不必效法武氏干政。其熟知政务，劝武宗疏远五坊小儿及立志成为盛世天子："勤于政事，听取百官意见，不拒谏言，不纳谗言，如此

---

[1] 关于王皇后的去世时间，史籍记载有差距。《资治通鉴》和《新唐书·德宗纪》均称"十一月甲午，立淑妃王氏为皇后。……丁酉，皇后崩。"即王皇后当了三天皇后。而关于王皇后生平的第一手资料《旧唐书·后妃传》却称"十一月甲午，册为皇后，是日崩于两仪殿"。对此，《新唐书·后妃传》中的"册礼方讫而后崩"及《旧唐书·德宗纪》中"丁酉，册皇后王氏。是日后崩"亦可佐证。因此王皇后应是被立为皇后的当天死亡。

能为盛世天子。”[1]武宗遂专心为政，国势渐好。郭氏历经唐朝七代皇帝治世，而其中五朝极尽尊贵，是所谓七朝五尊。

恭禧皇太后王氏（？—845），为唐朝唐穆宗妃、唐敬宗生母，后被追谥为皇后。王氏在年少时是皇太子李恒的东宫侍妾，于元和四年（809 年）生下李恒长子李湛（唐敬宗）。820 年李恒即位，将王氏立为妃，长庆四年（824 年）二月，敬宗尊生母王氏为皇太后。

由此可见，虽然唐代有 26 位皇后[2]，但是在唐代一些文人的心目中，那些具有杰出政治才能、德高望重、对皇业有重大作用、深得皇帝信任和爱恋的皇后才是真正的皇后，因而为她们作的哀歌才会流传千古。而武则天先为唐太宗的才人、继为唐高宗皇后、后为武周皇帝，神龙元年被迫退位，文人对她的态度很是微妙，如崔融的《则天皇后挽歌二首》其二：

前殿临朝罢，长陵合葬归。山川不可望，文物尽成非。
阴月霾中道，轩星落太微。空余天子孝，松上景云飞。

此诗首联指武则天在皇帝办理国家事务的宫殿停止了上朝办理国家事务，死后以皇后身份葬入高宗陵墓；颔联指武则天不再拥有江山，其治理国家那一套礼乐典章制度也已废弃不用；颈联“阴月”句说武则天于阴历四月大风挟杂土而下的时候去世，“轩星”句说轩星从太微星垣中陨落了，太微是古代天文的星垣，象征天帝的宫殿，暗示则天皇帝逝世了。尾联“空余”句说徒然只留下新登基睿宗皇帝的一片孝敬，“松上”句一语双关，暗示睿宗皇帝即位改元景云。整首诗看似是对武则天皇帝的去世作力求客观的叙述，实则含有对武则天夺大唐江山、跨越皇后职权的讽喻，如标题称武则天为则天皇后，又如首联“罢”与“合葬归”用意明显，指武则天当皇帝的日子到头了，最后还是以皇后的身份入葬，“山川不可望，文物尽成非”中的“不可”和“尽成非”写出了武则天不得不舍弃帝位的无奈和其相关的政治制度一概不存的嘲弄。尾联中的“空余”意指武则天再也无法施加

① （宋）欧阳修，宋祁撰《新唐书》卷七十七，北京：中华书局 1975 年版，第 3504 页。
② 其中包括追封皇后和被废皇后。

政治影响，“天子孝”是对新皇帝的赞颂，“松上”与“景云飞”对照，一死即改朝，用意明显。整首诗可以说是悼中有讽。而在宋之问的笔下《则天皇后挽歌》又是另一种情形：

象物行周礼，衣冠集汉都。谁怜事虞舜，下里泣苍梧。

诗首二句写则天皇后的葬礼盛大隆重，一切都合乎最高典范，文武百官都齐集长安，庄重郑重地追悼亡灵。后二句写自己哀悼武后的痛苦：武后去了，还有谁可怜我呢？我只能在遥远的贬所泷州痛悼哭泣罢了。值得注意的是，这里用了“事虞舜”的典故，《述异记》卷上云距离湘水三十多里的岸边有相思宫和望帝台，舜曾经南巡，死葬于苍梧之野，他的两位妃子即尧的两个女儿娥皇、女英追之不及，相思痛哭，眼泪滴在竹子上，竹子变得斑斑点点，后命之湘妃竹。宋之问在此以二妃自喻，耐人寻味。舜与二妃是夫妇关系，而武则天与宋之问不过是君臣关系，而宋之问却把他与武则天的关系比作是帝、妃关系。武则天是并州文水（今山西文水）人，宋之问是汾州西河（今山西汾阳）人，充其量只能说是同乡。705 年武则天病重，宰相张柬之等拥中宗复唐，在这 15 年间，宋之问作为武则天常奉陪左右的宫廷诗人，写了不少扈从及应制诗文。其今存 27 首应制诗，大抵为武后朝和中宗朝时期的诗作，其中在武则天身边创作的游宴应制诗作有 12 首。我们不敢说武则天与宋之问有男女关系，这有待考证，但是他们之间大概应该存在着某种超越君臣的亲密关系，所以武则天去世，宋之问才如此地伤心。

2. 在内容上，很少写皇后的容貌，因为称赞女人貌美，在以男性为中心、男尊女卑的封建社会，往往是把她当作性对象或艺术品来称颂，而非从人格平等的角度来对其赞美，但皇后是国母，自然不能把她当作性对象或艺术品，因而更多的是对其品德的歌颂，即使是那位皇后长得特别美丽，在称其漂亮时也要同时称赞其品德。在 26 首悼皇后诗中，仅有 2 首称赞到皇后的容貌：“仙去逍遥境，诗留窈窕章。”（白居易《昭德皇后挽歌词》）“窈窕”指心灵仪表兼美的女子样子。“淑丽诗传美”（钱起《贞懿皇后挽词》），“淑丽”即淑美，贤淑美丽，也指贤淑美丽的女人。“窈窕”“淑丽”在赞其貌美时都赞扬到了其品德的美好。而且多数诗作表明皇后的尊贵身份并称赞皇后的品德，对其葬礼的描绘，对其逝世的哀悼。例如，窦叔向《贞懿皇后挽歌三首》(今存二首)其一：

二陵恭妇道，六寝盛皇情。礼逊生前贵，恩追殁后荣。
幼王亲捧土，爱女复边茔。东望长如在，谁云向玉京。

此诗首联点明孤独氏去世后以皇后之礼葬于皇家陵墓。颔联说明孤独氏的身份尊贵，生前地位高贵，受到唐代宗独宠专房，去世后得到皇帝的盛大葬礼。据史载，大历十年(775年)十月初六，孤独氏贵妃逝世，追谥贞懿皇后，殡于内殿。唐代宗三年不忍出宫归葬，十三年(778年)十月方葬于庄陵之园，并诏常参官作挽歌，叔向即时进献挽歌三章，内考首出，传诸人口。颈联写葬礼的情景，贵妃其子韩王迥捧土，把其葬在已逝的女儿华阳公主坟旁。尾联抒发贵妃逝后的哀悼之情。

3. 在表达上，除了1首五绝、2首五古之外，其余23首全是五律，典雅大气，均用挽歌的形式写成，情感基调是哀而不伤。其原因主要是由作者与哀悼对象及五言律诗的特点所决定的。

从伦理关系看，悼皇后诗的哀悼对象是皇帝的正妻，作者是朝中的文臣，两者之间不是亲人关系，也不是朋友关系，更不是恋人关系，而是相当于君臣关系，相当于哀悼别人的妻子而且还是皇帝的妻子，自然不能表现得过于悲伤，而且一般是表现皇帝或皇帝家属对其的哀悼，而不是表现自己对她的哀悼，否则就是对皇帝的不敬。

对于唐代人来说，五言律诗兼有五言古诗和骈体文的特点，它是从五言古诗中脱胎发展出来的新诗体，它继承了五古每句五个音节、全篇两两句一组、总句数为偶数的基本特征。五言形成了二一二或二二一的节拍群，不同节奏在诗中交错运用使句式更富于变化，更具有音乐感。如《诗品·序》说："五言居文词之要，是众作之有滋味者也。"[1]同时增加了骈体文声律和对偶的原则。即五言律诗的特点是既有一定的变化和表现力但又受到一定声律和对偶原则的限制，即既能抒情但又不至于太过，很适合表达对皇后的哀悼之情。

① (梁)钟嵘著，曹旭集注《诗品集注》，上海：上海古籍出版社2011年版，第43页。

后宫嫔妃之制，发轫于周代，时有明文规定。形成于西汉，汉晋之后，虽有位号，但多不完备。隋仿周制，悉数列置。唐袭旧制，但稍加损益，皇后以下为夫人，有贵妃、淑妃、贤妃、德妃各 1 人；九嫔有昭仪、昭容、昭媛、充仪、充容、充媛、修仪、修容、修媛各 1 人；婕妤 9 人，美人 9 人，才人 9 人，宝林 27 人，御女 27 人，采女 27 人，以备(周礼)六宫之数。高宗时，改变官名，置赞德 2 人，以代夫人；宣仪 4 人，以代九嫔；承闺 5 人，以代美人；承旨 5 人，以代才人；卫仙 6 人，以代宝林；供奉 8 人，以代御女；侍栉 20 人，以代采女；又置侍巾 30 人。以上嫔妃，各有职掌，统称“内宫”，其地位实是皇帝的妾，受皇后管制。后妃之间争宠弄权，大多以悲剧收场，其命运实为可怜。

现存先秦至唐五代的悼嫔妃诗不多，南朝宋有江智渊的《宣贵妃挽歌》，唐代有李约的《过华清宫》、张祜的《孟才人叹》和《宫词二首》其二、李益的《过马嵬山》和《又过马嵬》。

悼嫔妃诗的哀悼对象都是皇帝极宠爱的、遭遇很不幸的妃子。

宣贵妃即殷淑仪(？—462)，本姓刘，南郡王刘义宣女，宣宋孝武帝刘骏宠妃。因艳绝而宠冠后宫，公元 462 年去世，刘骏因此而元气大伤，不理政事，每晚睡前都要在她灵前倒酒对饮，痛哭流涕。刘骏又下令给殷淑仪盖一座庙——新安寺，取淑仪之子子鸾的封号。刘子业登基后，为报殷淑仪得宠时试图夺嫡之仇，杀死其所生的全部子女，毁掉祭祀她的新安寺，挖了她的坟墓，并当众羞辱她的尸体。

孟才人，生卒年、籍贯不详，晚唐歌姬，唐武宗李炎封为才人。大约于大和九年(835 年)入宫，初为宫女，由于善吹奏笙，逐渐得到李炎的宠爱，被正式封为才人，日夜“密侍左右”。会昌六年(846 年)三月，李炎因为吃方士丹药中毒，病危，旬日不能言，于是召见孟才人商量后事。孟才人流着泪说要用笙袋布自缢，以表忠心。武宗心里很同情她。孟才人又请求唱一曲《何满子》作死别，但“一声何满子”，马上气绝而亡，御医抢救发现是肠断伤心过度而死，遂陪葬武宗。

杨玉环(719—756)，唐玄宗贵妃，幼孤，叔父抚养成人。她初为唐玄宗儿子寿王李瑁王妃，开元二十四年(736 年)被唐玄宗召入后宫，受令出家后，又被册封为贵妃，专房宠爱，其父、叔、兄、姐均得到厚重封赏，荣极一时。天宝十五年(756 年)安禄山叛乱，其随李隆基流亡蜀中，途经马嵬驿，于六月十四日被迫缢死。

悼嫔妃诗虽均为文臣所创作，但因创作原因不同而流露出不同的情感倾向。

宋孝武帝大明六年(462 年)，殷淑仪卒，宋孝武帝模拟汉武帝作《拟汉武李夫人赋》，命谢庄作哀策文，谢超宗、殷琰作诔，丘灵鞠作《挽歌诗》三首，江智渊作《宣贵妃挽歌》。江智渊的《宣贵妃挽歌》是奉命而作，所以写得比较客观、节制。首两句"祛褑来尘寂，筵俎竟虚存"写死亡来临像尘埃一样寂静，燕飨上的礼器成为虚设，委婉地道出宣贵妃的去世，后两句"云松方霭露，风草已声原"写出出葬的时间，用环境描写衬托对其的哀悼。通篇委婉含蓄，透出哀而不伤的风格，符合人臣为君王爱妃作哀悼诗的身份。

而唐代因为政治比较开明，思想氛围也很宽松，而且李约、张祜、李益这些文人也不是奉君命作诗，而是有感而发，故能写出富有真情实感、有个人真实看法的悼嫔妃诗。

张祜的《孟才人叹》则充满了对孟才人的同情和对殉葬制度的控诉。

偶因歌态咏娇嚬，传唱宫中十二春。却为一声何满子，下泉须吊旧才人。

此诗写孟才人远离故乡来到皇宫，因擅长吹笙歌唱被武宗宠幸，被深锁了十二年。后两句写武宗病危时逼她殉葬，孟才人无力反抗，只要求以歌声来泄怨，结果只唱一声《何满子》就断肠而死，泪落君前。"十二"与"一"对举，总结了一名宫女短暂而悲惨的一生，委婉地谴责了封建君王逼人殉葬的罪恶。诗首序言对孟才人一歌而绝的事情亦有交代，"气亟立殒，上令医候之，曰：'脉尚温而肠已绝'。"此段记载与《剧谈家》"哀痛数日而殒"有异，但孟才人年轻的生命葬送深宫是不争的事实，她的命运是千千万万宫女的命运。张祜这首诗与唐代诗人王建的《宫人斜》(未央墙西青草路，宫人斜里红妆墓。一边载出一边来，更衣不减寻常数。)孟迟的《宫人斜》(云惨烟愁苑路斜，路旁丘冢尽宫娃。茂陵不是同归处，空寄香魂着野花。)从不同角度揭露了封建社会宫人的悲惨遭遇，具有典型的社会意义和审美价值，因此被传诵一时，杜牧曾有酬作云："可怜故国三千里，虚唱歌词满六宫。"

马嵬兵变、杨贵妃的去世促进了中唐以后文学创作李杨题材的热潮，人们对他们的看法各有千秋。其中从李益对杨贵妃的哀悼诗可窥一二。

过马嵬二首[①]

路至墙垣问樵者，顾予云是太真宫。太真血染马蹄尽，朱阁影随天际空。
丹壑不闻歌吹夜，玉阶唯有薜萝风。世人莫重霓裳曲，曾致干戈是此中。
(此非悼嫔妃诗，为咏史诗)

金甲银旌尽已回，苍茫罗袖隔风埃。浓香犹自随鸾辂，恨魄无由离马嵬。
南内真人悲帐殿，东溟方士问蓬莱。唯留坡畔弯环月，时送残辉入夜台。

又过马嵬

汉将如云直不言，寇来翻罪绮罗恩。托君沐洗莲花血，留寄千年妾泪痕！

《过马嵬二首》其一为咏史诗，首联写墙垣以内是太真宫；颔联承上句说太真已死，朱阁中所留之影也必然随之而空；颈联说以前楼殿飘响的夜夜笙歌如今只有山间吹来的山鬼之风；尾联则点明全诗主旨：警戒人们千万别再演奏《霓裳曲》了，因为它曾导致干戈社稷。其二首联写杨贵妃已死，唐玄宗已回朝；颔联写贵妃葬时遗留的香囊已随玄宗回宫，而贵妃的魂魄却无法随之回长安团聚；颈联写独居南内的唐玄宗思念杨贵妃，派方士为其招魂，发现其在仙山上。尾联承上意，贵妃的魂魄其实仍在马嵬，且只有马嵬坡那弯不圆之月，才常送不明之光到她的坟墓去，以此表示对孤凄寂寞的杨贵妃的哀悼。《又过马嵬》前两句写唐代勇将名将很多，但敌寇来临不去抵御，却反过来把乱国的罪责归在受皇帝宠幸的女人杨贵妃身上；后两句是借杨贵妃的口吻自诉：希望人们不要把我死时的血迹洗去，让它千年后还寄存着我冤屈痛苦的痕迹。总而言之，这三首诗第一首表达的是时人共有的说法：罪责贵妃；第二首和时人稍有不同，表达对贵妃的同情；第三首完全颠覆时人的看法，由贵妃自己出面申诉冤愤。这三种看法大体代表了人们对杨贵妃的评价。

此外，悼王妃诗有 2 首：齐卢询祖的《赵郡王配郑氏挽词》、唐上官仪的《江王太妃挽歌》。悼太子妃诗有 2 首：唐张说的《节义太子杨妃挽歌二首》。第一首用

① 第二首一作李远诗。

五古写作，后三首用五律写作，均是对她们的美德表示赞扬，对她们的去世表示哀悼，在此不详述。

（二）悼夫人诗

在我国古代社会，“夫人”一词有多种含义：①周指诸侯之妻。如《礼记·曲礼下》云：“天子之妃曰后，诸侯曰夫人。”[①]②秦与汉初指帝王嫔妃的名称。如《礼记·曲礼下》云：“天子有后，有夫人，有世妇，有嫔，有妻，有妾。”[②]③汉初指列侯之妻。④王朝对官员母亲及正妻的一种封号“命妇”。如唐文武一品与国公之母及妻被封为国夫人，三品以上官之母及妻被封为郡夫人。宋徽宗政和时，执政以上之妻被封为夫人。明一、二品官之妻被封为夫人。清并宗室贝勒至辅国将军之妻被封为夫人，一、二品之妻亦被封为“夫人”。⑤对已婚妇女的尊称。⑥对自己及他人妻子的尊称。在哀悼诗中，“夫人”主要指“命妇”。

现存先秦至唐五代的悼夫人诗有：南朝宋卢询祖的《赵郡王配郑氏挽词》；唐代李峤的《天官崔侍郎夫人吴氏挽歌》，孙逖的《故程将军妻南阳郡夫人樊氏挽歌二首》，徐安贞的《程将军夫人挽诗》，王维的《故南阳夫人樊氏挽歌》《故南阳夫人樊氏挽歌》《达奚侍郎夫人寇氏挽词二首》，李颀的《达奚吏部夫人寇氏挽歌》，岑参的《韩员外夫人清河县君崔氏挽歌二首》《西河郡太原守张夫人挽歌》，赵良器的《郑国夫人挽歌词》，李岑的《西河郡太原守张夫人挽歌》，蒋涣的《故太常卿赠礼部尚书李公及夫人挽歌二首》，顾况的《晋公魏国夫人柳氏挽歌》，宋之问的《邓国太夫人挽歌》。

在内容上，悼夫人诗大多表明已逝夫人的尊贵身份、品德高尚（或对丈夫的谏劝，或相夫教子，或夫妻恩爱），对其死亡表示哀悼。在艺术上，悼夫人诗多采用人去物空存、今昔对比的手法进行抒情。例如王维的《故南阳夫人樊氏挽歌》：

> 石窌恩荣重，金吾车骑盛。将朝每赠言，入室还相敬。
> 叠鼓秋城动，悬旌寒日映。不言长不归，环佩犹将听。

---

① （清）阮元校刻《十三经注疏本·礼记正义》，北京：中华书局1980年版，第1267页。
② （清）阮元校刻《十三经注疏本·礼记正义》，北京：中华书局1980年版，第1261页。

此诗首联“石窌”，古邑名，春秋齐地，《左传·成公二年》言齐侯认为辟司徒之妻有礼，予之石窌，后用来泛指封地。“金吾”源自《后汉书·阴皇后纪》言阴皇后于光武年间到长安，看见执金吾车骑很多，叹息说：‘仕宦当作执金吾。’”[①]金吾即执金吾，为掌京师治安的武官。唐代有左右金吾卫，置大将军各一员（正三品），将军备二员（从三品）。此句指樊氏之夫在左右金吾卫为将军。两句说明樊氏的身份高贵。颔联回忆樊氏生前夫妇相爱相敬的情景，此处用伯宗妻典，《左传·成公十五年》说伯宗每次上朝，他的妻一定要告诫他：“盗憎主人，民恶其上，子好直言，必及于难。”[②]说明樊氏的贤惠与才识。颈联“秋城动”“寒日映”用夸张修辞手法描写现在举行葬礼的盛大情景，今昔对比，增强悲哀的效果。尾联“长”字写人的死亡，“犹”写死者遗留佩玉还在发出声音，用人去物犹存的手法表达出对樊氏的哀悼之情。在文体上，悼夫人诗大多用五律和挽歌的形式写成，主要由于死者的身份特别与五言律诗的特点所致，具解见上悼皇后诗，在此不再赘述。

（三）悼他人父母、夫、妻、妾（包括家妓、侍儿）诗

在现实生活中，还有一些哀悼朋友的父母、夫、妻、妾（包括家妓、侍儿）的诗，诗人与他（她）们没有过多交情或者从未谋面，只是与朋友有交情，以朋友的口吻帮他（她）哀悼而已，这些诗往往是代作或者和作。

三国王粲的《为潘文则作思亲诗》是一首用四言雅颂体写成的替潘文则哀思双亲的诗。全诗 56 句，从对亡母的赞颂开始，写自己随父出征，父丧而退守祧祊，后国家动乱，只好漂泊异乡，母老思子，临终不见，自己内疚哀伤，思归愈切。其中也反映出汉末动乱给人们精神上带来的巨大伤痛，流露出企盼归乡和对安定生活的渴望，引起人们的普遍共鸣，所以虽是代作，但也给人一种深切的感动。

悼他人夫诗共有 7 首，三国《寡妇诗》是魏文帝曹丕用骚体诗的形式写作的代人伤情之作。建安十七年（212 年），曹丕的朋友阮元瑜早逝，曹丕伤闵其妻寡居，作《寡妇诗》，王粲等人另作《寡妇赋》，代她伤情。诗的前四句写秋景，霜露交下，木叶飘落，候雁鸣叫，归燕徘徊，托物起兴，感时触物。“妾心”八句，以“心感”

① （宋）范晔撰《后汉书》卷十上，北京：中华书局 1973 年版，第 405 页。

② （清）阮元校刻《十三经注疏·春秋左传正义》，北京：中华书局 1980 年版，第 1915 页。

二字承上起意，转入长夜思念亡夫之痛。“守长夜兮思君，魂一夕兮九乖”中的“长夜”“一夕”“九乖”写出思念的频率之多，“思”“乖”“怅”“自怜”“孤”这些心理动词写出了寡妇孤独的心理状态，“延伫”“仰视”“引领”这些动词描绘出了寡妇内心的躁动不安，“星月随兮天回，徒引领兮入房”则写出了长夜的流逝和地点由室外转到室内的变化，总体表现了寡妇彻夜无眠思念亡夫的凄苦。末二句愿从死而忘愁，表达了其隐坚和贞念的深情。唐诗《燕子楼三首》是张仲素用七绝的形式代关盼盼写作的悼夫诗，关盼盼[①]是唐德宗贞元年间徐州武宁节度使张愔的爱妾，擅长歌舞，后张愔升任兵部尚书，未到任就在元和元年(806 年)去世，葬于洛阳北邙山。关盼盼难忘夫妻恩情，独居彭城的燕子楼十余年。此三首诗是表达关盼盼对亡夫的思念和表达忠贞之情的作品，第一首诗从室内外景物写起，窗外霜寒，天欲破晓，楼上灯残，写盼盼一夜难眠，“独眠人”与“合欢床”形成对比，突出无眠的痛苦，后两句点明是由于对亡夫的思念所致，亦用对比的手法写出一夜相思之情确非天涯地角之长可以比拟。第二首，首两句写亡夫的墓地与关盼盼寡居的燕子楼对比，说明盼盼对亡夫一直念念不忘；后两句写自从亡夫去世后，盼盼再也不歌舞、不穿华衣，寡居了十年，表明盼盼对亡夫的忠贞和思念。第三首首两句用鸿雁南飞、玄禽逼社起兴，后两句写盼盼因为夫君已去再也无心吹箫鼓瑟，还是表明了自己对亡夫的眷恋和忠贞。此后，白居易有和诗三首《燕子楼三首并序》，盼盼觉得“见说白杨堪作柱，争教红粉不成灰”有隐含着劝其殉情之意，于是哭着作《和白公诗》，其中“舍人不会人深意，讶道泉台不去随”句说白居易不体会自己不想殉死是不想让张尚书承担好女色的难言苦衷，和诗完毕，遂绝食旬日而卒。

现存 4 首代作的悼他人妻诗：南朝江淹的《潘黄门岳述哀》、唐白居易的《为薛台悼亡》、刘商的《代人村中悼亡二首》。3 首代作悼他人妾诗：杜审言的《代张侍御伤美人》，刘沧的《代友人悼姬》，鱼玄机的《代人悼亡》。1 首不知是代作悼妻还是悼妾诗：庾信的《代人伤往诗二首其一(青田松上一黄鹤)》。代作就是作者以死者丈夫或妻子或妾的身份进行写作抒情，其原因多样，或因作者和死者丈夫或妻子或妾不是同一时代的人，如南朝的江淹代晋朝的潘岳作诗，或因死者丈夫

① 《燕子楼》的作者一说是关盼盼。

或妻子或妾可能无法断文识字，如刘商代村中人作诗，或因作者是女性，如鱼玄机，等等，总之，就是死者丈夫或妻子或妾存在有不方便作诗的情况才会出现代作，它在哀悼诗史上并不是一个很普遍的现象。因为是代别人哀悼，作者与死者没有共同生活过，对其人并不十分了解，所以为了不唐突别人的感情，往往会形成一些模式性的写法：含蓄表明他人夫、妻或妾的去世，表达生者主要是其夫的悲哀及悼念之情，只是有的作者如江淹、杜审言功底较好，表达得感人一点而已。

现存和悼他人妻诗仅见 2 首，南朝陈江总的《和张记室源伤往诗》和唐白居易的《和元九悼往（感旧蚊帱作）》，都是以亡妻的口吻诉说对丈夫的思念之情。江诗主要通过写亡妻生前对丈夫的思念和死后坟墓的凄凉来抒发哀悼之情，白诗主要通过生者与死者、家园与坟墓、旧蚊帱新旧的对比来突出这种悼念之情。

现存悼他人妾诗稍微多一些，有南北朝梁、陈阴铿的《和樊晋陵伤妾诗》；南北朝梁、西魏、北周庾信的《仰和何仆射还宅怀故》；唐刘禹锡的《伤秦姝行》《窦夔州见寄寒食日忆故姬小红吹笙，因和之》《夔州窦员外使君见示悼妓诗顾余尝识之因命同作》《和杨师皋给事伤小姬英英》和《和乐天题真娘墓》，白居易的《和杨师皋伤小姬英英》《和刘郎中伤鄂姬》，姚合的《杨给事师皋哭亡爱姬英英窃闻诗人多赋因而继和》，李群玉的《和吴中丞悼笙妓》，温庭筠的《和友人伤歌姬》，张祜的《感王将军柘枝妓殁》，赵嘏的《和友人悼亡》[①]，杨炯的《和崔司空伤姬人》，皇甫冉的《同李苏州伤美人》，裴夷直的《唁人丧侍儿》，李中的《悼怀王丧妃》，杜牧的《伤友人悼吹箫妓》，鱼玄机的《和新及第悼亡诗二首》。其特点有：

一是主要以唐代作品较多，而且多是官员之间为对方的家妓哀悼，反映了唐代官员蓄养家妓的风气之盛。唐政府曾依据官员的等级明确对官僚贵族蓄养家妓的规模和数量作过规定。神龙二年（706 年）中宗下令："三品以上，听有女乐一部；五品以上，女乐不过三人。"[②]至天宝十年（751 年）玄宗又下诏："五品以上正员清官、诸道节度使及太守等，并听当家畜丝竹，以展欢娱。"[③]唐代的官吏在法律的暗许之下，只要条件许可，大多蓄养家妓。家妓是官员家里从事技艺表演的艺人，也是官员的性奴，地位介于婢和妾之间。有的家妓与主人产生了感情而不幸

① 一作《丧歌姬》。

② （北宋）王溥撰《唐会要》卷三四，北京：中华书局 1955 年版，第 628 页。

③ （北宋）王溥撰《唐会要》卷三四，北京：中华书局 1955 年版，第 630 页。

去世时，主人也会为她写作哀悼诗，他的官员朋友也会有应和之作，如刘禹锡的《和杨师皋给事伤小姬英英》、白居易的《和杨师皋伤小姬英英》、姚合的《杨给事师皋哭亡爱姬英英窃闻诗人多赋因而继和》是对杨虞卿《过小妓英英墓》的奉和之作。刘禹锡的《窦夔州见寄寒食日忆故姬小红吹笙，因和之》和《夔州窦员外使君见示悼妓诗顾余尝识之因命同作》是奉和窦夔州的悼妓诗而作。李群玉的《和吴中丞悼笙妓》、温庭筠的《和友人伤歌姬》、鱼玄机的《和新及第悼亡诗二首》、赵嘏的《和友人悼亡》都是奉和友人悼姬之作。张祜的《感王将军柘枝妓殁》、杜牧的《伤友人悼吹箫妓》是悼友人的家妓。

二是在内容和艺术上，承上所述，由于妾的特殊地位，丈夫对其有更多一点的爱情。但是对别的男性而言，妾尤其是家妓往往是介于妻和妓之间的角色，即在生理上是为了满足某一位男性的性需求及传宗接代的任务，只不过妓是满足多位男性的性需求而不需要传宗接代；在心理上，妾和妓一样主要是作为艺术品被男性欣赏及使用，但妾只是专对一个男人，因此这个男人对其有更多一点的宠爱和尊重。因为是悼别人的妾，所以不可能写出那种两性之间的默契和细微的表现，往往表现出一种模式化倾向：赞扬他人妾的美貌和技艺，哀叹其年轻早逝，表达其去世后友人的孤独寂寞，大多描写她的外貌、神态、穿着打扮、技艺等，但都是带着欣赏而不戏谑的态度来写作的。例如李群玉的《和吴中丞悼笙妓》：

丽质仙姿烟逐风，凤凰声断吹台空。多情草色怨还绿，无主杏花春自红。
堕珥尚存芳树下，余香渐减玉堂中。唯应去抱云和管，从此长归阿母宫。

此七律为和作，首联描写他人妾的美貌和技艺，可惜现在人已去世；颔联、颈联通过人去花草新、人死物存的手法来抒写友人对她的哀悼和思念；尾联是对她的美好祝愿，希望她永归仙界。

总之，毕竟诗人没有亲历，所以替他人哀悼之作往往容易出现模式化的倾向。

三、悼太子诗和悼公主诗

太子是古代被预定为继承君位的君主的儿子。太子制度是伴随着私天下的出现而产生的皇位继承制度。尧舜时期，天下为公，统治者实行传贤的禅让制，尧舜以后，君主天下为家，统治权传子不传贤。周礼成后，天子和诸侯之子皆称太子，天子之子称王世子，诸侯之子称世子。先秦时期也称“大子”。秦建帝国，崇建储贰，汉承秦帝制，汉天子号皇帝，以嫡子为太子，其后也亦称皇太子。诸侯王、外姓的王或藩属国王的储君的正式继承人称“世子”。金元时皇帝之子亦称太子。“立嫡立长”是国君立储的基本原则，还有“立子以贤”“立储以爱”作为补充，因此立太子成为历朝残酷的政治权力斗争，太子的地位看似仅次于皇帝本人，拥有个人的、类似于朝廷的东宫，但事实并非如此，例如唐代，唐初诸子争位，继而母后垂帘听政，后来宦官擅政，操纵废立之权，玩弄君主于股掌，太子地位朝不保夕，许多太子成为政治斗争的牺牲品。

现存先秦至唐五代的悼太子诗不多，先秦有《诗经·邶风·二子乘舟》[①]，唐代有张说的《惠文太子挽歌二首》、王维的《恭懿太子挽歌五首》、权德舆的《惠昭皇太子挽歌词二首》、温庭筠的《唐庄恪太子挽歌词二首》、徐铉的《文献太子挽歌词五首》、姚合的《庄恪太子挽词二首》。

从哀悼对象来看，悼太子诗哀悼的大多是在政治斗争中牺牲的或是早夭的太子。前者如：先秦卫国争先为死的卫宣公之子伋。唐庄恪太子李永（？—839），唐文宗李昂长子，大和四年（830年）封鲁王，六年（832年）立为皇太子。开成三年（838年），遭杨贤妃等人诋毁，文宗震怒，欲废太子，群臣劝阻，诏太子还少阳院，以中人护视，太子不能自辩其谗，行迹不加注意，于是暴薨。南唐文献太子李弘冀（？—959），曾任吴王，历东宫，时元宗将政务交给皇太弟齐王全权处理，李弘冀遂与齐王爆发皇储之争，萧俨、孙晟等人坚持立李弘冀为太子。李弘冀入主东宫后毒杀叔父李景遂，被元宗废太子之位，薨于后周显德六年（959年）九月。后者如：唐恭懿太子李佋，肃宗与皇后张氏第十二子，上尤钟爱，薨于上元元年（760年）六月，时八岁。唐惠昭皇太子，宪宗长子李宁，元和四年（809年）立为皇

① 《二子乘舟》的主旨大体有：（一）国人悼念二子。见《毛诗序》，唐孔颖达《毛诗正义》，清朱熹《诗集传》，清李黼平、清戴震，今人姚小鸥、杨任之等。后世学者多从此说，本著作亦从此说。（二）寿之母与朔谋欲舟杀太子假而立寿，圾傅母恐其死也，悯而作诗。见《诗三家义集疏》，西汉刘向《新序》，清马瑞辰、胡承珙、魏源、王先谦，今人陈奂、陈子展等皆赞同。（三）讽卫伋寿以远行也。见方玉润《诗经原始》。（四）诗人挂念乘舟远行者。见程俊英《诗经译注》。

太子，薨于六年(811年)十二月，年十九岁。唐文敬太子名，顺宗之子，德宗爱之，命为太子，贞元四年(788年)封王，不出阁，薨于十五年(799年)十月，年十八，赠文敬太子。唐惠文太子李范(686—726)，睿宗第四子，初封郑王，后进封岐山。玄宗时历任太子少师、太子少傅，卒后追赠太子，谥惠文。

在写法上，《邶风·二子乘舟》通篇用乘舟作喻，如《毛传》所言："国人伤其涉危遂往，如乘舟而无所薄，泛泛然迅疾而不碍也。"[①]在章法上，采用二章复沓的形式，在句式上，一、二章"二子乘舟""愿言思子"是间隔叠句，"泛泛其景""泛泛其逝"是叠句的变式，用以反复抒发国人对二子的哀悼之情。

唐代悼太子诗往往运用许多典故以表明太子的高贵身份、过人的才华、葬礼的庄重盛大，用以景衬情的手法来抒发哀悼之情。例如王维的《恭懿太子挽歌五首》，其一共用了三个典故：《晋书·羊祜传》之藏环，《左传》之楚共王拜璧，孙绰《游天台山赋》之"种天"，描写了因太子早夭、皇帝伤心、举行葬礼哀悼的情景。其二运用了三个典故：《列仙传》中太子王子晋好吹笙作凤凰鸣、鸡鸣、玉京留，表达了对太子的哀悼之情。其三前两联中的"骑吹""礼容""金节""玉符"表明了太子的尊贵身份，写出了举行葬礼的情形，用《史记·晋世家》赵简子为天帝射熊和曹冲称象的典故表达皇帝失去爱子的悲哀。其四运用了五个典故：《三国志·魏志·邓哀王冲传》中曹冲卒后帝宠犹存，天界使鹤来催子晋升仙，曹冲称象，《汉书·外戚传》孝成班婕仔两度产子皆失作赋自悼，望思台，表明太子才华过人却过早夭折，给皇帝带来了巨大悲痛。其五运用了六个典故：沈约《游钟山诗应西阳王教》之"昆池"，《汉书·宣帝纪》之"下杜"，《三辅黄图》卷五之"豫章馆"，《汉书·霍光传》之"五校""金环""画堂"，描写送葬时的情景，以景衬托对其的哀悼之情。

"公主"一词源自春秋战国，周天子把女儿嫁给诸侯，由同姓的诸侯主持婚礼，因诸侯一般称"公"，所以天子的女儿被称为"公主"，当时诸侯的女儿也被称为"公主"或"君主"，《史记·吴起列传》说："公叔为相，尚魏公主。"[②]自汉始，仅皇帝的女儿称"公主"，诸侯王的女儿另称"翁主"。"天子不亲主婚，或谓公主；诸

① (清)阮元校刻《十三经注疏·毛诗正义》，北京：中华书局1980年版，第311页。
② (汉)司马迁撰《史记》卷六十五，北京：中华书局1959年版，第2167页。

侯王即自主婚，故其主曰翁主，翁者，父也，言父自主其婚也。亦曰王主，言王为其主婚也。”[①]“汉家旧制，诸女皆封，仪服比于藩王，膏腴封其井赋。”[②]隋唐时期大体沿袭汉制皇室之女的册封、封邑制度。其封号有以国名者，如代国公主、郫国公主、霍国公主；有以郡名者，如平阳公主、东阳公主、宣阳公主；有纯以美称得名者，如太平公主、长宁公主、安乐公主。先秦至唐五代的悼公主诗存北齐卢思道的《乐平长公主挽歌》，唐代较多，存上官仪的《高密长公主挽歌》，苏颋的《故高安大长公主挽词》，李乂的《淮阳公主挽歌》《高安公主挽歌二首》，吴兢的《永泰公主挽歌二首》，张谓的《玉清公主挽歌（代宗之女）》，顾况的《义川公主挽词》，窦常的《凉国惠康公主挽歌》，权德舆的《赠郑国庄穆公主挽歌二首》《赠魏国宪穆公主挽歌词二首》《赠梁国惠康公主挽歌词二首》，羊士谔的《梁国惠康公主挽歌词二首》，韩愈的《梁国惠康公主挽歌二首》。

悼公主诗按其内容哀悼对象来分可分为四类。一是哀悼早夭的公主。此类诗有李乂的《淮阳公主挽歌》、张谓的《玉清公主挽歌（代宗之女）》、顾况的《义川公主挽词》、权德舆的《赠梁国惠康公主挽歌词二首》、羊士谔的《梁国惠康公主挽歌词二首》、韩愈的《梁国惠康公主挽歌二首》。淮阳公主为唐睿宗李旦与王德妃的女儿，生卒年不明，史书只简单记载其下嫁王承庆，早卒。玉清公主为唐代宗李豫女，母不详，生卒年不详，史书只简单记载公主早夭，追封玉清公主。义川公主为唐德宗李适女，母不详，生卒年不详，早逝。梁国惠康公主唐宪宗李纯长女，母不详，生年不详，约812年去世，早夭。[③] 此类悼公主诗大多采用春秋时秦穆公女儿弄玉吹箫成仙和娥皇、女英为舜泪尽江湘的典故，将当今圣上比喻成古代的明君尧、舜、秦穆公，将他们的女儿比喻成弄玉、娥皇、女英，含蓄点明她们的死亡，并对她们的早夭而叹惜哀悼，例如顾况的《义川公主挽词》：

弄玉吹箫后，湘灵鼓瑟时。月边丹桂落，风底白杨悲。
杂珮分泉户，余香出穗帷。夜台飞镜匣，偏共掩蛾眉。

① （汉）班固撰《汉书》卷一下，北京：中华书局1962年版，第78页。

② （北宋）宋敏求编《唐大诏令集》，北京：中华书局2008年版，第199页。

③ 《旧唐书 列传第九十八》七年……吉甫奏曰：“伏以永昌公主（梁国惠康公主），稚年夭枉，举代同悲，况于圣情，固所钟念。”

诗首联活用娥皇、女英和湘妃的典故，颔联活用“丹桂落”“白杨悲”的典故，含蓄地点明义川公主的去世，颈联、尾联用含蓄的手法描写死亡降临，美丽的义川公主从此从华美的宫殿走向冰冷的墓地的情景，流露出作者对其年纪轻轻就去世的惋惜之情。

二是哀悼品德高尚的公主。此类诗有北齐卢思道的《乐平长公主挽歌》和上官仪的《高密长公主挽歌》。杨丽华（561—609）为北周宣帝宇文贇的皇后，隋文帝杨坚和文献皇后独孤伽罗的长女。宣帝荒淫无道，同时并立五位皇后，喜怒失常，曾经无故责备、强加罪名给她，甚至赐其死罪，逼其自杀，幸独孤伽罗及时求情，才免于一死。她性格柔顺，从不妒忌，其他四位皇后及后宫的九嫔、侍御等都喜爱并敬重她。其父杨坚夺权后，她表愤恨，令其父惭愧。后其父商量将其改嫁，但杨丽华坚决不同意。宇文贇赞曰：“咨尔含章载德，体顺居贞，肃恭享祀，仪刑邦国，是用嘉兹显号，式畅徽音。”[①]司马光亦赞：“周杨后性柔婉，不妒忌，四皇后及嫔、御等，咸爱而仰之。”[②]卢思道在诗中暗用《洛神赋》的典故，把乐平公主比作是远古神话传说中的教会洛氏百姓结网捕鱼、狩猎、养畜、放牧的女神伏羲氏之女——宓妃，在尾联表示对她的哀悼和祝愿。唐高密公主（？—655），初封琅邪公主，唐高祖李渊的第四女，唐太宗李世民之姊。她是个孝女，永徽六年（655年）逝世，临死前遗命要求自己的陵墓向东，以便能望见父亲的陵墓唐献陵。上官仪在诗中首联、颔联用把高密公主比作娥皇、女英、弄玉，含蓄表明她的去世，颈联和尾联则用凄冷、寂静的环境描写去渲染其去世的悲哀及表达对其的哀悼。

三是哀悼在与武则天的政治斗争中遭到迫害的公主。此类诗有苏颋的《故高安大长公主挽词》、李乂的《高安公主挽歌二首》、吴兢的《永泰公主挽歌二首》、窦常的《凉国惠康公主挽歌》。高安公主（649—714），唐高宗李治的次女，因母萧淑妃与武则天争宠失败，她与姐姐义阳公主李下玉一并被囚于掖庭宫。天授二年（691年）其夫王勖因参与反对武则天的行动而被杀，公主亦被禁锢。神龙元年（705年）唐中宗复辟，封其为长公主，实封千户，开府置官属。唐睿宗即位，被加

① （唐）令狐德棻撰《周书》第1-3册卷1-50，北京：中华书局1971年版，第145页。

② （宋）司马光编著，（元）胡三省音注《资治通鉴》卷一百七十四，北京：中华书局1971年版，第5407页。

实封五百，改封高安公主。永泰公主李仙蕙(684—701)为唐中宗与韦皇后之女，其兄懿德太子李重润和夫魏王武延基因私议二张与武则天内帏之事，被武则天杖杀。据墓志铭记载事发后第二天，有孕在身的李仙蕙因难产而死，但《资治通鉴》《旧唐书》《新唐书》等史书记载其亦死于坐罪。凉国惠康公主(687—724)为唐睿宗李旦与王德妃之女，其家公薛稷因牵连太平公主被流放岭南，自杀，其夫薛伯阳被杀。其于开元十二年(724年)八月在长安永嘉坊家中去世，年仅38岁。此类诗均是表达对公主品德的高度赞扬和对她们死亡的深切哀悼，如李乂的《高安公主挽歌二首》中“嫔则留中馈，娥辉没下春”是对高安公主的品德作高度赞扬，“平阳百岁后，歌舞为谁容”则是以平阳公主喻指高安公主，对其去世表示哀挽。

四是哀悼受到皇帝极宠爱的公主。此类诗有权德舆的《赠郑国庄穆公主挽歌二首》《赠魏国宪穆公主挽歌词二首》和《赠梁国惠康公主挽歌词二首》，羊士谔的《梁国惠康公主挽歌词二首》，韩愈的《梁国惠康公主挽歌二首》。郑国庄穆公主，生卒年不详，唐德宗李适第三女，母不详。帝甚爱之，始封义章公主，下嫁张茂宗，逝世后加赠郑国公主及谥庄穆。“文敬太子、义章公主仍薨，帝悼念，厚葬之，车土治坟，农事废。凑候帝间徐言，极争不避。或劝论事宜简约，不尔，为上厌苦。”[①]后诏令所司择地置庙。魏国宪穆公主，唐德宗第二女，初封义阳公主，贞元十一年(795年)十月下嫁节度使王武俊的儿子王士平。德宗对其婚事很重视，专门命令宰相监督礼官制定公主参见公婆的礼节。贞元十二年(796年)王士平和郭暧兄弟在代宗忌辰宴饮，被贬官。不久，因义阳骄横不法，夫妇反目，德宗怒将义阳关在宫中，与其夫分居多年，还为此差点废了进士科。贞元年间死，被追封魏国宪穆公主。德宗在她的墓边起了120间祠堂，花费了4000万钱置办丧事，并命大臣权德舆作《赠魏国宪穆公主挽歌词》二首。梁国惠康公主(?—约812)，唐宪宗李纯长女，帝特爱之。始封普宁公主，下嫁于季友，其礼甚盛。元和年间徙封永昌公主。公主逝世后，帝诏令追封为梁国公主及谥惠康。临入葬时，度支上奏义章公主、义阳公主葬礼用钱四千万，有诏减千万。此类诗大多表述公主的高贵身份、高尚品德、盛大葬礼和对其的哀悼之情。如权德舆的《赠魏国宪

① (宋)欧阳修，宋祁撰《新唐书》卷一百五十九，北京：中华书局1975年版，第4955页。

穆公主挽歌词》：

汉制荣车服，周诗美肃雍。礼尊同姓主，恩锡大名封。
外馆留图史，阴堂闭德容。睿词悲薤露，千古仰芳踪。

秦楼晓月残，卤簿列材官。红绶兰桂歇，粉田风露寒。
凝笳悲驷马，清镜掩孤鸾。愍册徽音在，都人雪涕看。

第一首首联和颔联说明公主的身份高贵，车和章服级别高等，足以用《诗经》来歌颂她的庄严雍容，得到皇帝的宠爱，比同姓公主都尊贵；颈联含蓄写公主已经去世，公主府只留下图书和史册，墓穴关闭了她美好的德行和容貌；尾联写皇帝及后世之人为她哀悼。第二首首联、颔联写公主盛大而庄重的葬礼，"秦楼"指公主宅第，它与"卤簿""材官""红授""粉田"均表明了公主的高贵身份；颈联含蓄抒写公主去世，尾联歌颂宪穆公主人死德存，让人怀念。

在文体上，悼太子诗、悼公主诗也多用五律和挽歌的形式写成，主要由于死者的身份特别与五言律诗的特点所致，具解见上悼皇后诗，在此不再赘述。

四、悼妓诗

中国最早的妓女是战俘和奴隶，源于夏王朝，春秋齐桓公的管仲开始单独把妓女列为一项职业，此后，妓业就按着宫妓、官妓、家妓、营妓、市妓的不同方向发展。总而言之，妓女是人类进入阶级社会以后被男子统治并沦为男子性工具和玩物的处于社会底层的人，她们没有人格尊严，不被重视，在三教九流中属于下九流的人。她们的出路也很悲惨，很多人年纪轻轻就去世。正因为如此，多数男性对她们是一种玩弄和戏谑的态度，只有少数有良知的男性对她们的不幸遭遇表示同情，所以她们大部分人去世后被淹没洪流，仅有少部分人得以流传文字，而被写入悼妓诗的也就更少。

唐前尚未存悼妓诗，唐代存有16首：

宋之问2首：《伤曹娘二首》

刘禹锡1首：《真娘墓（墓在虎丘寺）》

窦巩 1 首:《悼妓东东》

李绅 1 首:《真娘墓》

沈亚之 1 首:《虎丘山真娘墓》

崔涯 2 首:《悼妓》《题真娘墓(在虎丘西寺内)》

谭铢 1 首:《真娘墓》

刘沧 3 首:《愤惋诗三首》[①]

邵谒 1 首:《贞女墓》

杜牧 1 首:《和人题真娘墓(真娘吴中乐妓墓在虎丘山下寺中)》

罗隐 1 首:《姑苏真娘墓》

韦庄 1 首:《伤灼灼(灼灼,蜀之丽人也)》

唐代悼妓诗的特点有:

首先,唐代悼妓诗的出现反映了唐代士人狎妓风气的兴盛。唐代性文化的开明、城市经济的繁荣、流动人口的增多促进了临时性性需要的增加,帝王和贵族纵情声色生活方式的影响、唐朝后期社会的衰退和五代的乱世滋长了及时行乐的风气,均促长了唐代妓业的繁荣。表现为三个方面:一是宫妓盛行,正式形成了教坊妓制度。宫廷中设有内教坊,在西京长安、东京洛阳还设立了四处外教坊。教坊艺人甚多,仅玄宗时长安的内外教坊就有 11409 人。二是地方官妓迅速崛起。《唐会要》卷三三说:"旧制之内,散乐一千人,其数各系诸州多少,轮次随月 当番……贞观二十三年十二月,诏诸州散乐太常上者,留二百人,余并放还。"[②]武德元年(618 年)云:"太常官司于人间借裙襦五百余具,以充散乐之服。"[③]三是营妓、家妓等继续有所发展。正因为妓业的兴盛和法律的暗许,唐代的官吏上自宰相、节度使,下至庶僚牧守等小官几乎无人不喜狎娼。官员与妓女之间酬唱应和、官员与官员之间以妓女为题材酬唱应和是很普遍的现象。唐代 16 首悼妓诗的 12 位作者均为士大夫,他们与某位妓女感情好,在其去世后为之写诗单独抒怀,如宋之问、窦巩、崔涯、刘沧、韦庄等人的悼妓诗。有的妓女与多个文人都有交往,其去世了,出现多名官员为之写作的同题共悼诗,如刘禹锡的

---

① 一作刘禹锡诗,题作《怀妓》。

② (北宋)王溥撰《唐会要》卷三三,北京:中华书局 1955 年版,第 611、612 页。

③ (北宋)王溥撰《唐会要》卷三四,北京:中华书局 1955 年版,第 623 页。

《和乐天题真娘墓》《真娘墓(墓在虎丘寺)》,李绅的《真娘墓》,沈亚之的《虎丘山真娘墓》,崔涯的《题真娘墓(在虎丘西寺内)》,杜牧的《和人题真娘墓(真娘吴中乐妓墓在虎丘山下寺中)》,谭铢的《真娘墓》,罗隐的《姑苏真娘墓》都是共同悼念真娘。

在内容上,多数悼妓诗主要表现为对亡故妓女的悼念和不幸命运的同情,如"霜摧桃李风折莲,真娘死时犹少年。"(刘禹锡《真娘墓(墓在虎丘寺》)这几句都是对小妓年纪轻轻就去世的惋惜。"可怜冥漠去何之,独立丰茸无见期。君看水上芙蓉色,恰似生前歌舞时。""前溪妙舞今应尽,子夜新歌遂不传。无复绮罗娇白日,直将珠玉闭黄泉。"(宋之问《伤曹娘二首》)曹娘是河阳一歌舞妓,溺水而死,第一首前两句含蓄表明曹娘的去世,后两句用睹物思人的手法,写看到水上的荷花想起曹娘生前唱歌跳舞的美好情状。第二首前两句写再也看不到曹娘的前溪妙舞,再也听不到曹娘的子夜新歌了,后两句交代原因,因为像珠玉一样美丽的曹娘进入了黄泉,即她去世了。这两首诗都表达了诗人对曹娘的悼念、惋惜之情。

也有的悼妓诗表现了对一些道德高尚的妓女的赞扬。如上述众士大夫的悼念真娘诗。相传真娘本是唐代一位姓胡人家的女儿,自幼父母双亡,孤苦伶仃,后被骗入青楼,成为苏州著名的歌妓,因容貌美丽、歌舞技艺高超而名噪吴地。但她立志不受侮辱,守身如玉,因反抗鸨母的逼迫而上吊自杀,葬身于剑池之西的虎丘寺侧。唐范摅的《云溪友议》卷六云:"真娘者,吴国之佳人也,时人比于钱塘苏小小,死葬吴宫之侧,行客慕其华丽,竞为诗题于墓树。"[①]唐代士大夫大多在悼妓诗中夸她品德高尚、容貌绝伦,如"何事世人偏重色,真娘墓上独题诗。"(谭铢《真娘墓》)"死犹嫌寂寞,生肯不风流。"(罗隐《姑苏真娘墓》)"脂肤荑手不牢固,世间尤物难留连。"(刘禹锡《真娘墓(墓在虎丘寺》)为她的早逝而哀叹。

在艺术上,诗人往往是描绘妓女的穿着、打扮、神态、容貌的美丽、娇艳,唱歌、跳舞、曲艺的高超,如韦庄《伤灼灼(灼灼,蜀之丽人也)》:"尝闻灼灼丽于花,云髻盘时未破瓜。桃脸曼长横绿水,玉肌香腻透红纱。"前两句描绘了妓女的艳名和处子之身,后两句描绘了她的脸蛋漂亮、身材曼妙、肌肤洁嫩、打扮性感,符

① (唐)范摅著《云溪友议》,北京:中华书局1985年版,第35页。

合妓女的身份和嫖客的心理。更有的诗句有类似宫体诗的暧昧甚至色情描写，如"惟有侧轮车上铎，耳边长似叫东东。"(窦巩《悼妓东东》)"还似钱塘苏小小，只应回首是卿卿。"(李绅《真娘墓》)"东东""卿卿"都是古代妓女与嫖客之间的惯用昵称，带有挑逗意味。这样的写法一方面表明既表现了作者对美好事物横遭早逝的悲哀，另一方面也暗含着男性把妓女当艺术品或视为玩物的心态，极不严肃。

五、悼节妇诗

悼节妇诗即哀悼那些因贞节、孝义而死的妇女。现仅存先秦至唐五代悼节妇诗5首：汉代有无名氏的《杞梁妻歌》、无名氏的《伯姬引》、无名氏的《伤三贞诗》、(朝鲜)高丽玉的《箜篌引》，均为乐府诗。北魏孝文帝时有高允的五言诗《咏贞妇彭城刘氏诗(八章)》。

这五首诗哀悼的都是为夫殉节而死的女子，作者对其持高度赞美的态度。

《杞梁妻歌》中齐侯袭莒、杞梁战死、其妻殉情之事见《左襄二十三年传》，《礼记・檀弓》《韩诗外传》《列女传》《说苑》《古今注》等说法不一，但据逯钦立所辑，杞梁妻自杀之因为上无父、中无夫、下无子，无所依而不立、节不能更二，可见"三纲"对其的毒害，用新相知之乐与生别离之悲这种以乐衬悲的反衬笔法写出了人生的悲哀，天感其哀让城为之隳，以夸张的手法突出了悲哀之大，从而给人一种巨大的震撼力和感染力。

《伯姬引》中伯姬的死因是"吾闻夫人夜出，不见傅母不下堂"。诗首句高度颂扬了死者伯姬的美名和德行；次句交代了这种美德是托死守节，字里行间充满着低沉、哀伤的情调；后两句则是对上天无眼，让好人遭难表示惘惑不解和追问，语意反复，悲天长叹，令人肝胆欲碎，表现了作者极其悲伤和悔恨的心情。

无名氏的《伤三贞诗》的"三贞"事见《华阳国志・巴志》，此三人在其夫死后执共姜之节，守一醮之礼"，死因是"遭乱兵迫匿，惧见拘辱"。[1] 诗人称赞她们是窈窕淑女，她们的心灵像绣和黼一样美，她们也是有灵性的血肉之躯，竟然能临

---

[1] (东晋)常璩撰《华阳国志・巴志》，丛书集成初编本，北京：中华书局1985年版，第4页。

川不惧、毅然赴死，起兴、比喻、对比手法的运用增加了这种令人嗟叹、让人惋惜之情。

朝鲜高丽玉的《箜篌引》中白首狂夫之妻并不因其夫狂而抛弃他，相反在其夫披发提壶、乱流而渡时，跟随阻止，止之不及，乃作曲歌之，投河而死。公无渡河→竟渡河→堕河而死→当奈公何，写出了悲剧事件的整个过程，渗透着其妻的泣血规劝、埋怨、痛惜与无奈，句句蕴含着无限深情与悲痛，逐句停顿，一气旋转，最妙在末四字，掩得意犹不尽，悲怆感人，闻者无不坠泪饮泣。

北魏高允的《咏贞妇彭城刘氏诗(八章)》是对彭城刘氏女的为夫守节而死歌颂，从诗中小序中得知，刘氏女与卓只有一夜夫妻，梦见其夫已死，后来果然应验，遂愤叹而死。诗中虽然有对他们二人"情以趣谐""应如影响"的吟咏和赞叹，还有对其"翳翳孤丘"的哀悼，但是，"毕志守穷，誓不二醮"，"心存于义，所重则轻"。诗中的儒家伦理教化色彩是占主导地位的。

总之，这五首诗的女主人公都有个共同特点——舍生取义，轻生赴死，用生命诠释着对"三纲"的忠诚，而且五首悼节妇诗中有四首出现在汉代，仅有一首出现在北魏，这是儒家伦理道德的愚忠思想在汉代高涨发展的结果。

唐诗中还有一些悼身份低微或身份不明的人的诗歌，其内容大多是对他们的悲惨遭遇和死亡作哀悼。刘夷道的《伤死奴》哀悼的是年纪轻轻就被压迫而死的奴隶，他们卑贱得不如江边的树。刘允济的《见道边死人》哀悼路边不知名的死人。柳宗元的《掩役夫张进骸》写自己为一位死无葬身之地的役夫掩埋遗骸，并哀叹他人不如物的悲惨命运。孟郊的《吊江南老家人春梅》哀悼的是被悍仆鞭扑致死的老仆人。丘为的《伤河龛老人》、江油令的《咏江上溺死女子》亦属此类。此外，还存有2首含有男女感情的哀悼诗，一首是南朝乐府民歌吴声歌曲清商曲辞《华山畿二十五首》其一，写的是宋少帝时华山畿一名少女为钟情于她并为她而死的南徐一士子殉情的故事，诗含赞美其义烈之意。另一首是唐李商隐的《暮秋独游曲江》，标题的"独游"和诗中的"深知身在情长在"是李商隐为某位与自己有情的女性的悼伤之作，但具体是谁不可考。[①]

① 冯浩曰："前有《荷花》《赠荷花》二诗，盖意中人也，此则伤其已逝矣。"张采田则谓此篇为悼亡之作，系大中十年东川归后所作。见刘学锴，余恕诚著《李商隐诗歌集解》第5册 第2版，北京：中华书局2004年版，第1985页。

总之，其他哀悼诗尽管哀悼的对象多样、地位各异，但诗人与其接触不多或从未谋面，故感情不深或缺乏了解，只是出于应酬或某种政治目的的需要而写作，所以往往在诗中按应有的礼节赞扬和哀悼死者，容易表现出一种模式化的倾向。

综上所述，先秦至唐五代的哀悼诗表现了宗法制封建社会以等级差序和父权血缘为重的特征，哀悼对象在社会中所处的地位、诗人与之的社会关系以及感情的深浅决定了诗歌的抒情话语，关系越近、感情越深往往以表达哀情为主，而且写得文采飞扬，反之，则以表达赞美之情为主、哀情为辅，而且出现类型化、模式化的倾向。所以，悼亡诗、悼亲诗、悼友诗、其他哀悼诗大体是哀情递减，赞情递升的，而悼君诗、悼皇后诗、悼王诗、悼太子、悼公主诗、悼夫人诗因其哀悼对象身份特殊，既要表达对他们的尊敬、赞扬、哀悼但又不能有过于亲密的表示，故大多出现类型化、模式化的倾向。

第二编　内涵与文化论

死亡是什么？它包含了怎样的情感内涵？先秦至唐五代的哀悼诗从死亡的本相、存者对死者的情感、作者的身世之感、对现实世相的抨击等方面多角度作了诗意的诠释。尽管如此，但生与死的困惑和人世间的种种烦恼是人们永远面对也永远不可摆脱的重要课题，占中国传统文化主流的儒家思想为这一课题提出了解决方案，宗教的主要任务之一也是帮助人们解决这一重要课题，给人以如意大利著名神学家、比较宗教学家田立克(Paul Tillich)所谓的“终极关怀”。然而，不同宗教提出的解决方法不同，给人的影响也不同，所以，儒家思想、道教、佛教给先秦至唐五代哀悼诗带来的影响和表现形式也各异。

第一章

先秦至唐五代哀悼诗的情感内涵

法国思想家布莱士·帕斯卡尔(Blaise Pascal)说:"我不知道是谁把我安置到世界上来的,也不知道世界是什么?我自己又是什么?……我看见的只是各个方面的无穷,它把我包围得像个原子,又像个仅仅昙花一现 就一去不返 的影子。我所证明了的全部,就是我很快就会死亡,然而我最为无知的又正是这种我所无法逃避的死亡本身。正像我不知道我从何而来,我同样也不知道我往何处去。我仅仅知道在离开这个世界时,我就要永远地归于乌有,或者是落到一位愤怒的上帝手里,而并不知道这两种状况哪一种应该是我永恒的应分。"[①]的确,面对浩瀚的宇宙、缤纷的自然、易逝的人生,人们不禁追问世界的本质、生命存在的价值和死亡的意义,由此产生了诸多如世界观、人生观、价值观、死亡观、本体论的哲学思考和丰富的情感内涵。同样,先秦至唐五代哀悼诗面对死亡的本质也作出了自己的回答,表达了包含赞美渴望、恐惧惊诧、悲伤痛苦、孤独思念、内疚悔恨、报恩补偿、怜悯顾惜、自伤自怜、抨击怨刺、愤怒怨恨等多种情感内涵,现取要者论之。

一、对死亡本相的思索和情绪

何谓死亡?可以从社会、文化、心理、医学等角度给它作定义。医学上的死亡是指动植物生长、繁衍、新陈代谢、对环境的适应性、器官完成功能的结束状态,包括非反应性、非感受性、无运动、无呼吸、无反射作用、脑电图平直。现代医学将脑死亡作为死亡的标准。先秦至唐五代哀悼诗从剥夺性、终结性、必然性、普遍性、差异性、不可预测性、无所不在性七个方面对死亡的本质特征作出了表述。

① (法)帕斯卡尔著;何兆武译《帕斯卡尔思想录》,天津:天津人民出版社2007年版,第96、97页。

剥夺性。美国耶鲁大学谢利·卡根教授在《耶鲁大学公开课 死亡》一书中提出了死亡的剥夺解释理论[①]。他认为死亡的坏处不是绝对的、稳固的、内在的坏处，也不是结果上的坏处，而是相对的坏处，就是某些事物有坏处是因为你在接触它们时，就失去了或无法接触其他更好的事物的机会，即经济学家所说的“机会成本”。死亡即不存在，当死者不存在时，没有了痛苦的感觉，不存在本身并不是坏的，我们不需要因其本身的原因而回避它，它也没有引起其他本质上比死亡更坏的事情，但从比较的角度看，不存在让你失去了活着时本来可以得到的美好的事物，这就是坏的，所以死亡的最大坏处或最大特点是剥夺了你生活中本来应该得到的美好事物。对此，先秦至唐五代哀悼诗有明确的表达，例如唐温庭筠的《宿城南亡友别墅》：

水流花落叹浮生，又伴游人宿杜城。还似昔年残梦里，透帘斜月独闻莺。

此七绝为诗人与友人旧地重游、夜宿亡友遗屋城南别墅时触景生情的哀悼之作，第一句以水流花落暗喻朋友的去世，还让诗人产生人生短促、世事无常的消极之感；第二句写诗人与友人来到亡友的城南别墅，旧地重游；第三、四句写诗人由眼前透帘斜月闻莺的美景想起曾经与友人一起在此欣赏同样美景的情景，点明了正是死亡剥夺了好友透帘斜月独闻莺的美好机会。

必然性和普遍性。剥夺是死亡的主要或者说根本的坏处，但不是死亡的唯一坏处，死亡还有其他的特性，如死亡的必然性和普遍性。死亡的这两种特性很早就被人们广泛认识，如汉代挽歌《蒿里》所言：“蒿里谁家地？聚敛魂魄无贤愚。鬼伯一何相催促？人命不得少踟蹰。”此诗运用两句设问句和拟人手法，以表明人的死亡是必然、普遍而公平的，人人必死，而且死亡一旦降临，权势、金钱、美女等任何东西都无法阻挡。正如20世纪法国著名作家、音乐评论家罗曼·罗兰所(法语：Romain Rolland，1866—1944)所说：“每个人都要轮到去登上千古长存的受难的高岗。每个人都要遇到千古不灭的痛苦，抱着没有希望的希望。每个人

① (美)谢利·卡根著；贝小戎等译《耶鲁大学公开课　死亡》，北京：北京联合出版公司2014年版。

都要追随着抗拒过死，否认过死，而终于不得不死的人。”[①]先秦至唐五代哀悼诗对死亡的必然性和普遍性也有明确的表达，例如唐王维《哭殷遥》中的“人生能几何，毕竟归无形。念君等为死，万事伤人情。”高适《哭裴少府》的“世人谁不死，嗟君非生虑。”白居易《哭孔戡》的“洛阳谁不死，戡死闻长安。”卢僎《让帝挽歌词二首》的“万化一朝空，哀乐此路同。”褚亮《伤始平李少府正己》的“谁能免玄夜，惜尔正青春。”等等。人不管老少贤愚、美丑贵贱终必有一死，多想没有用，哀乐也没有用，此几例均说明了人类死亡的不可避免和普遍存在。

终结性。终结性其一是指死亡的不可逆转性，这点也很早被人们广泛认识，如汉代挽歌《薤露》：“薤上露，何易晞。露晞明朝更复落，人死一去何时归。”诗运用比喻手法将人的寿命比作薤露般容易晞灭，以表明人的生命是短暂的，人总是会死的，又将无生命的薤露可以今天晞灭、明朝又复落的周而复始反衬人的生命是像时间一样不可逆转的，以表明人一旦死亡就绝不可能复生。先秦至唐五代哀悼诗对此有较多类似表达，例如，“一往何时还，千载不复生。”（晋潘岳《思子诗》）“西流之水东流河，一去不还奈子何。”（晋乐府杂歌谣辞《陇上歌》）“翳然乘化去，终天不复形。”（晋陶渊明《悲从弟仲》）“雨绝无还云，华落岂留英。”（梁江淹《潘黄门岳述哀》）“染白一为黑，焚木尽成灰。念我室中人，逝去亦不回。”（唐韦应物《伤逝》）均写出了人死不能复生，死亡是像时间一样单向流逝、一去不可复返的。终结性其二是指人一旦死亡，人的身外之物对死者的机体而言没有任何意义，如“存亡三十载，事过悉成空。”（唐韦应物《话旧（亭中对兄姊话兰陵崇贤怀真已来故事，泫然而作）》）“山河万古壮，今夕尽归空。”（唐郑丹《明皇帝挽歌》）此两处皆说明人一旦去世，以前经历的事情全部化为乌有，不管死者是什么身份，其生前所拥有的一切也全部落入他人之手。

差异性。死亡的差异性就是指在人们能够活多长时间这个问题上，人和人之间存在着很大差异，有的人可以活 80 岁、90 岁、100 岁甚至更长的时间，而另外有些人却在 30 岁、20 岁、10 岁甚至更年幼的时候就夭折了。如果在某个范围取一个平均值的话，寿命超过平均值的人和寿命低于平均值的人给人的感觉是

① （法）罗曼·罗兰著；傅雷译《约翰克利斯朵夫卷 1-5》，南京：江苏文艺出版社 2012 年版，第 248 页。

不一样的，根据某个相关的更深层的人类心理现象：相比过度补偿(overcompensated)，我们更在乎被亏待(shortchanged)，也就是说寿命低于平均值以下的人们受到的伤害要大于寿命超过平均值以上的人们。所以先秦至唐五代哀悼诗中人们对于过早去世的人们是异常痛心的，例如汉代《杞梁妻歌》中的杞梁妻是齐邑杞梁殖的妻子，杞梁随齐庄公攻打莒国而战死，齐侯归，在郊外遇见杞梁之妻，使吊之，杞梁妻哭夫而城崩。此事《左襄二十三年传》《礼记・檀弓》《韩诗外传》《列女传》《说苑》《古今注》等说法不一。但据逯钦立《先秦魏晋南北朝诗》所辑，杞梁妻自投淄水而死的原因是无父、无夫、无子、无所依靠而且节不能更二，"乐莫乐兮新相知。悲莫悲兮生别离。哀感皇天兮城为隳。"诗将最快乐的事情"新相知"与最悲伤的事情"生别离"相对比，反衬出年轻丧命给孀妻带来的痛苦，其痛之大感动上天，以至城为之而隳。那些受到不公平待遇而死于非命的人们和年幼夭折的子女的哀悼诗尤其让人潸然泪下，前者如《诗经・秦风・黄鸟》，为秦人痛悼春秋时期为秦穆公殉葬的——子车氏三位大夫奄息、仲行、鍼虎的哀悼诗，不仅表达了人民对"三良"的痛惜和哀悼，更表达了对殡葬这种蛮俗的痛恨和愤怒，"彼苍者天，歼我良人！如可赎兮，人百其身"的三次呼吁不只是强烈的抗议，更是无奈的痛苦和申诉。后者如白居易的《哭崔儿》，诗作于大和五年(831年)，时诗人在洛阳任河南尹。诗首将"三岁"和"六旬"对比，且以"掌珠"喻儿，可见老年得子，珍爱异常，不料崔儿竟三岁夭折，故诗句极其沉痛，"岂料""常忧"突出了死亡的难以接受，肠断非因剑，眼昏非因尘，得儿又失只能对天无语，最后只能像以前一样以邓攸无儿认命。

不可预测性和无所不在性。不可预测性主要是从时间的角度看，指我们不知道还有多少时间可活。无所不在不仅是指我们周围的所有人都正在死去，更多的是指我们自己可能在任何时候死去。正是这不可预测性和无所不在性让人们对死亡产生恐惧、惊诧和悲伤。先秦至唐五代哀悼诗对死亡的这种特性和情绪有较多的表达，例如：

(1) 何意中见弃，弃我就黄垆。——(三国吴质《思慕诗》)

(2) 奈何我皇祖，潜德隐圣形。——(三国魏明帝曹睿《苦寒行》)

(3) 正歌千里曲，翻入九重泉。——(南朝陈江总《和张记室源伤往诗》)

(4) 朝作青云士，暮为玄夜人。风灯无定度，露薤亦逡巡。——(唐李咸用《哭所知》)

(5) 一命何无定，片言徒有声。——(唐方干《哭胡硅》)

上述(1) 中的“何意”有两重含义：为什么、何故或岂料、不意的意思。(2)中的“奈何”即怎么、为何之意，这两个词语均表明了诗人对死亡为什么或何时降临的困惑和不解。(3)“千里曲”是极其快乐的事，“九重泉”是极其悲伤的事，一个“正”和一个“翻”形成鲜明的对比，强调了死亡的突如其来和由此产生的悲伤及恐惧。(4)中的“朝”与“暮”、“青云士”和“玄夜人”形成鲜明的对比，表明了生命的短暂和死亡的无常。“风灯”指风中灯，喻人生无常、短促，“无定度”喻死亡的不可预测性和无所不在。“露薤”指乐府相和歌谣《薤露》，喻谓人命短促，有如薤叶上的露水，转瞬即干。“逡巡”指顷刻，不一会儿。(5)中的“一命何无定”则明言了死亡的不可预测性和无所不在性，“片言徒有声”则表达了这种难以述说的无奈、感伤。

总之，先秦至唐五代哀悼诗对死亡的本质特征作出了诗意的表达，它能激发人们理性、认真地思考生命和死亡的真相。

二、对死者情感的不舍和思念

如上所述，从结果上看，死亡对死者没有坏处，但是对活着的人有坏处，死亡对存者的坏处正如德国诗人克洛卜施托克的诗《分离》中所言：

当尸体运送经过我们时，
你是那么严肃。
你害怕死亡吗？“哦，不害怕！”
那你在害怕什么？“害怕垂死。”

我一点都不害怕。“那你无所畏惧吗？”
唉，我心存畏惧……“畏惧什么？”
离开我的朋友。不仅仅是我的离开，还有他们的离开。

所以当尸体
经过我们时，
我才变得严肃，
更胜于你，深入灵魂。[①]

死亡的最主要坏处就是失去朋友，当然也包括亲人、恋人、同事等其他人，由于他们的死亡，存者不能继续与之交流，不能共同吟诗作画、歌舞宴饮、言语欢笑、共赏河山，等等。所以从这个意义说，死亡，不是死者的不幸，而是生者的不幸。先秦至唐五代哀悼诗对存者对死者的感情作了详细抒写，大体可分为以下几种：

（一）悲伤痛苦

这种感情可以说是哀悼诗最深刻的感情，一方面体现为诗人对死亡给存者带来的悲痛突出强调述说。如嵇康的《思亲诗》共210个字，表示哀伤消极心理的语汇有：奈何、愁、愁、无聊、恻恻、心若抽、愁、奈何、悲思、情郁结、不可化、孤茕茕、自悼、啼失声、情剥裂、嗟、摧伤、哀叹、涕、汍澜、念、逸豫、穷约、悲、心崩摧、悲、收泪、哀戚、思、恋、泪流襟、自怜、心忉忉、泪如雨、叹成云、忧、痛殷殷、不可裁，共占了78个字，反复哀叹失去母亲和兄长的痛苦。另一方面体现为诗人赋予万物生命意识，强化生命的感觉用以反衬死亡的悲剧。这点在社会动荡、人们性命朝不保夕的三国两晋南北朝哀悼诗中尤其明显。万物包括人、动物、植物、季节、天体、气象等。除了人以外，三国两晋南北朝哀悼诗中的动物、植物、季节、天体、气象等物非常多，它们的运行和变化引起人心情的变化，如魏文帝曹丕的《寡妇诗》，霜露纷落下，木叶凄凄飘落，雁在云中鸣叫，归燕翩翩徘徊，引起阮元瑜的妻子心感惆怅，白日西颓、夜晚来临、星月天回更让她自怜孤栖，思念亡夫的愁绪久久难以释怀。又如梁江淹的《伤内弟刘常侍诗》以春光炅和秋露轻喻其弟年纪轻轻就去世，因为心中悲哀，所以风吹着衣袖、听到蟪蛄鸣就觉得格外冷，白露沿着汉沼下，明月从星汉中出来，都让人徒然而不知所措，只好长悲叹短，在空

① 由瓦尔特·考夫曼在"Death Without Dread"一文中对其进行英文翻译，收录在"Existentilism, Religion, and Death"（新美国图书馆出版社，1976）一书中，第227页。

庭中恻吟，在东郊外叹息，在北山坰流泪。再如，“秋气悲松色。凄风咽挽声。”（张正见《和阳侯送袁金紫葬诗》）“人随暮槿落，客共晚莺悲。”（江总《在陈旦解醒共哭顾舍人诗》）诗人赋予秋气、凄风、晚莺以人的感情，用它们的心悲来烘托自己的心悲。其次，它们的运行和变化隐喻人与人之间的关系变化，如魏文帝曹丕《短歌行》用动物有父亲，如呦呦游鹿、衔草鸣麑和翩翩飞鸟、挟子巢栖反衬自己没有父亲的悲哀。又如东晋顾恺之的《拜宣武墓诗》，顾恺之曾为桓温大司马参军，桓温对他有知遇之恩，桓温去世后，顾恺之尤为悲伤，用山崩溟海竭、鱼鸟将何依来比附他们两人的关系，即桓温的去世让他失去了依靠。梁王氏的《孤燕诗》说她居处有燕巢，双燕常飞来飞去，后来有一只死去了，另外一只依然不肯离开故巢，每年仍飞回来，诗人以此喻自己夫死不肯再嫁之事。更重要的是用它们的运行和变化反衬出人类生命的短暂和脆弱，如何逊的《行经范仆射故宅诗》写范仆射生前居住过的宅子里曾经生长的野生的葵菜和荒藤依然茂盛，旅葵长满蔓井，荒藤已经高上门扇，但是人已经一去不返，不能像葵菜和荒藤那样再生繁殖了，反衬了人不如物的悲哀。又如江淹的《悼室人诗十首》，除了人有生命外，四季、天象、动物、植物、死物均有生命，如“帐里春风荡”“夏云多杂色”“秋至捣罗纨”“树上雪花团”写出了季节的轮回流动。“雾天流碧滋”中的“雾天”、“雄虹冠尖峰”中的“雄虹”、“出风舞森桂”中的“风”、“落日暧圆松”中的“落日”、“风光肃入户”中的“风光”、“月华为谁来”中的“月华”、“凉霭漂虚座”中的“凉霭”等这些天象宛如人一样生机勃勃。鸟思、燕拂、蜻引知寂寥、蛾飞测幽阴、庭鹤哀以立、云鸡肃且寒等写出了这些动物像人一样具有情感和知性。桐叶生绿水、蕙弱芳未空、兰深、花庵郁、铄蕤鲜、苒弱屏风草、黛叶鉴深水、丹华香碧烟等这些植物外形漂亮、色彩明丽，具有浓郁的生命活力。“素沙匝广岸”中的“素沙”、“潭拖曲池莲”中的“潭”、“清香荡空琴”中的“清香”等本是死物，但在此却具有了生命的活动特质。诗人通过赋予四季、天象、动物、植物、死物这些物体普遍而生机盎然的生命力，用以反衬爱妻一去不返的悲哀，生与死的对比越明显，哀痛的感觉就越强烈，就越强调了诗歌“佳人永暮矣，隐忧遂历兹”的主旨。

（二）孤独思念

这种感情可以说是哀悼诗最普遍的感情，既存在于夫悼念亡妻（妾）或妻

(妾)悼念亡夫或有事实婚姻的一方悼念已去世的另一方,也存在于除丈夫、妻妾之外的亲属哀悼诗中和侧重抒发友情的悼友诗中,还出现在出于交际应酬和某些政治目的而产生的本著作称之为其他哀悼诗中,包括悼君诗,悼臣诗,悼王诗,悼后妃诗,悼夫人诗,悼他人父母、夫、妻、妾(包括家妓、侍儿)诗,悼太子诗,悼公主诗,悼妓诗,悼节妇诗。而且存者与死者关系越近、感情越深,这种孤独思念之感就越真切、越强烈、越感人。例如,《诗经·唐风·葛生》用内心独白的方式表现寡妇对亡夫的深切怀念,诗以葛、蔹这两种蔓生植物暗喻夫妻互相依存的关系及夫妻的恩爱,第三章以角枕之粲和锦衾之烂暗示夫妻新婚不久、丈夫旋即战死,所以诗歌三呼"予美亡此,谁与独处(息、旦)?"表现寡妻对丈夫深切的哀伤、追念以及无法言说的孤独之感;四、五两章,夏日昼长,冬日夜长,作者用"夏之日,冬之夜"两句颠倒循环,暗示了寡妇今后一生的孤独、凄苦,最后以一种期待死亡的心态两次表达死后同居一室的忠心。三国魏文帝曹丕的《寡妇诗》、唐元稹的《梦井》等都抒写了这种因对亡夫或亡妻的深切思念产生的刻骨孤独而导致期待死亡的深挚之情。又如顾况的《伤子》写自己老年丧子,哭子日暮千行血,并用《华严经》"飞鸟灭"和《世说新语·黜免》母猿哭子而肠断之典说爱子逝无踪影、自己肝肠寸断,诗最后说"老夫已七十",父子的隔别也不会多久了,以一种期待死亡的心态表现出对爱子的依恋和牵挂。

(三)内疚悔恨

这种心理主要是由于存者自感因自己的过失而导致死者去世或者自己没有达到死者生前的期待或者并未遵从死者生前的嘱托而产生的。在先秦至唐五代哀悼诗中,前者如,韩愈于元和十四年(819 年)因上《论佛骨表》,触怒宪宗,被贬潮州。他的年仅十二岁的第四女女挐在赴潮州时,死在路上,葬于商州南层峰驿旁,韩愈对此充满内疚和自责,故在元和十五年(820 年)还京路上作《去岁自刑部侍郎以罪贬潮州刺史乘驿赴任其后家亦谴逐小女道死殡之层峰驿旁山下蒙恩还朝过其墓留题驿梁》,说"致汝无辜由我罪,百年惭痛泪阑干"。白居易也有类似之作,他三岁的小女儿去世,他伤心感叹而自责——"伤心自叹鸠巢拙,长堕春雏养不成。"(《重伤小女子》)后者如,晋《表哀诗》是一首怀念亡母并表达感激、愧疚之情的诗,诗人沉痛地回忆母亲生前如何严厉地教导自己做人的道理,像春风一样养育自己，像邹母一样勤教慈善，可惜自己资质平庸，不能领会母亲教导的高训，所以感到很惭愧和痛苦，母亲去世后，这种惭愧和痛苦随着时间的流逝愈加浓烈。又如唐元稹的《江陵三梦（其一）》，诗人梦见亡妻像生前一样再三嘱托自己：总没有儿子，只有这个娇弱的女儿，禁不起寒饥，希望你在工作之余兼顾家事，照顾好女儿，不要让她被婢仆谩欺。诗人惊醒之后，想起自己因任职僻远、没有随带并尽心照顾女儿、辜负妻子的嘱托而自责、愧疚、悲伤、泪落，只好坐听江风吟树枝到天明。

（四）报恩补偿

恩情有很多种：养育之恩、知遇之恩、救命之恩、培育之恩、夫妻患难与共、互相付出之恩等等。知恩图报是中华民族传统的伦理道德，是做人的优秀品质之一。先秦至唐五代哀悼诗的报恩大体有四种：一是报父母养育之恩，如《诗经·小雅·蓼莪》就是一首孝子欲报答父母之恩的赞歌，诗第一、二章以“蓼蓼者莪，匪莪伊蒿（蔚）”起兴，将自己比作是下贱、无用的蒿、蔚，只因父母劳累、辛苦把自己养大，而自己却无力为他们养老送终、报答他们的养育之恩。第三章以瓶、罄空而无用再喻子女无力赡养父母的无用，“鲜民之生”是这种羞耻心理的进一步强调。失去父母，“出则衔恤，入则靡至”，进退失据，坐卧不安，悲痛欲绝。第四章再次抒写父母生我、鞠我、抚我、畜我、长我、育我、顾我、复我的艰辛与伟大，一连串的短语如急鼓般历数而来，最后发出“欲报之德，昊天罔极”的强烈呼唤，使伟大的父母之爱、炽热的赤子情怀得到了充分的展现。末两章以“南山烈烈，飘风发发”比兴世路险阻、人事艰难，对别人父母寿且康而自己的父母却不能尽享天年发出质疑和控诉，留给人无尽的思考和感叹。三国嵇康的《思亲诗》亦表达了类似的感情，“思报德兮邈已绝，感鞠育兮情剥裂。嗟母兄兮永潜藏，想形容兮内摧伤”写出了天下子欲养而亲不待的哀伤。刘湾的“下由骨肉恩，上报父母慈”（《虹县严孝子墓》）亦属此类。二是报君臣知遇之恩，如三国吴质（177—230），字季重，兖州济阴，三国著名文学家。初因文才而被曹丕所喜爱。在曹丕被立为太子的过程中出谋划策，立下大功，与司马懿、朱铄、陈群并称为曹丕的“四友”。在曹丕代汉立魏后，吴质位至振威将军，并假节钺督河北，封列侯。故曹丕去世后，吴质作《思慕诗》述哀，并对其的知遇之恩表示感激：“念蒙圣主恩。荣爵与众

怜悯顾惜，如杜荀鹤的《伤硖石县病叟》伤悼的是一位备受压迫而身世凄苦的老翁，他无子无孙又病又无力，只靠耕田存活，但是官府不管他所耕种的是一块长满野草的荒地，强行勒令从中收取地租，以至病叟无法存活。孟郊的《吊江南老家人春梅》哀悼的是孟郊在常州义兴庄居的老仆，她往日役使一贯遵循礼法，但可能因为主人的原因被粗野强暴的小子鞭扑致死，从诗中"念尔筋力尽""奈何粗犷儿，生鞭见死痕""胡为乎泥中，消歇教义源"可出看出诗人对其不幸遭遇的同情、痛惜。褚载的《吊秦叟》哀悼的秦叟本是市场西楼店里拥有千秤金、在渭北田园种有万钟粟的有产业主，但是儿子被杀伤、妻子被虏之后，自己也随之奔赴黄泉，诗看似平淡叙述，实则充满同情和怜悯。当然这些诗同时也表现了对统治阶级的控诉和不满。

古人云："人之将死，其言也善。"这是针对临死者对存者而言，同样也适用于存者对死者，即"人之已死，其言也善"。一般而言，死亡剥夺了死者的生命，使他们成为弱者，激起了存者的怜悯顾惜、内疚悔恨、报恩补偿，死亡切断了死者与存者的联系，让存者悲伤痛苦、孤独思念，总之，死亡激发了人性中善良的一面，从此意义上看，它是积极的。

三、对作者身世的自伤和自怜

先秦至唐五代中有一些哀悼诗作品因作者与死者有相同的命运，故在哀悼死者的同时也夹杂着自己的身世之感，即伤他亦自伤，这种文学传统源自汉儒模仿《楚辞》的作品，如东方朔模的《七谏》、王褒的《九怀》、刘向的《九叹》、王逸的《九思》等。先秦至唐五代哀悼诗中表达作者身世之感的自伤大体可分为两类：

（一）乡关之思

归属感又称隶属感，主要指个体自感被别人或团体接纳和认可时的一种感受，也指佛洛姆(E. Fromm)氏理论中的术语，即心理上的安全感与落实感。归属感是人类的共同心理，1943年美国心理学家马斯洛在《动机与人格》一书中将人的需求分为三大互相重叠的类别：意动需要、认知需要和审美需要。其中意动需要可以分为由低到高排列的五个不同层次：①生理需要。②安全需要。③归属与爱的需要。④尊重的需要。⑤自我实现的需要。他认为：

> 假如生理需要与安全需要都很好地得到了满足，爱、感情和归属的需要就会产生，并且作为新的中心，重复着前面描述的整个环节。处于这一需要层次的人，把友爱看得非常可贵，希望能拥有幸福美满的家庭，渴望得到一定社会团体的认同、接受，并与同事建育良好和谐的人际关系。如果这一需要得不到满足，个体就会产生强烈的孤独感、异化感、疏离感，产生极其痛苦的体验。[①]

因此，“寻根”“归乡”“回家”是中外文学的永恒主题。先秦至唐五代哀悼诗中一些把死亡与乡关之思结合起来的作品是异常感人的。

三国王粲的《为潘文则作思亲诗》，是诗人为潘文则代作的追念父母的长篇古体哀悼诗，全诗共分五层，第一层赞扬母亲庄敬、勤勉、精心养育后代；第二层叙写自己从小随父亲征行，父亲早逝，国家动荡，想退守家园、赡养母亲却无法如愿，只能在外奔波疲命，对老母充满莫慰其情、委之于天的悲哀和无奈；第三层抒写自己保佑母亲长寿而“亹亹惟惧、心乎如悬”，但却事与愿违，所以自己是“如何不吊，早世徂颠”；第四层抒发对母亲生不能赡养、死不能亲临的内疚、自责和失母之悲痛、孤苦以及如何苟活于乱世的复杂心情，“惨痛切心，形影尸立，魂爽飞沈”写出极度哀痛之情状，蓼莪之典更增添了这种哀痛的历史人文内涵；第五层再次抒发欲回乡而不得的痛苦，运用了两个假设，想长途跋涉，但悬岩丛丛、坚不可摧，想如云归飞，但飞焉无翼、超焉无阶，只好写诗记哀。全诗从叙述到抒情，从赞颂到哀悼，层层铺叙，层层蓄哀，将社会动荡、国家不安的国心和游子思念家乡的归心与孝子追念父母的爱心、悲心、内疚之心融合为一体，至此，哀悼之情达到了高潮。

北周的王褒、庾信都是由南入北、经历相似的文学家。王褒（约 513—576），字子渊，琅琊临沂人，文学家。美风仪，善谈笑，工属文。梁元帝时任吏部尚书、左仆射。江陵沦陷后入西魏，被扣留不复南返，被授车骑大将军，仪同三司。孝闵帝时封石泉县子，邑三百户；明帝时加开府仪同三司；武帝宇文邕时为太子少

---

① 彭运石著《走向生命的巅峰：马斯洛的人本心理学》，武汉：湖北教育出版社 1999 年版，第 109-110 页.

保，迁小司空，后出为宜州刺史。庾信(513—581)，字子山，小字兰成，南阳新野人，诗人、文学家。先与徐陵一起任萧纲的东宫学士，侯景叛乱时，庾信逃往江陵，辅佐梁元帝，后奉命出使西魏。西魏灭梁后，庾信被强迫且很受器重地留在了北方，官至车骑大将军、开府仪同三司。王褒与庾信才名最高，特被亲待，终身不得回南方，他们一方面身居显贵，受皇帝礼遇，与诸王结交，被尊为文坛宗师；另一方面又热切思念故国乡土，为身仕敌国而羞愧，为不得自由而怨愤。这种乡关之思也渗透进他们的一些哀悼诗中。

王褒的《送观宁侯葬诗》哀悼的是原梁观宁侯萧永，《送刘中书葬诗》哀悼的是原梁刘中书刘瑶，二人与王褒一样都是被迫由南入北者，他们共同的命运——“畴昔同羁旅，辛苦涉凉暄”和共同的情感——“观风方听乐，垂泪遽伤魂”尤其是客死异乡的悲惨下场让王褒不由自主地联想到自己的将来，从而不可遏制地产生“兔死狐悲”的凄寂和伤感。《送观宁侯葬诗》的后半部分详细记叙了自己一天从早晨到傍晚的送葬、返葬的情景，“馀辉尽天末，夕雾拥山根。平原看独树，皋亭望列村。寂寥还盖静，荒茫归路昏”描绘了夕阳西下一派荒凉的山野景色，渗透出一种难言的无奈、凄凉和感伤，尤其是最后几句，诗人一路听着挽歌，一路思索，现在这些客死异乡的好友还有我们这些同是由南入北者为他们送葬，千年之后，我们这些人也去世了，还有谁为他们扫墓呢？自己与他们的命运相似，千年之后，自己的坟墓也同样无人问津啊，所以，末两句“眷言千载后，谁将游九原”将这种感伤的情绪推向了高潮。《送刘中书葬诗》首两句写刘瑶曾经离开故土令人悲伤，如今归去的不是故土而是坟墓，更令人悲伤。次两句运用汉将温序殉国、死而托梦思归的典故表达了自己强烈的思归之情。但北周的留而不遣让南归的做法让王褒的希望彻底破灭，五、六句用刘瑶坟墓荒凉、昏暗、凄清的景象烘托了诗人落寞、凄凉、感伤的心境。最后四句以陵谷的迁变之快、松柏的荒凉之易含有世事变化的感慨，推断刘瑶墓碑上铭刻的文字也同样容易湮灭，远在异乡又无后人打理，分辨不出谁是谁不就变成异乡的孤冢野鬼了吗？自己的下场与他不是一样的吗？想到这里，诗人心中的痛彻、沉郁、悲凉自无法言说。

庾信的《和王少保遥伤周处士诗》为悼念梁时好友周弘让的诗，首两句写诗人初闻好友去世，心中悲伤、凄凉，第三、四句发表议论，自己与他虽然生死有异，但同是不归人，他已奔赴坟场，而自己被强留在北方不得南归故土，一种强烈的身世之感即突现出来。第五到八句回忆自己曾仕高官而好友隐居句容茅山寻求真隐。后半部叙写忽闻好友去世和自己悲伤、凭吊的情景，“忽闻泉石友，芝桂不防身”强调了死亡的突兀与无奈，“三仙犹有鹤，五柳更应春”中的“犹有”和“更应”突出了命运的无常与不公。诗人觉得自己与好友的境遇何其相似，从他身上看到了自己的未来，所以“怅然”“悲哉”，只好“从渭水”“投吊”。《伤王司徒褒诗》是哀悼同为仕北不得南归且文名相当的好友王褒的长诗，诗人用大段的诗句大力赞扬了王褒鼎盛的家族、高贵的出身、品德的高尚、才华的横溢、声名的远播、情趣的高雅，记叙了其忽病未痊、去世埋葬的情况。最让人感动的是诗句后边的议论：“昔为人所羡，今为人所怜。世途旦复旦，人情玄又玄。故人伤此别，留恨满秦川。”世途、人情如此，让人无法把控，仕北不得南归之人谁又能摆脱如此宿命？想到自己与王褒相似的未来，诗人满腹感伤，但只能留恨秦川。

总之，古人的“归”是个多义词，既可指回归、归乡、归家，也可指死亡，而先秦至唐五代有些哀悼诗将诸含义组合成归乡不得却回归死亡，更增添了死亡的悲剧色彩。

（二）怀才不遇

中国的封建社会起源于战国时期，秦朝建立后正式形成相应的封建制度，它有四大特点：一、私人土地所有制占主导地位的经济特色；二、实行高度中央集权专制制度的政治特色；三、以儒家思想为核心的文化特色；四、族权与政权相结合的宗法等级制度的社会结构特色。置身其中的封建知识分子一方面受传统儒家修身、齐家、治国、平天下思想的影响，积极投身社会，试图建功立业；另一方面又受到高度中央集权专制制度政治体制和宗法等级制度的社会结构的限制，许多理想无法实现，即使已经进身统治阶级的知识分子亦不如意，所以怀才不遇是中国封建知识分子的普遍心理，尤其是面对怀才不遇的死者时，存者心中的共鸣愈加强烈，这在先秦至唐五代哀悼诗如孟郊、刘禹锡、李商隐、贾岛等诗人的哀悼诗中有较多体现，贾岛现象即是其中典型范例之一。

贾岛(779—843)，又名瘦岛，字浪(阆)仙，河北道幽州范阳县人，唐代诗人。早年因家境贫寒、曾数举不第而出家为僧，号“无本”，自号“碣石山人”。因思索《题李凝幽居》诗中“推”“敲”二字误闯韩愈的仪仗队，被韩愈赏识并施教，后还俗参加科举，但累举不第。唐文宗时被排挤，贬做长江主簿，唐武宗会昌年初由普州司仓参军改任司户，未任病逝。但其一生刻苦认真作诗，注重炼意、炼句、炼字，成为"苦吟诗人"，其诗在晚唐自成流派，影响甚大。唐张为的《诗人主客图》将其列为"清奇雅正"升堂七人之一。晚唐李洞、五代孙晟等人对贾岛十分尊崇，对其画像和诗集焚香礼拜，事之如神。才华杰出而命运多舛，贾岛成了文学史上怀才不遇的典型形象，这在先秦至唐五代哀悼诗中多有体现。许多诗人为他写了哀悼诗，为他的怀才不遇而哀叹，例如姚合的《哭贾岛二首》：

白日西边没，沧波东去流。名虽千古在，身已一生休。
岂料文章远，那知瑞草秋。曾闻有书剑，应是别人收。

杳杳黄泉下，嗟君向此行。有名传后世，无子过今生。
新墓松三尺，空阶月二更。从今旧诗卷，人觅写应争。

第一首首联含蓄表明贾岛的离世；颔联、颈联感叹贾岛文才杰出、声名长存但其身早死；尾联抒写其贫穷，仅有书剑被别人收存。第二首首联为贾岛的离世而悲叹；颔联感叹贾岛声名传世却今生无子；颈联表明其身新逝；尾联写世人争觅其旧诗卷，含蓄赞美其才高。这两首诗均对好友贾岛的离世表达了沉痛的哀悼，对其诗歌成就给予了高度的评价、对其怀才不遇表达了深切同情和感叹。此类作品还有马戴《宿贾岛原居》，刘沧《经无可旧居兼伤贾岛》，李频《过长江伤贾岛》《哭贾岛》，李郢《伤贾岛无可》，张蠙《伤贾岛》，曹松《吊贾岛二首》，李洞《贾岛墓》，安锜《题贾岛墓》，可止《哭贾岛》，归仁《题贾岛吟诗台》，崔锜《岳阳惮贾岛》，王元《吊贾岛》等。

贾岛一生苦吟诗歌、追求功名但命运多舛，怀才不遇之感深深渗入他的作品中。现存贾岛哀悼诗共 9 首：《吊孟协律》《哭孟郊》《哭孟东野》[①]《哭卢仝》《哭柏岩和尚》《哭胡遇》《哭宗密禅师》《哭张籍》《过京索先生坟》[②]。共哀悼了 7 个人：

---

① 一作王建诗。

② 一作无名氏诗，名《唐衢墓》。

孟郊、卢仝、胡遇、京索先生（唐衢）、张籍、柏岩和尚、宗密禅师。除柏岩和尚、宗密禅师、张籍外，其余 4 人都是才华杰出、科举不顺、官声不得志之人，因境遇相似，贾岛在哭悼他们的同时也不由自主地融入自己的身世之悲。

孟郊（751—814），字东野，湖州武康人，早年曾隐居嵩山。贞元八年（792 年）、九年（793 年）连两应进士试，皆不第，贞元十二年（796 年）46 岁时登第。贞元十六年（800 年）选为溧阳尉。因不理政务，被罚半俸，于贞元末辞官。元和元年（806 年）入河南尹郑余庆幕，作河南水陆运从事、试协律郎，定居洛阳。元和九年（814 年）郑余庆任山南西道节度使，召孟郊为兴元军参谋、试大理评事。其在赴兴元途中暴卒于阌乡。孟郊终身清寒，性格耿介倔强，中年丧妻，晚年连丧三子，死后曾由郑余庆买棺殓葬。工诗，有“诗囚”之称，与贾岛齐名，人称“郊寒岛瘦”。因为二人的交情深厚、才名相当、经历相似，贾岛为之作了《吊孟协律》《哭孟郊》《哭孟东野》，对孟郊的诗高名传、才行高洁却官品位低、寡妻无子、家境贫寒作了多次强调和感叹，如“身死声名在，多应万古传。寡妻无子息，破宅带林泉。”（《哭孟郊》）“才行古人齐，生前品位低。葬时贫卖马，远日哭惟妻。”（《吊孟协律》）从中也渗透着作者的身世之悲感。

卢仝（约 795—835），郡望范阳，河南济源人，少有才名，初隐于济源玉川山，自号玉川子，又隐于嵩山，工诗精文，性格狷介，不愿仕进。家境贫困，仅破屋数间，唯堆图书。文宗大和九年（835 年）十一月遭“甘露之变”，因宿宰相王涯家，被宦官于脑后加钉惨死。贾岛为之作《哭卢仝》，“贤人无官死，不亲者亦悲。……平生四十年，惟著白布衣。天子未辟召，地府谁来追”对卢仝无官早死深感悲痛，“冢侧志石短，文字行参差。无钱买松栽，自生蒿草枝”对卢仝家境贫寒深表同情，“在日赠我文，泪流把读时。从兹加敬重，深藏恐失遗”对卢仝才高文好深表敬重和对二人的交情深表珍惜，正因为贾岛与卢仝同有怀才不遇的相似经历，才会有如此深的感触和体会。

胡遇，排行十八，祖、父二代皆举进士，其少时工诗，有诗名，与张籍、贾岛、姚合、朱庆余交流唱和，未第而夭。贾岛为之作《哭胡遇》，诗首联说“寿知齐理，何曾免叹嗟。”引用《庄子·齐物论》之“莫寿于殇子，而彭祖为夭。天地与我并生，而万物与我为一。既已为一矣，且得有言乎”[①]说明长寿和短命都合乎天道，然对好友的夭亡，仍不免悲伤、叹息，从中含有作者对宇宙、人生、命运、身世的思考和感伤。颔联、颈联、尾联写诗人到胡遇家祭吊的情景，以朔雪、寒花、野水、空山暮影绘景渲染凄凉、冷落、感伤之情。

唐衢，唐穆宗时人。应进士久而不第，工八分书，能诗，意多感发。见人文章有所伤叹者或每与人别或感慨时事则发声恸哭，音辞哀切，闻者莫不泣下，时人称“唐衢善哭”。其终身饥寒，为名流称重，竟不登一命而卒。贾岛为之作《过京索先生坟》，首句“三尺坟”说明唐衢生前地位不显赫，“漠漠秋风吐寒云”渲染了坟场的凄凉气氛，贾岛亦是地位不显，所以对此深有体会，末两句“从来有恨君多哭”与“今日何人更哭君”形成鲜明的对比，突出了唐衢身世的凄凉和人情、世情的冷漠。

先秦至唐五代哀悼诗中蕴含着的乡关之思和怀才不遇扩展了哀悼诗的情感内涵，使作者心中的不平之气得到了适当的渲染。

四、对现实世相的抨击和怨刺

从心理学看，愤怒必须符合两个条件：一是你愤怒直指的施事者是对你有部分选择权和控制权的人，二是施事者错待了你、对你做了不合乎道德的事。如果同时符合这两项要求，就是合理的愤怒，反之或者只符合其中一项要求则是不合理的愤怒。在先秦至唐五代哀悼诗中，有一部分死者是因受到不公平的待遇而死于非命或者存者觉得死者受到了不公平的待遇，所以因悲伤而愤怒、因愤怒而怨刺，这种愤怒情绪既有合理的因素，也有不合理的因素，大体可以分为以下三种：

（一）对统治阶级的怨刺

中国古代社会可分为原始社会（约 200 万年前—前 2070 年）、奴隶社会（前 2070 年—前 276 年）、封建社会（前 475 年—1840 年）。私有制开始出现于中国的原始社会后期父系氏族公社，它是对个人或集体的排他性占有生产资料的经

① （清）郭庆藩撰，王孝鱼整理《庄子集释》，北京：中华书局 1961 年版，第 79 页。

济制度，是剥削社会(以奴隶社会、封建社会、资本主义、特权主义和专制社会为代表)基本标志之一。可以说，中国是长期以私有制为主要特征的剥削社会。剥削与反抗犹如物理学上的作用力与反作用力，哪里有剥削哪里就有反抗，尤其是当人们受到统治阶级的压迫而受到不公平待遇甚至死于非命时，反抗的情绪就更激烈，而且这种反抗的情绪是贯穿于整个剥削社会的。

先秦哀悼诗共有10首(《诗经》存6首，《楚辞》存2首，歌谣存2首)，此类批判性诗歌共有8首。其中《邶风·二子乘舟》《唐风·葛生》《秦风·黄鸟》《桧风·素冠》出自《诗经》中的国风，国风收集的多是大抵从周初至春秋间各诸侯国的汉族民间诗歌。《小雅·蓼莪》出自《诗经》中的小雅，《楚人谣》出自民间歌谣，《招魂》是屈原根据楚国民间巫觋所唱的招魂词加工创作而成的作品，《大招》则是对它的仿作。总之，大体都出自民歌或与民歌有千丝万缕的联系。而民歌在内容上的最大特点是敢于直言，尤其是在抨击时政方面敢于将批判的矛头赤裸裸地直指最高统治者。

例如，《秦风·黄鸟》是秦国人民哀挽“三良”的诗，其本事见《左传》鲁文公六年载：“秦伯，任好卒(公元前621年)，以子车氏之三子奄息、仲行、鍼虎为殉，皆秦之良也。国人哀之，为之赋《黄鸟》。”[①]《史记·秦本纪》亦有载。诗中三次连呼“彼苍者天，歼我良人!”直接批判和谴责了秦国的最高统治者秦伯以人从殉的残忍之举。《小雅·蓼莪》是一首哀悼父母的诗，《毛诗序》曰：“刺幽王也。民劳苦，孝子不得终养尔。”“《笺》：‘不得终养’者，二亲病亡之时，时在役所，不得见也。正义曰：民人劳苦，致令孝子不得于父母终亡之时而侍养之。”[②]诗中的“欲报之德，昊天罔极”和“民莫不穀，我独不卒”抱怨苦于为幽王服役、不能赡养父母及为父母奔丧的痛苦，直刺最高统治者。《邶风·二子乘舟》其主旨历来有争议，《毛诗序》说是卫宣公的两个儿子伋、寿争相为死，国人伤而思之，《毛传》则云宣公为其子伋娶齐女后又夺之，齐女生寿及朔。朔与其母在公面前说伋的坏话，公令伋使齐并让贼待于隘而杀之。寿告诉伋，要他离开，伋说君命不可逃，寿窃其节而先往，贼杀之，伋至后又被杀。按此说法，此诗表现了国人对二子的哀悼、赞颂和

① (清)阮元校刻《十三经注疏·春秋左传正义》，北京：中华书局1980年，第1844页。
② (清)阮元校刻《十三经注疏·毛诗正义》，北京：中华书局1980年版，第459页。

对最高统治阶级内部争权夺力、残害骨肉的谴责和揭露。《桧风·素冠》主旨亦有争议,《毛诗序》说是“刺不能三年也。丧礼:于为父,父卒为母,皆三年。时人思薄礼废,不能行也”①。如此说,此诗亦是讽刺国君礼废之词。《唐风·葛生》据《毛诗序》曰:“刺晋献公也。好攻战,则国人多丧矣。丧,弃亡也。夫从征役弃亡不反,则其妻居家而怨思。”正义曰:数攻他国,数与敌战,其国人或死行陈,或见囚虏,是以国人多丧,其妻独处于室,故陈怨之辞以刺君也。经五章皆妻怨之辞。② 诗旨为批判晋献公好战,让国人多丧,男子从征役弃亡不反,其妻居家而生怨思。朱熹曰:“妇人以其夫久从征役而不归。故言葛生而蒙于楚,蔹生而蔓于野,各有所依托。而予之所美者,独不在是,则谁与而独处于此乎?”③批判国君让男子久从征役而不归,其妻思之而作。清姚际恒曰:“此诗或谓思存,或谓悼亡,据思存为是。”④不管是思存还是悼亡,都含有直接面刺国君之过之意。

如果说《毛诗序》尚有汉儒解诗的诗教传统的话,那么先秦歌谣则是非常明显地表现了敢于将批判的矛头赤裸裸地直指最高统治者的反叛精神。《楚人谣》其本事见于《史记》,是为哀悼楚怀王而作,其内为佞臣令尹子椒、子兰、上官大夫靳尚所蒙蔽,外为张仪所欺骗,最终客死秦国,为此,国人痛恨阴险狡诈、恃强凌弱的秦国最高统治者,其报复和仇恨之心溢于言表、力透纸背。

《招魂》《大招》的作者和哀悼对象历来有争议,但有两点可以确定的是,肯定与楚怀王受欺、客死秦国和屈原忠而被谤、自沉汨罗有关,诗歌以丰富的想象、奇特的夸张、充满浪漫色彩的笔调高度赞扬了其对楚国的热爱,对振兴楚国、报仇雪恨的激励,对选贤用能、励精图治的渴望,实际上也包含着对只想苟安的顷襄王的批判。

汉代歌谣《民为淮南厉王歌》事出《汉书》,汉文帝即位后,其弟淮南王刘长于文帝六年(前174年)谋反,十三年(前167年)被文帝“不忍置于法,乃载以辎车,处蜀严道邛邮”。刘长迁蜀,途中绝食自杀,民认为是文帝想夺其封地,乃作此歌。文帝闻之,为表清白,乃追尊淮南王为厉王,置园如诸侯仪。傅瓒注《汉书》

---

① (清)阮元校刻《十三经注疏·毛诗正义》,北京:中华书局1980年版,第382页。

② (清)阮元校刻《十三经注疏·毛诗正义》,北京:中华书局1980年版,第366页。

③ (宋)朱熹集注《诗集传》,北京:中华书局2011年版,第93页。

④ (清)姚际恒著《诗经通论》,北京:中华书局1958年版,第136页。

云:“一尺帛可缝而共衣,一斗粟可舂而供食,况以天下之广而不相容也。”此民歌运用对比手法暴露了统治阶级内部的残酷斗争,讽刺了兄弟争权夺势,互相残杀,是西汉政权腐败的缩影。歌谣《长安为尹赏歌》出自《汉书·酷吏传》,此歌谣揭露了永始、元延年间上怠于政、贵戚骄恣、恶霸横行、无赖滋事、治理混乱的社会现实,此诗既有对长安百姓对不法奸徒罪有应得的嘲讽及哀叹,也有对新任长安令尹赏严于执法的赞美,故司马迁曰“虽酷,称其位矣”[1],即赞许其称职,但还是承认其酷。无名氏的《陬操》是一首托名为孔子所作的古琴曲歌辞,孔子不被卫灵公所重用,于是离开卫国打算投奔晋国大夫赵简子,才到黄河边,就传来赵简子杀害曾经辅佐其取得政权的晋国大夫窦鸣犊和舜华的消息。有感有才德的君子、忠臣被杀,孔子放弃了投奔赵简子的想法,回到了老家陬邑。

三国陈思王曹植的《野田黄雀行》作于其兄曹丕自立为皇帝、剪除异己、猜忌曹植有夺位之心、对他进行政治迫害并杀死了他的好友丁仪、丁廙等人之后。诗首以“高树多悲风,海水扬其波”起兴、比喻环境的险恶,以“利剑”喻“权力”,以“见鹞自投罗”的黄雀比喻身陷囹圄的自己及其友人,以“拔剑捎罗网”的少年喻解救、逃离困境。通过对黄雀投罗网和少年救雀的描写,表达了诗人身处险境、无力救助友人、深感愤忿的心情,揭露了当时险恶黑暗的社会现实,讽刺了骨肉相残的统治阶级的变态伦理关系。

南朝宋谢灵运《庐陵王墓下作诗》为哀悼武帝次子庐陵王刘义真之作,其“聪明爱文义,而轻动无德业,与陈郡谢灵运、琅琊颜延之、慧琳道人并周旋异常”[2],是追随颜延之、谢灵运文学的亲王,在当时实被视为与陈思王曹植相类似的人物,年十八时因执政徐羡之等谋构废立,贬为庶人后被杀。谢灵运在诗中极其沉痛地抒发了自己的哀悼之情并用“夭枉特兼常”表达了对统治阶级残暴、黑暗的不满。

唐代白居易的《哭孔戡》哀悼的是好友孔戡,其时任泽潞节度使卢从史的掌书记,遭卢诬陷入狱,于元和五年(810年)去世。诗人在诗中赞美他的忧国忧民、刚直不阿,对他的不幸遭遇表示同情和迷惘,最后虽名为问天,其实也暗含着对

① (汉)班固撰《汉书》卷九十,北京:中华书局1962年版,第3676页。

② (梁)沈约撰《宋书》卷六十一《武三王传·庐陵孝献王义真传》,北京:中华书局1974年版,第1635页。

"天子"只喜爱阿谀奉迎的责问，对封建帝王的用人标准提出了质疑。再如李商隐的《哭刘蕡》，刘蕡在唐文宗大和二年（828 年）参加科举考试，曾痛斥宦官专权，约在唐武宗会昌元年（841 年）被宦官诬陷成罪，贬为柳州司户参军，大中三年（849 年）客死于浔阳。"上帝深宫闭九阍，巫咸不下问衔冤。"李商隐对刘蕡的冤死表示深切悲恸的同时也控诉了对宦官专政的强烈不满以及对皇帝不闻不问的抱怨。

总之，剥削社会中的统治阶级对死者的不公平待遇让存者产生了怨刺之心，这种愤怒往往是合理的愤怒，但是有的时候，先秦至唐五代哀悼诗中有的作者的愤怒直指的不是施事者，而是没有选择权和控制权的无生命的物体，如上天、命运、世态等，这种愤怒是一种不合理的愤怒，是不恰当、不理性的行为，但它却有利于宣泄作者悲伤、不平的情绪。

（二）对天命的抱怨

原始先民由于认知能力和科技水平低下，只能从自然界中获取生命资源，生命在很大程度上受制于自然界，甚至依赖于自然界。作为天的自然界不仅供给人类生存的资源和营养，而且能顺应人愿而施恩于人。天与人是紧密相联的，这样的生存方式使天人合一的世界观成为中国先民的哲学思想之一，在这样的哲学思想指导下进而形成了中国人的传统天命观。所谓天命观，就是认为人的生命、寿数和运势不是由人类自己掌握的，而是由冥冥之中的上天控制的。中国人为何重视"天命"？原因有二：一是人们在改造自然和与上天相对抗的过程中认识到在自己的能力之外还存在着一种不能驾驭和控制的力量时，对天命就多有了一份顺从，天命给人提供了一种寄托，让人在灵魂上受到麻痹，在屈服中看到希望。二是天命至高无上的权威、不可超越的控制力让普通百姓因害怕、敬畏而顺从，天命观有助于为一个组织化的社会建构更多的稳定性和秩序性。所以传统意义上的中国人的生命观很多时候就是天命观，即把人的生命与天命联系起来的思维方式和基本观念。当生命遭到严重挫折甚至死亡降临时，人们往往会问天、怨天甚至刺天，这种思想在先秦至唐五代的哀悼诗中并不少见。

一是怨天。例如，汉代歌谣《伯姬引》中的伯姬是鲁女、宋共公夫人，据《琴苑要录》所言，共公去世后，伯姬为其夫守节。鲁襄公三十年（前 543 年），宋宫发生火灾，伯姬依夫人夜出不见傅母不下堂之古训而不肯走，遂被火烧死。伯姬的保母在诗中高度赞扬了她的美名和德行并怨天无眼，连呼“歔钦何辜遇斯殃。嗟嗟奈何罹斯殃”。《思奉车子侯歌》中奉车子侯的父亲是西汉名将、军事家霍去病，他在两次河西之战和漠北之战中，大破匈奴，大捷而归，立有奇功。元狩六年(前117年)去世时，汉武帝很悲伤，调遣边境五郡的铁甲军从长安到茂陵排列成阵，并将其的坟墓外形修成祁连山的样子，追谥为景桓侯。其子霍嬗袭冠军侯爵位，很受汉武帝疼爱。汉武帝期待其成年以后用为将军，以继承父业。但元封元年(前110年)，霍嬗跟从汉武帝登泰山封禅后一日暴卒，舍命陪君主。汉武帝深感悲痛，在诗中称他为至人。但如此至人却过早夭折，武帝不禁怨叹“皇天兮无慧”。再如唐王维的《宋进马哀词》，中书舍人宋公门丁稀落，无弟兄，唯一的儿子又去世，诗人不禁痛骂“仰诉天之不仁兮，家唯一身，身止一子，何胤嗣之不繁，就单鲜而又死。”孟郊失子后，亦是骂天——“此诚天不知，翦弃我子孙。”(《杏殇》)

二是怨命。例如：

(1) 今日严夫子，哀命不哀时。——(孔绍安《伤顾学士》)

(2) 岂能诗苦者，便是命羁人。——(杜荀鹤《哭刘德仁》)

(3) 刘桢徒有气，管辂独无年。谪去长沙国，魂归京兆阡。——(张九龄《眉州康司马挽歌词》)

(4) 一夜霜风凋玉芝，苍生望绝士林悲。空怀济世安人略，不见男婚女嫁时。——(刘禹锡《哭吕衡州，时予方谪居》)

上述(1)句至(4)句把不得志的原因归于命运的安排：(1)句的严夫子就是汉代的严忌，他作有《楚辞·哀时命》，哀叹屈原怀才不遇的原因是无时无命，此处将顾学士比作严忌，但又有不同，顾学士怀才不遇是因为命不好，不是因为时不好。(2)句写刘得仁工诗，但是出入举场二十年，屡试不第，是命不好，连累了人。(3)句中的“管辂无年”出自《三国志》卷二十九《魏书·方技传·管辂传》，管辂能给人看相以判断其寿命长短，他说自己命相不好，又月食夜生，天有常数，上天给他才华和聪明但不给他寿命，大概只能活四十七八岁，看不见女儿出嫁、儿子娶媳妇，后来果然48岁就去世了。此典在此是为了说明康司马被谪短命是天定的。

(4)句亦是用“管辂无年”的典故,表达吕温像管辂一样命不好,被贬早死,空怀济世安人略。

(三)对世态人情的怨刺

世态人情亦作“世道人情”,指社会风尚和为人处世之道。对世态人情的怨刺在先秦至唐五代哀悼诗中分为两种表达:

一是世道怨刺。即对世道衰微、世风日下的怨刺和感伤。如汉代无名氏的《陬操》说孔子不被卫灵公所重用,打算离开卫国投奔晋国大夫赵简子,才到黄河边,就听到赵简子杀害曾经辅佐其取得政权的晋国大夫窦鸣犊和舜华的消息。君子、忠臣被杀,孔子心中充满感伤,诗一开头就抨击世道:“周道衰微,礼乐陵迟。文武既坠,吾将焉归。周游天下,靡邦可依。凤鸟不识,珍宝枭鸱。”一连串的短式排比句铺天盖地而来,表达了作者对周道衰微、礼崩乐坏、良莠不分、有志之士无处请缨的激愤和感伤。又如唐杜荀鹤的《哭方干》是哀悼平民朋友的诗作,方干工诗有名,可惜终身无仕、年轻早死,没有什么余庆留给子孙,死后由渔樵垒坟三尺,与猿鹤同栖一村,生前不得志,死后亦很凄凉,原因是“天下未宁吾道丧,更谁将酒酹吟魂。”即天下不安宁、天道丧失,谁也顾不上谁,生死均无人管,还有谁来祭奠你呢?怨世感伤之情溢于言表。再如唐孟郊的《吊元鲁山》十首是哀悼天宝年间的名士元德秀的组诗,前三首歌颂元德秀德行完美,是浑金璞玉,之所以困窘莫伸,只源于古道衰微、时运不济。诗其一的“搏鸷有余饱,鲁山长饥空。豪人饫鲜肥,鲁山饭蒿蓬。食名皆霸官,食力乃尧农”以犀利的语言抨击了贫富悬殊的社会,其二的“五常坐销铄,万类随衰微。以兹见鲁山,道蹇无所依”批判了当今社会儒道沦丧、天道衰微、君子无依的黑暗现实。其三的“天地蹇既甚,鲁山道莫伸。天地气不足,鲁山食更贫”强烈指责了造成鲁山困窘莫伸的直接原因是天地蹇既甚和气不足。

二是人情怨刺。即对人情冷漠、势利的怨刺和感伤。例如,唐卢照邻《哭明堂裴主簿》是诗人哀悼要之族人裴主簿的作品,裴主簿家世显赫,“风云洛阳道,花月茂陵田。相悲共相乐,交骑复交筵”,说明其生前过的是锦衣玉食、呼风唤雨、高朋满座、宴饮不断的富贵生活。但他一旦去世,“客散同秋叶,人亡似夜川”,宾客如秋叶般散去,生前喧嚣、死后冷落的鲜明对比讽刺了人走茶凉、利尽交疏的情状，着实让人痛心。又如，白居易的《秦中吟十首·伤友》是哀悼一位伤苦节士的诗作，诗人与他同门、同籍，交往甚密，诗还详细记叙了一次共同避雨的情景，最后8句议论，“昔年洛阳社，贫贱相提携。今日长安道，对面隔云泥。近日多如此，非君独惨凄。死生不变者，唯闻任与黎”，批判了人在贫贱互相帮助、互相提携，彼此真心相待，而富贵之后反而互相设防、视若不见的人情世故，所以诗人感叹，生死交情不变的人大概只有任公叔和黎逢了。

综上所述，先秦至唐五代的哀悼诗从不同角度、不同层面写出了由死亡引发的丰富而深刻的情感内涵。从死亡的本质看，剥夺性是死亡的最主要的特征，此外还有终结性、必然性、普遍性、差异性、不可预测性、无所不在性六个方面的本质特征。从对死者情感的角度看，存者含有悲伤痛苦、孤独思念、内疚悔恨、报恩补偿、怜悯顾惜等多种复杂的感情。从作者的角度看，有的哀悼诗在哀悼死者的同时含有自己乡关之思和怀才不遇的身世之感。从对现实世相批判的角度看，有的哀悼诗表达了对统治阶级的讽刺、对天命的抱怨、对世态人情的怨刺。这些情感内涵不仅表现了先秦至唐五代人们对死亡的本质思考，表达了对死者的哀思和悼念，宣泄了自己的不平之气，揭露了现实世相和暴政，而且能激发人们理性、认真地思考生命和死亡，从而更好地度过每人仅此一次的生命。

第二章

先秦至唐五代哀悼诗与儒家思想

儒家著书、立说、游说、兴学讲授,政府把教育、考试与选官结合起来,使儒家思想渗透到社会生活的方方面面,形成了中国传统文化的基本范式,中国古代知识分子及其写作的文学作品大多深受其影响。儒家思想给先秦至唐五代哀悼诗最大的影响就是思想价值观,可以说,先秦至唐五代哀悼诗的整个价值评价体系几乎全是儒家的价值评判体系。

修身、齐家、治国、平天下,儒家思想的最终目的是如何治国平天下,为了实现这个目标,儒家开出的第一道良方是给整个社会建立一个有序的秩序,即君君臣臣、父父子子,建立一个从上至下君臣有别、长幼有序、男尊女卑的等级序差社会,即孔子所说的正名。接着儒家开出的第二道良方是建立一套维持这个秩序的规范,即君为臣纲、父为子纲、夫为妻纲的"三纲"和仁、义、礼、智、信的"五常",但这些规范如何进入人们的心里并使之固定为信条呢?社会学家认为,规范和利益是建立社会秩序的两大基础(如下图[①]所示)。

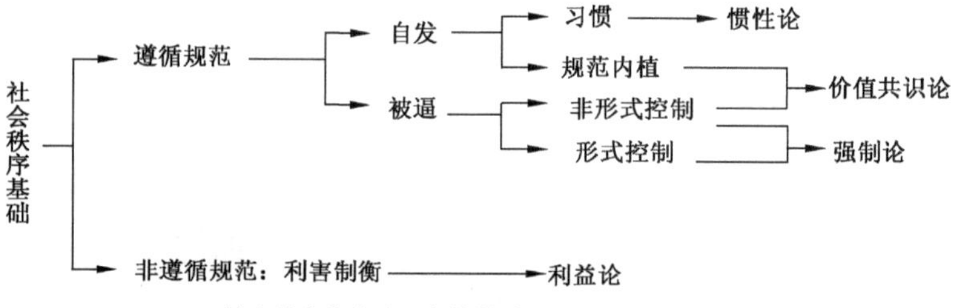

社会秩序的基础及有关学说

美国社会学家埃里奥特·阿伦森(Eliot Aronson)将遵循规范的动力归为三类:一是在利诱或威逼情况之下的就范或遵循(compliance),二是个人认同某群体或某人而信守其规范的认同(identification),三是通过教化手段把社会的规范

① 张德胜著《儒家伦理与社会秩序:社会学的诠释》,上海:上海人民出版社2008年版,第34页。

内植于个人心中的植入(internalization)。三种动力以植入最为持久有效。法家提倡的是就范,儒家提倡的是植入,即礼,用教化把社会规范移入人的内心,每个人都能自我管理、自我约束,个人好、家就好,相应地,家好国就好、天下就好,所以孔子说:“克己复礼为仁。一日克己复礼,天下归仁焉。”①孟子也赞成孔子的说法:“人有恒言,皆曰:‘天下国家’。天下之本在国,国之本在家,家之本在身。”②以忠、孝、仁、义、礼、智、信为内核、以礼为形式的整个儒家价值体系给予先秦至唐五代哀悼诗深刻的影响,主要体现为:

一、生命价值观

先秦至唐五代哀悼诗中男性和女性的生命价值观是迥然不同的。

(一)男性生命价值观

在先秦至唐五代哀悼诗中,诗人对男性死者的评价首先是以建功立业和才学作为评判标准,并对其进行赞美的。夸赞功业的例如“纂业光文祖,贻谋属孝孙。”(权德舆《德宗神武孝文皇帝挽歌词三首》)“禹功留海内,殷历付天伦。”(刘禹锡《文宗元圣昭献孝皇帝挽歌三首》)此四句均是称赞皇帝的功业,前者是赞扬唐德宗神武孝文皇帝继承先祖的功业,足以光宗耀祖;后者是赞扬文宗元圣昭献孝皇帝的功业可以泽被后世。“音容一飘忽,功业自纷纶。”(徐铉《文献太子挽歌词五首》)抒发了对太子一去世、其功业也荡然无存的惋惜和哀叹。常建的《吊王将军墓》以西汉名将霍去病尝为骠姚校尉、深入强敌和李广勇战单于为典,喻指王将军的战功之大。“盛业留青史,浮荣逐逝波。”(钱起《故相国苗公挽歌》)以汉高祖刘邦追念萧何为典故,抒发其盛业虽在却人已去世的哀叹。夸赞才华的如“叹息书林友,才华天下选。并赋三阳宫,集诗集贤殿。”(张说《右侍郎集贤院学士徐公挽词二首》)诗人夸赞好友徐坚才美名高、诗赋出众,只可惜人去名在。“万里江南一布衣,早将佳句动京畿。”(戴叔伦《吊畅当》)诗人赞美平民朋友有诗

① 程树德撰,程俊英、蒋见元点校《论语集释》第三册,北京:中华书局1990年版,第817页。

② (清)阮元校刻《十三经注疏·孟子注疏·离娄上》,北京:中华书局1980年版,第2718页。

才。“苍舒留帝宠，子晋有仙才。五岁过人智，三天使鹤催。”（王维《恭懿太子挽歌五首》）诗人赞美恭懿太子年轻而有才。

对于有才华但是没有建立功业的死者，诗人是充满遗憾和同情的。如卫象的《伤李端》：

才子浮生促，泉台此路赊。官卑杨执戟，年少贾长沙。
人去门栖鹏，灾成酒误蛇。唯余封禅草，留在茂陵家。

李端，生卒年不详，从诗中可知其年轻早卒，他在“大历十才子”中是年辈较轻但诗才卓越的人，是“才子中的才子”。诗中用了五个典故来抒发对他怀才不遇的同情和惋惜：一是以扬雄赋才高官卑喻指李端官止杭州司马，从五品下。二是以贾谊有才遭贬谪、年轻去世喻李端的浮生促。三是用“栖鹏”喻指李端去世的凶讯或预兆。四是用“酒误蛇”喻指李端死于无端多疑、自相惊扰。五是以“封禅草”之典说李端是如司马相如一样才高而落泊的文人。贾岛的《哭孟郊》和《吊孟协律》、杜荀鹤的《哭刘德仁》、崔珏的《哭李商隐》、杜荀鹤的《哭方干》、耿湋的《哭张融》、吴均的《伤友诗》等均属此类。

其次是以忠、孝、仁、义、礼、智、信的品德作为评判标准赞美男性死者，在先秦至唐五代哀悼诗中有两种表现形式：一是直接赞扬，如《诗经・小雅・蓼莪》、三国王粲的《为潘文则作思亲诗》、嵇康的《思亲诗》、唐耿湋的《题孝子陵》等直接歌颂了孝。汉武帝的《思奉车子侯歌》、托名为孔子所作的《陬操》、晋乐府杂歌谣辞《陇上歌》分别歌颂了霍去病之子霍嬗、为晋国赵简子佐政而被杀的有才德的大夫窦鸣犊和舜华、为国捐躯的勇士陈安等忠臣。晋陶渊明的《悲从弟仲德》是歌颂兄弟之悌，魏文帝曹丕在《短歌行》中直称其父亲为仁者。“事亲崇汉礼，传圣法殷家。”（《敬宗睿武昭愍孝皇帝挽歌三首》）唐刘禹锡在诗中称赞敬宗睿武昭愍孝皇帝守礼。赞美死者为贤者的诗甚多，如唐孟郊的《吊元鲁山》十首中竟出现了6个“贤”字，其中3次直接称元鲁山为“贤人”。而直接赞扬死者忠、孝、仁、义、礼、智、信品德的诗作也不少，如汉无名氏的《郭辅碑歌》称赞郭辅的孝、友、贞、信、仁、恕、好惠、不越本分。无名氏的《张公神碑歌》连赞张公神“德兮之所宁”“德兮之所怀”“德兮之所衍”“德兮之所□”。石勋的《费凤别碑诗》歌颂费凤的仁义、慈孝、忠、节操清廉、乐善好施、不越本分、仁德。此外，杜甫等诗人的哀悼诗也有许多是直接赞美死者具有上述多种美德的。二是运用忠、孝、仁、义、礼、智、信的典故间接赞扬男性死者，详看《艺术编》之第 14 章《先秦至唐五代哀悼诗的语言风格》。

相反，诗人对于不忠、不孝、不仁、不智、不悌的男性死者是语含嘲讽的，如先秦《诗经·秦风·黄鸟》是刺秦穆公以人殉死而哀三良从死之作，是为不仁。唐杜牧《闻庆州赵纵使君与党项战中箭身死长句》写像赵纵这样的勇健之将当世无双，他为国捐躯、血染疆场，而达官贵人却把他的壮举当作酒宴之上、歌舞之余助兴的笑料，讽刺了唐王朝统治者的不仁。北魏乐府杂歌谣辞《咸阳宫人为咸阳王禧歌》讽刺了在高祖驾崩之后、受遗命辅政的刘禧竟生不分之心、蓄意谋反的不忠、不臣行为。汉歌谣《民为淮南厉王歌》写汉文帝即位后，其弟淮南王刘长于文帝六年(前 174 年)谋反，十三年(前 167 年)被文帝不忍置于法，赦之，废王号，谪徙蜀郡严道邛邮，刘长途中绝食自杀，此诗讽刺了汉文帝对兄弟不悌的行为。

由上观之，建功立业和追求道德完善是儒家积极入世思想的体现，也是儒家给予男性最理想的伦理角色定义。

(二) 女性生命价值观

从宇宙论视角看，《周易·系辞上》认为："天尊地卑，乾坤定矣……乾道成男，坤道成女，乾知大始，坤作成物。……易简而天下之理得矣。"[①]即男女两性的尊卑秩序、主从关系是由自然界的高下秩序决定的。从政治视角看，宗法制度和专制制度是中国传统政治结构的两大特征，前者以父系血缘作为家族认同的标准，致使女性长期依附族权、夫权，后者以男性君主的专制权力为核心，致使"三纲五常""存理灭欲"等思想大行其道。从经济视角看，女性在父系血缘群体私有制中失去了掌管、支配和继承家产的权力及被排斥在"唯祀与戎"的国家大事之外，使男外女内的社会分工和男尊女卑的性别等差得以强化。从家庭与社会的总体关系格局看，儒家所主张的序差格局剥夺了女性的独立个性，使之变成了乖女、贤妻、良母、孝媳、贞妇、妓女等的角色符号。儒家这种女性生命价值观深刻

① (清)阮元校刻《十三经注疏·周易正义》，北京：中华书局 1980 年版，第 75、76 页。

影响了先秦至唐五代哀悼诗，其诗中的女性可分为以下几种：

1. 在室女，即未出嫁的女儿，她们属于父系宗亲，人们对她们的态度是比较尊重的。先秦至唐五代哀悼诗中写得最多的就是未成年就夭折的在室女，出于爱和惋惜，诗人在诗中往往把她们比作花和宝，对她们的过早去世尤感悲痛和内疚，例如唐李群玉的《哭小女痴儿》：

平生未省梦熊罴，稚女如花坠晓枝。条蔓纵横输葛藟，子孙蕃育羡螽斯。方同王衍钟情切，犹念商瞿有庆迟。负尔五年恩爱泪，眼中唯有涸泉知。

此七律是李群玉为早夭的小女儿作的哀悼诗，全诗用了五个典故表达自己的悲痛与怜惜之情。首联中的"熊罴"语自《诗经・小雅・斯干》："大人占之，维熊维罴，男子之祥。"喻生男的预兆，是说自己一生没有生到儿子，有个像花一样的女儿还年纪轻轻就去世了。颔联中的"葛藟"语自《诗经・王风・葛藟》："绵绵葛藟，在河之浒。终远兄弟，谓他人父。"言骨肉分离；"螽斯" 语自《诗经・周南・螽斯》："螽斯羽，诜诜兮。宜尔子孙振振兮。"《序》："《螽斯》，后妃子孙众多也。"[①]此喻自己痛失小女，后继无人，羡慕螽斯的子孙众多。颈联用王戎丧子、山简吊之和商瞿晚才有子两个典故诉说自己丧女的悲痛和表达晚能有子的希望。尾联写自己为五岁而夭的小女儿痛哭泪干的情况。

又如唐皮日休的《伤小女》：

一岁犹未满，九泉何太深。唯余卷书草，相对共伤心。

此诗是皮日休为不满周岁就夭折的女儿写作的哀悼诗，前两句"一岁"与"九泉"、"未满"与"太深"进行对比，抒发了对小女早夭的悲伤。不到一岁的小女深埋地下，他心里空荡荡的，只能面对书稿伤心落泪。后两句以拔了心也不死的卷书草为喻，表达爱心永存，比喻形象，流露出无限感伤。此类作品还有元稹的《哭小女降真》《哭女樊》和《哭女樊四十韵(虢州长史时作)》，白居易的《念金銮子二首》

① (清)陈立撰，吴则虞点校《白虎通疏证》，中华书局 1994 年版，第 490 页。

《病中哭金銮子(小女子名)》和《重伤小女子》,李群玉的《伤小女痴儿》,韦庄的《忆小女银娘》,李乂的《淮阳公主挽歌》,张谓的《玉清公主挽歌(代宗之女))》,顾况的《义川公主挽词》,韩愈的《去岁自刑部侍郎以罪贬潮州刺史乘驿赴任其后家亦谴逐小女道死殡之层峰驿旁山下蒙恩还朝过其墓留题驿梁》等。

对于成年的在室女,诗人往往是用贞、忠、孝来评价她们。例如南朝民歌乐府诗清商曲辞《华山畿二十五首》,少帝时南徐一位士子从华山经过,在客舍中见一名女子,心生爱慕,为之相思,并吞其蔽膝而死,女感其诚,亦为之自杀殉情。再如唐张籍的《江陵孝女》,写江陵一位少女在父母去世以后,孤独一人为父母祭祀、守孝痛哭的情景。

2. 贤妻良母。如果说修身是自己的事情,那么齐家肯定要涉及另一半。在古代封建社会里,男人要想有一个安定的后方以便自己可以全力以赴地治国、平天下,必须有一位善于持家的贤妻良母,为此,他们给妻子定下了“三纲”“三从四德”等规矩,这在先秦至唐五代哀悼诗中多有体现。

“妻者齐也,与夫齐体,自天子至庶人,其义一也。”[①]说明夫妇之间是荣耻相及、利益与共的,所以要相敬如宾。此外,妻子还应谏夫、相夫,如《白虎通》所言:“妻得谏夫者,夫妇一体,荣耻共之。”[②]唐代郑氏《妇孝经》亦云:“夫有诤妻,则不入于非道。”[③]《诗经·邶风·绿衣》中的丈夫之所以那么思念亡妻,原因就是“我思古人,俾无訧兮!……我思古人,实获我心!”即她了解我的心思并能及时指出我的过错。“能令谏明主,相劝识贤人”(唐王维《达奚侍郎夫人寇氏挽词二首》)言达奚侍郎夫人寇氏能给予丈夫有益的影响,劝他给明主进谏、识别贤人。“将朝每赠言,入室还相敬”(唐王维《故南阳夫人樊氏挽歌》)说阳夫人樊氏在丈夫每次上朝前都用言语相劝,防止他出错,下朝回家之后还对他尊尊敬敬。“将军休沐日,谁劝著新衣”(唐徐安贞《程将军夫人挽诗》)赞美程将军夫人劝其丈夫穿新衣,对其生活关心备至。

① (清)陈立撰,吴则虞点校《白虎通疏证》,中华书局1994年版,第490页。
② (清)陈立撰,吴则虞点校《白虎通疏证》,中华书局1994年版,第233页。
③ (唐)郑氏《女孝经》,孙培青编《隋唐五代教育论著选》,人民教育出版社1993年版,第272页。

孝顺：孝是儒家对男女共同的道德要求，“夫孝，始于事亲，中于事君，终于立身。”[①]古代的女性没有赡养父母的责任，她的孝主要是体现在尊敬父母、听从父母教诲、侍奉公婆，最重要的是为夫家生养男性后代接班人，如“事姑称孝妇，生子继先贤。”（唐李颀《达奚吏部夫人寇氏挽歌》）姑就是婆婆，诗中称赞达奚吏部夫人寇氏侍奉婆婆很殷勤，人们都称赞她为孝妇，生养的儿子很聪明，能继承先贤的遗业。“思齐先姑，志侔姜姒”（唐王粲《为潘文则作思亲诗》）是赞扬潘文则的母亲很孝顺，庄敬婆婆，其志可比文王的祖母太姜和文王的妻子姒。

知书达礼：贞女孝媳、贤妻良母是儒家对女性的角色期待，也是古代女性的教育目标。儒家对女性实行的是严格的“从人”性别教育，对其才智要求不必太高，如《女诫》所言“妇德，不必才明绝异也”[②]，但要知书，以便更好地明礼。先秦至唐五代哀悼诗对知书明礼的女性是高度赞扬的，如“黄鹤悲歌绝，椒花清颂馀。”（唐上官仪《江王太妃挽歌》）“椒花颂”典出《晋书》卷九十六《列女传・刘臻妻陈氏传》，说晋人刘臻的妻子陈氏聪慧能写文章，曾经在正月初一献一篇《椒花颂》，此处用典是称颂江王太妃富于文采。“门绪公侯列，嫔风诗礼行。”（唐张九龄《故荥阳君苏氏挽歌词三首》）此诗赞故荥阳君苏氏出身高贵、知书达礼。“淑女诗长在，夫人法尚存。”（唐王维《故南阳夫人樊氏挽歌》）“淑女”语自《诗经・周南・关雎》“窈窕淑女，君子好逑”句，指贤善之女；“夫人法”典自《世说新语笺疏》下卷上《贤媛》，说王汝南娶郝普女，婚后有令姿淑德，生子东海，为王氏母仪。王司徒妻钟氏女亦有俊才女德。二女为娣姒，互相敬重，东海家内、京陵家内各循其夫人之礼。用此二典是赞美故荥阳君苏氏贤善、知诗达礼。“女仪掩郑国，嫔容映赵宫”（齐卢询祖《赵郡王配郑氏挽词》）是称赞赵郡王配郑氏女仪出众，容貌倾城。“彤史佳声载，青宫懿范留。”（唐沈佺期《章怀太子靖妃挽词》）“仙驭期难改，坤仪道自光。”（唐徐铉《光穆皇后挽歌三首》）此二诗是颂扬章怀太子靖妃、光穆皇后母仪后宫，名留青史。

女红：在男耕女织的封建社会，女红是最为基本的家庭手工业，在家庭经济和日常生活中占有重要地位。《管子》云：“农有常业，女有常事。一农不耕，民有

① （清）阮元校刻《十三经注疏・孝经注疏》，北京：中华书局1980年版，第2545页。

② （宋）范晔撰；（唐）李贤等注《后汉书》第14册，北京：中华书局1965年版，第2789页。

为之饥者。一女不织，民有为之寒者。”[①]所以，韦应物的妻子去世了，剩下的女工无人接管、缝纫材料无人收拾，如“残工委筐箧，余素经刀尺。”（唐韦应物《过昭国里故第》）“掩鞶人已无，委箧凉空在。”（唐韦应物《悲纨扇》）元稹的妻子去世了，穿破的衣服无人修补，如“重纩犹存孤枕在，春衫无复旧裁缝。”（唐元稹《六年春遣怀八首》）“破尽裁缝衣，忘收遗翰墨。”（唐元稹《张旧蚊帱》）李商隐的妻子去世了，远离家乡去从军，没有人做衣服、寄衣服给他，他只好想象妻子还在织布时的情景，如“剑外从军远，无家与寄衣。散关三尺雪，回梦旧鸳机。”（唐李商隐《悼伤后赴东蜀辟至散关遇雪》）可见，善于女红是古代女性价值的体现之一。

慈良：良母有两大标准：一是善生（严格来说是生有儿子），二是善养，如果第一个条件具备的话，那么良母最大的特征是善于培养小孩。先秦至唐五代哀悼诗中有不少诗歌抒写母亲培养小孩的艰辛或智慧，如“躬此劳瘁，鞠予小子”（三国王粲《为潘文则作思亲诗》）写潘文则的母亲劳累辛苦、全心全意养大他这个小子。“勤教善分，懿矣慈妣。嗟予小子，譬彼土粪。俯愧陋质，仰忝高训。”（晋孙绰《表哀诗并序》）诗人描写自己回忆母亲生前如何勤教善分地教育自己，可惜自己天资愚笨，不能仰忝其高训，所以现在觉得很惭愧。“从夫元凯贵，训子孟轲贤”（唐岑参《西河郡太原守张夫人挽歌》）以汉刘向《列女传》卷一《母仪·邹孟轲母传》中的“孟母三迁”的典故赞美西河郡太原守张夫人很有智慧，如孟母善于为孟子营造一个良好的学习环境一样很擅长教育小孩。善养还包括对孩子的慈爱，先秦至唐五代哀悼诗中有多次直接以“慈母”“慈亲”称自己的母亲，如“慈母没兮谁与骄。”（晋嵇康《思亲诗》）“慈母沈哀疚。”（晋陶渊明《悲从弟仲德》）“慈母未及葬。”（唐王维《哭殷遥》）“慈母断肠妻独泣。”（唐李嘉祐《伤歙州陈二使君》）“独在异乡殁，若为慈母闻。”（唐黄滔《伤翁外甥》）“黄滔慈亲临老时。”（唐李中《哭舍弟二首》）等。

忠贞：《易传》曰：“妇人贞吉，从一而终也。夫子制义，从妇凶也。”[②]即从一而终对妇女来说是贞德，对男子来说则会导致凶事，这是专对女性提出的性道德要求。贞是对贤妻母最高的赞誉。先秦至唐五代哀悼诗中描写夫死不再改嫁、从

① 黎翔凤撰，梁运华整理《管子校注》，北京：中华书局2004年版，第1388页。

② （清）阮元校刻《十三经注疏·周易正义》，北京：中华书局1980年版，第48页。

一而终的诗作有先秦《诗经·唐风·葛生》和托名陶婴所作的《黄鹄歌》，三国魏文帝曹丕的《寡妇诗》，梁王氏的《连理诗》《孤燕诗》。宣扬夫死自杀殉葬的诗歌有汉乐府无名氏的《伯姬引》、无名氏的《伤三贞诗》、（朝鲜）高丽玉的《箜篌引》、北魏孝文帝高允的五言诗《咏贞妇彭城刘氏诗（八章）》、唐张仲素的《燕子楼三首》。也有的在诗中直接赞美死者的忠贞，如"柔轨题贞顺，闲规赋肃雍。"（唐苏颋《故高安大长公主挽词》）事实上，忠和贞在"三纲"中含义是相同的，儒家文化的家国同构实质上是一种父权制文化，把家扩大就成了国，妻相当于国中的臣；把国缩小就成了家，臣相当于家中的妻。对臣来说最重要的准则是忠，对妻来说，最重要的准则是贞，所以忠和贞实际上是异构同质。

3. 妾、侍儿、妓。儒家对女性的态度是很矛盾复杂的，对于贤妻良母（在室女为准贤良母）是尊敬、庄重的，剥夺她们的性自主权，对她们要求忠贞，绝不言性，而对妾、侍儿、妓则是另外一种态度，赞美她们的容貌、技艺甚至性爱，对她们是亲之、狎之、戏之甚至是蔑视的态度。如唐窦巩的《悼妓东东》：

芳菲美艳不禁风，未到春残已坠红。唯有侧轮车上铎，耳边长似叫东东。

此七绝为窦巩哀悼一位名叫东东的妓女的诗。首二句用比喻手法赞扬东东的美艳，可惜年纪轻轻就去世了。后二句用借代手法回忆自己与东东的情爱往事，一是回忆东东的技艺，二似是回忆与东东的性爱。又如刘禹锡的《和杨师皋给事伤小姬英英》：

见学胡琴见艺成，今朝追想几伤情。撚弦花下呈新曲，放拨灯前谢改名。
但是好花皆易落，从来尤物不长生。鸾台夜直衣衾冷，云雨无因入禁城。

此七律是刘禹锡和白居易妻弟杨师皋的悼姬诗而作，实是帮忙悼别人的小妾。首联写杨师皋回忆英英胡琴初学成的情景，颔联回忆英英弹奏琵琶献艺的情状，颈联感叹英英的美貌及过早去世，尾联用巫山神女的典故描写杨虞卿任给事中晚上当值时对她的思念，其中可能也含有对两人性爱的回忆。值得注意的是"尤物"一词体现了诗人的情感取向，此语出自《左传·昭公二十八年》："夫有尤物，足以移人；苟非德义，则必有祸。”[①]绝色的女子足可以让男人转移心性、变坏，男人如果不是具有很强的道德意识的话，就一定会遭受祸患，小则乱性、破家，大则亡国灭种，所以尤物即美女，美女即妖孽，此实荒谬！自己想偷苹果反怪苹果长得香，男人自身抵抗力不强反怪女人长得美，此词含有对女性的极端蔑视和男性欲推卸责任的嫌疑，语含贬意。

由上观之，儒家文化实是男权文化，女性是被男性所定义、所塑造的、被剥夺了话语权的“物体”和符号，男性从平天下的宏观目的出发，将她们分成了两类：一类是实用型的符号，如贤妻良母，在室女是准贤妻良母，亦属此列，她们是为男性传宗接代、相夫教子、稳定后方服务的；二类是审美型的符号，如妾、侍儿、妓，她们用于满足男性的感观享受和情感欲望，以慰藉男性在平天下过程中出现的倦怠、空虚、寂寞、无聊。

二、死亡观

任何一种文化体系都必须对死亡作出自己的回答，儒家对死亡始终保持着理智和清醒的态度，他们承认死亡、直面死亡。“未能事人，焉能事鬼？……未知生，焉知死？”[②]孔子强调要做好现在本身的工作与尽到自己的责任，至于何时死及死后如何则不必追问或有余力再问，可见其注重活在当下的态度。孔子还注重活在现实，“子不语怪、力、乱、神”[③]“未能事人，焉能事鬼”[④]“务民之义，敬鬼神而远之，可谓知矣[⑤]”均表明不管孔子对鬼神是信还是否，但是他是赞成尽当前人活着的义务和责任，对虚幻的鬼神是避而不谈和敬而远之的。面对长沮、桀溺、荷蓧丈人这种避世的隐者，孔子的态度是：“鸟兽不可与同群，吾非斯人之徒与而

① （清）阮元校刻《十三经注疏·春秋左传正义》，北京：中华书局1980年版，第2118页。

② 程树德撰，程俊英、蒋见元点校《论语集释》第三册，北京：中华书局1990年版，第760页。

③ 程树德撰，程俊英、蒋见元点校《论语集释》第二册，北京：中华书局1990年版，第480页。

④ 程树德撰，程俊英、蒋见元点校《论语集释》第三册，北京：中华书局1990年版，第760页。

⑤ 程树德撰，程俊英、蒋见元点校《论语集释》第二册，北京：中华书局1990年版，第406页。

谁与？天下有道，丘不与易也。”[①]孔子认为人毕竟与鸟兽不同，不能躲到山林里去，必须面对现实、拯救天下。所以直面现实、直面当下的精神既是儒家生命价值观的特点，也是其死亡观的特色。在先秦至唐五代哀悼诗中体现为：

（一）承认死亡，为死亡而悲

承认死亡首先体现为承认死亡的终结性，其表现有二：一是机体生命的终结，例如唐白居易的“丘园共谁卜，山水共谁寻。风月共谁赏，诗篇共谁吟。花开共谁看，酒熟共谁斟。”（《哭崔常侍晦叔》）写人一旦死亡，其机体就不复存在，再也不能从事任何活动，不能卜丘园，不能寻山水，不能赏风月，不能吟诗篇，不能看花开，不能斟酒熟，六个“谁”写出了人死亡之后肉体消失、生命停止的状态。二是死亡的不可逆转性，例如：

嗟母兄兮永潜藏，想形容兮内摧伤。——（三国嵇康《思亲诗》）
奈何悼淑俪，仪容永潜医。——（晋潘岳《悼亡诗三首》）
翳然乘化去，终天不复形。——（晋陶渊明《悲从弟仲德》）
悲哉人道异，一谢永销亡。——（南朝梁沈约《悼亡诗》）
山门一已绝，长夜缅难终。——（南朝齐萧子隆《经刘瓛墓下诗》）

上述各例均说明了人一旦死亡，其形体就永远在世上消失了，再也不可能恢复到原来的样子，更不可能复生了。

其次体现为畏死，即人虽知必有一死，但人总是害怕死亡，或担心时光流逝太快，或叹惜宇宙永恒、人生苦短，或感叹死亡的无常，或采取各种方法延缓死亡的来临。例如：

(1) 子车奄息。维此奄息（仲行、针虎），百夫之特（防、御）。临其穴，惴惴其慄。——（《诗经·秦风·黄鸟》）

① 程树德撰，程俊英、蒋见元点校《论语集释》第四册，北京：中华书局1990年版，第1270页。

(2) 池塘春草在，风烛故人亡。——(唐韦庄《哭同舍崔员外》)

(3) 谁知厚俸今无分，枉向秋风吹纸钱。——(唐白居易《答谢家最小偏怜女》)

(4) 谁知我亦轻生者，不得君王丈二殳。——(唐杜牧《闻庆州赵纵使君与党项战中箭身死，辄书长句》)

(5) 爱贤唯报国，乐善不防身。——(唐宋之问《梁宣王挽词三首》其一)

上述(1)句《诗经·秦风·黄鸟》中的奄息、仲行、针虎虽然是百夫之特、百夫之防、百夫之御，是人们愿意用百人赎其身的勇夫，但是面临被迫殉葬，临其穴时还是害怕得栗栗发抖。(2)句中的“风烛”源于《乐府诗集》卷四十一《相和歌辞·楚调曲上·怨诗行》：“天道悠且长，人命一何促。百年未几时，奄若风吹烛。嘉宾难再遇，人命不可续。齐度游四方，各系太山录。人间乐未央，忽然归东岳。当须荡中情，游心恣所欲。”[①]用于指天道永恒，人生苦短，人生无常。此处用池塘春草年年翻新反衬人如风烛般短促而不可定、不可续，突出了对死亡来临的恐慌，照应了前面的“三年一电光”。(3)(4)句中的两个“谁知”写出了死亡的不可预料、死亡的无常，死亡随时有可能降临的确让人害怕。(5)句中的梁宣王是用乐善、行善的方法来预防或延缓死亡，但还是防不胜防。

再次是悲死，即为死亡的到来而悲伤。悲是哀悼诗的基本情感基调，据统计，在1210首先秦至唐五代哀悼诗中，表现悲的词汇是最多的：哭(418次)、悲(258次)、哀(168次)、伤(258次)、泣(68次)、凄(67次)、泪(160次)、涕(45次)、怅(34次)、叹(79次)、吊(121次)、悼(83次)、祭(25次)。为何为死亡而悲？王维说得很明白：“人生能几何，毕竟归无形。念君等为死，万事伤人情。”(《哭殷遥》)人的一生能有多长呢？即很短暂，不管你活多少岁，最后都要归于死亡，一想到我们所有人都要死，所以无论做什么事都感到悲伤。

总之，先秦至唐五代哀悼诗无论是承认死亡的终结性，还是畏死、悲死，都是从科学的角度客观地表现了死亡的事实，这正是儒家直面现实、直面死亡的体现。

① (宋)郭茂倩编撰《乐府诗集》卷四十一，北京：中华书局1979年版，第610页。

（二）超越死亡，追求不朽

儒家的生命价值观就是人的伦理生命价值观，无论人生与死都是为了实现和完善其伦理理想，它把人的伦理生命当作是人的真实存在，以死为背景来宣扬生的价值，但是死亡终是事实，所以儒家只好创造“不朽”来超越有限的生命。有的哀悼诗人明确提出了身死名存、追求不朽的口号，如“遗爱永存今似古，高名不朽死如生。”（雍陶《哭饶州吴谏议使君》）“身死声名在，多应万古传。”（贾岛《哭孟郊》）其实现的方法有：

首先，用立德、立功、立言以求不朽。《左传》曰：“太上有立德。其次有立功。其次有立言。虽久不废。此之谓不朽。”[①]例如，“盛德遗祀，休矣亦世”（汉无名氏《郭辅碑歌》）称赞郭辅人死德存，留在宗庙受人祭拜。“婉仪余旧德，仍载礼经中”（唐司空曙《故郭婉仪挽歌》）是赞美郭婉仪去世后，她的美德被记载在礼经中。“平生德义人间诵，身后何劳更立碑”（唐徐夤《经故翰林杨左丞池亭》）是称赞杨左丞生前有高尚的德义，被人们广泛传颂，用不着死后专门立碑备传。然而立德并不容易，当个体的生命存在与道德原则发生冲突时，为维护道德原则就要舍弃小我成就大我，这是儒家道德的最高境界，也就是孔子、孟子、荀子从“成仁”“取义”“尽礼”的角度出发所提出的“杀身成仁”“舍生取义”“从生成死”。例如晋乐府杂歌谣辞《陇上歌》歌颂的勇士陈安是晋王保司马的部将，时被刘曜围于陇城，陈安被击败，南走陕中，刘曜的部下平先、丘中伯将军乘胜追击。在陕中陈安与十余位壮士奋力搏击，最后英勇殉国，感动国人，陇上为他作歌，甚至也感动了敌方将领刘曜，曜为之悲伤，并命乐府歌之，其本事见《晋书·刘曜载记》。可见杀身成仁、舍生取义是儒家道德的最高境界，被时人广泛称颂。又如唐郑遨《哭张道古》中的张道古，为了国家的前途命运，曾以直谏得罪了昭皇，后连遭贬谪，死于异地，所以诗人说他生前官卑名不传，死后驰名遍大唐，劝告后来的修史者要为他正名，言其力死以正颓纲。这些都是立德的典范。

立功就是要创造出辉煌的业绩，惠及后世，垂范天下。例如：

---

① （清）阮元校刻《十三经注疏》，北京：中华书局1980年版，第1979页。

(6) 禹功留海内，殷历付天伦。——(唐刘禹锡《文宗元圣昭献孝皇帝挽歌三首》)

(7) 圣功青史外，刊石在陵前。——(唐姚合《文宗皇帝挽词三首》)

(8) 含章光后烈，继武嗣前雄。——(唐骆宾王《伤祝阿王明府》)

(9) 身去烈在。镌石作歌，昭示万祀。——(汉无名氏《郭辅碑歌》)

(6)句的“禹功”指文宗元圣昭献孝皇帝建立的帝业像古代的明君大禹一样大，即使他去世了，其功业还造福人民。(7)句中“圣功”指文宗皇帝的功业之大，青史载不尽，还刊刻在陵墓前的石碑上。(8)句中的“含章”指含美质于内，“继武”表足迹相连，比喻继承前人的事业，此二句说王明府继承前雄的业绩，他的美质可以光扬后来的英烈。(9)句赞美郭辅人虽然去世了，但是其英烈功业、精神还在，所以刻石为他歌颂，用以昭示万祀。上述例子均强调了立功以名留青史，昭示子孙以创造身死名在、精神永存的“不朽”信念。如果立德、立功不可得的话，那么就选择次一等的立言，通过著书立说给后人留下精神财富，以实现“不朽”，如：

(10) 何言寸禄不沾身，身没诗名万古存。——(唐杜荀鹤《哭方干》)

(11) 世德只应荣伯仲，诗名终自付儿孙。——(唐韦庄《夏初与侯补阙江南有约……因成长句四韵吊之》)

(12) 下世无遗恨，传家有大诗。——(唐齐己《哭郑谷郎中》)

(13) 但是洛阳城里客，家传一本杏殇诗。——(唐王建《哭孟东野二首》)

(14) 幽居探元化，立言见千祀。——(唐卢藏用《宋主簿鸣皋梦赵六予未及报而陈子云亡今追为此诗答宋兼贻平昔游旧》)

上述(10)句是赞美方干生前是布衣，但是工诗，虽然人已去世，但是诗名万古长存。(11)句诗人认为在世时的品德大概只能在兄弟或朋友之间荣耀，但是写诗留下的诗名是子孙万代为之荣继的。(12)句是诗人安慰郑谷郎中，说他去世理应没有遗憾，因为他有大诗传世了。(13)句是诗人赞扬孟郊去世后留有诗名，以洛阳城内家传其《杏殇》诗指代其人虽逝但诗名不朽。(14)句是说明幽居是为了探寻大自然的奥秘、获得身心的放松，而立言则可以流传千秋万代，超越生命而不朽。

其次，通过子孙、家族的嗣续以达到不朽亦是儒家创造不朽的另外一种重要方法。强调生命的物质性延续是一切生命的本能自然规律，在中国古代以宗法制和君主专制为特征的封建社会更具有重要意义，儒家的“不孝有三，无后为大”的社会伦理基石更是对这一规律的强化。子孙兴旺也可以将前辈的事业、文化、生命由血缘、宗族、种族延续和继承下去，这种思想在先秦至唐五代哀悼诗中有较多体现。例如汉乐府无名氏的《郭辅碑歌》，诗人在歌颂了郭辅的美德之后，接着赞扬他的子嗣兴旺，“笃生七子，钟天之祉。堂堂四俊，硕大婉敏。娥娥三妃，行追大姒。叶叶昆嗣，福禄茂止”。他生了七个儿女，四个儿子硕大婉敏，三个女儿品德高尚，行追大姒，所以子孙繁多，福禄茂止。又如唐白居易的“业大承宗祖，功成付子孙”(《德宗皇帝挽歌词四首》)明确表露要继承、壮大祖宗基业，以便传承给子孙的思想。相反，如果子嗣不繁、人丁稀少、功业后继无人，人们是异常痛心的。例如唐中书舍人宋公没有兄弟，仅生一子，其子有文有德，生病没有得到及时医治，突然去世了，宋公很悲伤，其他人也很悲伤，王维作诗为之悲叹：“仰诉天之不仁兮，家唯一身，身止一子，何胤嗣之不繁，就单鲜而又死。”(《宋进马哀词》)又如唐李群玉在女儿去世后，明确在诗中表明希望子嗣繁多的思想“条蔓纵横输葛藟，子孙蕃育羡螽斯。”(《哭小女痴儿》)再如唐白居易在儿子崔儿去世后，悲痛欲绝，连呼“文章十帙官三品，身后传谁庇荫谁”(《初丧崔儿报微之晦叔》)，深感自己的才学、官爵无人继承，家业不兴，生命无望。

总之，由先秦至唐五代哀悼诗显示，儒家虽然承认死亡的客观性，但是它主要不是在对死亡客观性的描述上，而是更倾向于宣扬死亡的伦理意义。它通过精神的永生和血脉的延续来超越死亡的局限，从而达到不朽。

三、丧葬观

《论语·为政》说：“生，事之以礼；死，葬之以礼。”[①]《荀子·礼论》也说：“丧礼者，以生者饰死者也。大象其生，以送其死也。故，如死如生，如亡如存，终始一

---

① (清)阮元校刻《十三经注疏·论语集疏》，北京：中华书局1980年版，第2462页。

也。”[1]这说明儒家重生，也重死，死生如一，在丧葬中尤其要注重礼节，这种丧葬观在先秦至唐五代哀悼诗中深有体现。

中国古代礼制分为吉礼、凶礼、宾礼、军礼、嘉礼五类，叫“五礼”。丧礼包括丧、葬、祭三部分，“丧”是规定活人（主要是死者亲属）在丧期内的行为规范，“葬”是规定死者应享受的待遇，“祭”是规定丧期内活人与死者之间联系的中介仪式，其中“丧”是丧礼的核心。“丧”与“葬”往往联系在一起，传统的丧葬礼仪程序大致包括：（一）临终：包括将病危之人居于适寝，国君、朋友要亲自或委派人探望，病人垂死之时，家属守在床边。（二）始死：1. 复礼，即招魂；2. 楔齿、缀足、设脯醢、醴酒、设帷帐；3. 命赴；4. 君以及宾客吊、襚；5. 设铭；6. 沐浴；7. 饭含、袭、设冒；8. 设重、设燎（以上各项仪节在始死后一天之内完成）（三）小殓。（四）大殓。（五）待葬：1. 朝夕哭、朝夕奠；2. 筮宅；3. 视椁、视明器；4. 卜日；5. 既夕哭；6. 迁柩；7. 赗赠。（六）下葬：1. 设大遣奠；2. 发引；3. 下葬；4. 反哭。（七）葬后：1. 虞祭；2. 卒哭；3. 祔；4. 练祭、大祥、禅。先秦至唐五代哀悼诗反映墓祭的作品有：晋潘岳《悼亡诗三首》，曹毗《郗公墓诗》，顾恺之《拜宣武墓诗》；南朝齐竟陵王萧子良《登山望雷居士精舍同沈右卫过刘先生墓下作诗并序》[2]，随郡王萧子隆《经刘瓛墓下诗》；南朝宋谢灵运《庐陵王墓下作诗》，孝武帝刘骏《拜衡阳文王义季墓诗》；唐韦庄《哭同舍崔员外》，骆宾王《过张平子墓》，常建《吊王将军墓》，包佶《朝拜元陵》，杜甫《别房太尉墓（在阆州）》，顾况《经徐侍郎墓作》，李端《哭苗垂》[3]，韩愈《去岁自刑部侍郎以罪贬潮州刺史乘驿赴任其后家亦谴逐小女道死殡之层峰驿旁山下蒙恩还朝过其墓留题驿梁》，白居易《过高将军墓》《过颜处士墓》和《采石墓》[4]，杨虞卿《过小妓英英墓》，许浑《途经李翰林墓》，喻凫《经刘校书墓》，项斯《经李白墓》，马戴《过亡友墓》，罗隐《孟浩然墓》和《经耒阳杜工部墓》，唐彦谦《拜越公墓因游定水寺有怀源老》和《过浩然先生墓》，郑谷《长江县经贾岛墓》，杜荀鹤《经贾岛墓》和《经九华费征君墓》，韦庄《刘得仁墓》，殷文圭《经李翰林墓》，李

① （清）王先谦撰，沈啸寰、王星贤点校《荀子集解》，北京：中华书局2013年版，第433页。

② 一作《同随王经刘先生墓下作》。

③ 一作《过故友墓》。

④ 一作《李白墓》。

洞《贾岛墓》，安锜《谢文靖墓下作（时闽岭用师，契丹陷梁宋）题贾岛墓》，贾彦璋《王龙骧墓》《唐衢墓》[1]，灵澈《远公墓》，常建《吊王将军墓》，李节《过耒江吊子美》等。

先秦至唐五代哀悼诗反映丧葬礼仪的作品主要有：招魂，如《招魂》《大招》等。迁柩，如唐杜甫的《哭严仆射归榇》《承闻故房相公灵榇自阆州启殡归葬东都有作二》《送卢十四弟侍御护韦尚书灵榇归上都二十韵》，陈羽的《观朱舍人归葬吴中》等。下葬，如《诗经·秦风·黄鸟》写殉葬。守孝，如先秦《诗经·桧风·素冠》、唐耿湋的《题孝子陵》等。镌刻碑诗、墓铭，如汉代石勋的《费凤别碑诗》、无名氏的《李翊夫人碑叹》、无名氏的《郭辅碑歌》、无名氏的《张公神碑歌》、唐王□的《王氏殇女墓铭》、无名氏的《刘明德德墓志铭末附歌》等。其中写得最多的是送葬礼，据统计，先秦至唐五代哀悼诗中描写送葬的诗歌共有 147 首，其特点有：

（一）以描写身份高贵的死者的送葬礼居多

据统计：为皇帝送葬的作品存 28 首：唐李端《代宗挽歌》，武元衡《德宗皇帝挽歌词三首》(1 首)、《顺宗至德大圣皇帝挽歌词三首》(2 首)、《德宗神武孝文皇帝挽歌词三首》(2 首)，刘禹锡《德宗神武孝文皇帝挽歌二首》(1 首)、《文宗元圣昭献孝皇帝挽歌三首》(2 首)，吕温《顺宗至德大圣大安孝皇帝挽歌词三首》，张籍《庄陵挽歌词三首》(2 首)，元稹《宪宗章武孝皇帝挽歌词三首（膳部员外时作）》(1 首)，白居易《德宗皇帝挽歌词四首》(3 首)、《开成大行皇帝挽歌词四首，奉敕撰进》(2 首)，姚合《敬宗皇帝挽词三首》《文宗皇帝挽词三首》(2 首)，李商隐《昭肃皇帝挽歌辞三首》。

为皇后送葬的作品存 14 首：唐朱子奢《文德皇后挽歌》、李百药《文德皇后挽歌》、窦叔向《贞懿皇后挽歌三首》(2 首)、王氏《大行皇太后挽歌词三首》(2 首)、韩愈《大行皇太后挽歌词三首》、薛能《恭禧皇太后挽歌词三首》(2 首)、徐铉《光穆皇后挽歌二首》。

为太子送葬的作品存 16 首：唐张说《惠文太子挽歌二首》、王维《恭懿太子挽歌五首》、权德舆《惠昭皇太子挽歌词二首》(1 首)、白居易《赠悼怀太子挽歌辞二

---

[1] 一作《贾岛诗》。

首（奉诏撰进）》、姚合《庄恪太子挽词二首》、温庭筠《唐庄恪太子挽歌词二首》、徐铉《文献太子挽歌词五首》(2 首）

为公主送葬的作品存 4 首：唐权德舆《赠郑国庄穆公主挽歌二首》(1 首）、《赠魏国宪穆公主挽歌词二首》(1 首）、《赠梁国惠康公主挽歌词二首》(1 首）、《梁国惠康公主挽歌词二首（驸马即司空于公之子）》(1 首）。

为夫人及高官妻子送葬的作品存 8 首：唐王维《故南阳夫人樊氏挽歌》(2 首）、李颀《达奚吏部夫人寇氏挽歌》、顾况《晋公魏国夫人柳氏挽歌》、元稹《恭王故太妃挽歌词二首（校书郎时作）》、张九龄《故荥阳君苏氏挽歌词三首》(2 首）。

为王侯送葬的作品存 9 首：北周王褒《送观宁侯葬诗》和《送刘中书葬诗》，陈张正见《和阳侯送袁金紫葬诗》，隋卢思道《彭城王挽歌》，唐宋之问《梁宣王挽词三首》(2 首）和《鲁忠王挽词三首》(1 首）、李峤《武三思挽歌》、权德舆《故太尉兼中书令赠太师西平王挽词》。

为官员送葬的作品存 64 首：唐李世民《望送魏证葬》，宋之问《故赵王属赠黄门侍郎上官公挽词二首》(1 首），上官仪《谢都督挽歌》，骆宾王《乐大夫挽词五首》(1 首），张说《崔司业挽歌二首》(1 首）、《李工部挽歌三首》和《赠工部尚书冯公挽歌三首》(2 首），李乂《故赵王属赠黄门侍郎上官公挽词》，沈佺期《哭苏眉州崔司业二公》，王维《故太子太师徐公挽歌四首》(1 首）、《故西河郡杜太守挽歌三首》(1 首）、《送殷四葬》，岑参《苗侍中挽歌二首》和《故仆射裴公挽歌三首》(2 首）、《故河南尹岐国公赠工部尚书苏公挽歌二首》(1 首），李嘉祐《故燕国相公挽歌二首》、《故吏部郎中赠给事中韦公挽歌二首》(1 首），杜甫《故武卫将军挽歌三首》(1 首）、《承闻故房相公灵榇自阆州启殡归葬东都有作二首》(1 首）和《重题》，蒋涣《故太常卿赠礼部尚书李公及夫人挽歌二首》(1 首），顾况《鄜公合祔挽歌》和《相国晋公挽歌二首》(1 首），耿湋《哭张融》，戎昱《哭黔中薛大夫》，窦常《哭张仓曹南史》，窦巩《哭吕衡州八郎中》，李端《张左丞挽歌二首》，刘商《同诸子哭张元易》，权德舆《工部友引日属伤足卧庆不遂执绋》和《湖南观察使故相国袁公挽歌二首》，陈羽《观朱舍人归葬吴中》，刘禹锡《故相国燕国公于司空挽歌二首》《河(湖)南观察使故相国袁公挽歌三首》(2 首）、《哭王仆射相公（名播，时兼盐铁，暴薨）》

《伤韦宾客(自工部尚书除宾客)》[1]和《许给事见示哭工部刘尚书诗因命同作》,孟郊《哭李观》,张籍《祭退之》《哭胡十八遇》和《哭元九少府》,白居易《元相公挽歌词三首》和《哭微之二首》,赵嘏《哭李进士》,张乔《哭陈陶》,方干《哭秘书姚少监》,郑谷《哭进士李洞二首》,无可《哭张籍司业》,杜甫《哭韦大夫之晋》,张九龄《故徐州刺史赠吏部侍郎苏公挽歌词三首》(1首)。

为道士送葬的作品存2首:北周庾信《送灵法师葬诗》、《故女道士婉仪太原郭氏挽歌词》。

为和尚送葬的作品存2首:杨炯《和旻上人伤果禅师》、于鹄《哭凌霄山光上人》。

(二)往往表现出森严的等级秩序

《荀子·富国》云:"礼者,贵贱有等,长幼有差,贫富轻重皆有称者也。"[2]《礼记·乐记》亦云:"乐者为同,礼者为异,同则相亲,异则相敬。"[3]可见,礼的本质是用以区别尊卑贵贱、上下长幼、贫富轻重,使人在社会生活中处于适当的位置,并让贱者、幼者表现出对贵者、长者的敬意。这种敬意是通过体现差别的跪、拜、揖、让等礼仪和服饰、饮食、车马、宫室等外物表现出来的,正如汉代贾谊所言:

> 奇服文章以等上下而差贵贱,是以高下异,则名号异,则权力异,则事势异,则旗章异,则符瑞异,则礼宠异,则秩禄异,则冠履异,则衣带异,则环佩异,则车马异,则妻妾异,则泽厚异,则官室异,则床席异,则器皿异,则食饮异,则祭祀异,则死丧异。[4]

可见,丧祭礼的作用是人类社会贵贱有等、长幼有差的行为规范的体现。先秦至唐五代哀悼诗的送葬礼仪的等差秩序主要是用送葬地点的转移和送葬仪仗的差异来体现的,例如:

---

① 一作《伤韦宾客缜》。

② (清)王先谦撰,沈啸寰、王星贤点校《荀子集解》,北京:中华书局2013年版,第210页。

③ (清)阮元校刻《十三经注疏·礼记正义》,北京:中华书局1980年版,第1529页。

④ (汉)贾谊撰,阎振益、钟夏校注《新书校注》,北京:中华书局2000年版,第53页。

警跸移前殿，宫车上渭桥。——(唐李端《代宗挽歌》)

“警跸”指古代帝王出入时在所经路途设侍卫警戒，以清道止行，也称之“警蹕”。“渭桥”指汉唐时代长安附近渭水上东、西、中的三座桥梁。中渭桥为秦时置建，原名横桥，秦都咸阳，建此桥以通渭南兴乐宫和渭北咸阳宫，汉时更名为渭桥。此两词均表明了代宗的帝王身份。

凤翣拥铭旌，威迟异吉行。……驻綍辞清庙，凝笳背直城。——(唐刘禹锡《德宗神武孝文皇帝挽歌二首》)

“凤翣”指古代帝后仪仗用物，是用孔雀或野鸡羽毛编成的大掌扇。“清庙”即太庙，古代帝王的宗庙。“直城”指长安京都城门名，《三辅黄图·都城十二门》说长安城西出第二门就叫直城门。“凤翣”这一仪仗用物和清庙、直城两个地点均表明了德宗神武孝文皇帝的帝王身份。

晏车悲卤簿，广乐遏箫韶。——(唐权德舆《德宗神武孝文皇帝挽歌词三首》)

“广乐”指盛大之乐，多指仙乐，《穆天子传》卷一说天子乃奏广乐。此词和“卤簿”一道表明德宗神武孝文皇帝的帝王身份。

裴回两仪殿，怅望九成台。玉辇终辞宴，瑶筐遂不开。——(唐李百药《文德皇后挽歌》)

“两仪殿”是在唐代皇宫的内朝之一，太极殿以北包括两仪殿在内的数十座宫殿构成内朝，是皇帝、后妃们、太子生活的地方。“九成台”原名闻韶台，在今广东省曲江县北城上，相传舜南巡奏乐于此。“玉辇”，天子所乘之车，以玉为饰。这两个地点和“玉辇”一起更明确地说明了皇后的身份。

晓漏铜壶涩，秋风羽翣轻。——(唐权德舆《大行皇太后挽歌词三首》之二)

"羽翣",羽制的扇形物,古代用为棺饰。柩车行时人持行两旁用以障柩车,同"画翣",此词表明大行皇太后用的是相当于大夫的丧礼等级。

宫仗传驰道,朝衣送国门。——(唐张说《惠文太子挽歌二首》)

"驰道",天子所行的道路,如当时的中道。"国门"指国都的城门。"宫仗"指帝王的仪仗。"朝衣"指君臣上朝时穿的礼服,此借指朝廷官员。太子是未来的天子,天子是可以走驰道的。惠文太子送葬的仪仗队从驰道上走,文武百官送他出国都的城门。这两个地点和"宫仗""朝衣"一起表明了太子的高贵身份。

秋原森羽卫,夜壑掩容辉。——(唐权德舆《赠郑国庄穆公主挽歌二首》)

"羽卫"指帝王的卫队和仪仗,表明了郑国庄穆公主的高贵身份。

露湿铭旌重,风吹卤簿前。——(唐李颀《达奚吏部夫人寇氏挽歌》)

"卤簿"指古代帝王驾出时扈从的仪仗队,出行目的不同,仪式亦各有别,从汉以后,也用于后妃、太子、王公大臣,唐制凡四品以上皆给卤簿。此词表明了达奚吏部夫人寇氏的高贵身份。

画翣无留影,铭旌已度桥。——(唐顾况《晋公魏国夫人柳氏挽歌》)

古人按等级用不同织物装饰覆盖棺柩,"画翣"是指古代出殡时用的有彩画的棺饰,《礼记·丧大记》:"饰棺,君龙帷,三池,振容……大夫画帷,一池,不振容……黼翣二,黻翣二,画翣二。"孔颖达疏:"翣形似扇,以木为之,在路则障车,入椁则障柩也。"[①]此词表明晋公魏国夫人柳氏用的是相当于大夫的丧礼等级。

① (清)阮元校刻《十三经注疏·礼记正义》,北京:中华书局1980年版,第1584页。

阊阖总金鞍，上林移玉辇。野郊怆新别，河桥非旧饯。——（唐李世民《望送魏徵葬》）

“阊阖”，传说中的天门，此指皇宫宫殿之正门。“上林”是皇宫的苑名，原为秦之旧苑，汉武帝加以扩建，苑中多养禽丹以供皇帝打猎。“河桥”指渭桥，魏征陪葬醴泉之昭陵，住长安城之西北。渭桥有三，此指在长安故城北与咸阳相接之处的中渭桥。这几句是说唐太宗李世民出宫门登车，来到上林苑的西楼去给魏征送行，这次出行是“死别”，不同于往日君臣在此地的饯行。这几个地点说明了魏征的身份高贵，是皇帝信任的近臣。

凤池伤旧草，麟史泣遗编。——（唐张说《崔司业挽歌二首》）

“凤池”源自唐杜佑《通典》卷二十一《职官三》，指魏晋以来中书监令掌赞诏令、典作文书、记会时事，因为其地在枢近，容易得到宠任，所以人只要当上其位，就叫作“凤凰池”。《艺文类聚》卷四十八《职官部四·中书令》亦有叙录，《晋书》卷三十九《荀勖列传》还记载了一个笑话，荀勖久在中书，专管机要事，后来离职，常感惆怅，有人祝贺他，他说“夺了我凤凰池，你们还祝贺我呀！”凤凰池是禁苑中池沼，借指中书省或宰相。崔融为中宗李显做太子时的侍读，兼侍属文，东宫表疏多出其手，此处用“凤池”称之实吻合他的身份。

综上所述，先秦至唐五代哀悼诗中无论是生命价值观还是死亡观及丧葬观都带有很强的儒家伦理色彩，男性倾向于自我完善，为平天下而建功立业，用立德、立功、立言和延续血脉以超越死亡和继承功业；女性倾向于服从规矩，为男性稳定后方服务，男性女性大都成了泯灭个性的伦理符号。人们大多遵从自身的角色办事，即使是丧葬也不逾礼，充分体现了儒家治世的群体主义原则和利君、利国原则。此外，儒家经典也给先秦至唐五代哀悼诗提供了大量的语汇、句式、典故，请详见艺术论之《先秦至唐五代哀悼诗的语言风格》。

第三章

汉至唐五代哀悼诗与道教

作为本土宗教，道教以其追求长生的积极乐观的生命意识、依靠人力改变自然、突破局限的关注人生的传统思维方式和与文学艺术相通相融的艺术气质广泛地影响了中国文学。从中国古代文学艺术发展史看，道教对文学的影响一般体现在：以道教神仙思想为文学提供创作题材，为文学提供新的如步虚词、青词等之类的文体，以及为文学提供形象（仙人、仙界景象、仙药等）、语汇、典故、思想内涵和表现手法。在哀悼诗中，道教主要对哀悼诗人、哀悼对象、生死观、语汇、典故及审美效果等方面给予影响。

一、道教对哀悼诗人的影响

从作家看，先秦至唐五代哀悼诗共有1210首，除了没有作者或作者有争议的作品外，剩下的哀悼诗共有作家276人[①]，其中许多汉至唐五代诗人都不同程度地受到道教的影响，大体可分为三类：

第一类：道士诗人，即真正入道、学仙的诗人。此类代表作家首当其冲是李白，他是受道教影响最大的诗人之一。他早年在蜀中时就开始学道，他的家乡四川昌明一带是道教活动极为活跃的地区，出现过赵仙甫、王仙卿、王玄览、王太霄等一批著名道士，附近的紫云山是道教圣地。出川后与司马承祯、元丹丘、吴筠、玉真公主、烟子元演、焦炼师等道士交往密切，入京前先后居于嵩山、剡溪，已有“谪仙人”的名声。被朝廷斥逐后，其求仙活动更进入高峰期。他曾于青州紫极宫师从北海高天师受道箓，又访道安陵，遇盖寰，为造真箓。他写了许多关于与道士交往及修道成仙的作品，如《感兴》八首之五、《经乱离后天恩流夜郎忆旧游抒怀赠江夏韦太守良宰》《大鹏赋》《元丹丘歌》《题元丹丘居》《题元丹丘颍阳山居并序》《以诗代书答元丹丘》《颍阳别元丹丘之淮阳》《寻高凤石门山中元丹丘》《冬

① 不含姓名不可考的作家。

夜于随州紫阳先生餐霞楼送烟子元演隐仙城山序》《赠嵩山焦炼师》《驾去温泉宫后赠杨山人》《金陵与诸贤送权十一序》《下途归石门旧居》《题嵩山逸人元丹丘山居》《送内寻庐山女道士李腾空二首》等。

唐代有些知名文人是被传说成"神仙"的，如著名诗人和画家刘商，据《续仙传》云，他沉迷道术，逢道士必以之为师，勤于炼丹服气，后来以病免官入道，相传广陵城街一位道士给他一葫芦药，依诀服后，入茅山隐居，其事广传士林，被附会成了"地仙"；其与道教相关的诗写采药的如《酬睿上人采药见寄》，写求仙的如《杂言同豆卢郎中郭南七里桥哀悼姚仓曹》。中唐诗人顾况"谪宦"而求仙，到茅山受了道箓，全家隐居茅山，有传说他得长生之秘术，也有传说他得道解化去，其子非熊登第后，也回茅山隐居。陈陶早年心志远旷，高隐不求仕进，自称"三教布衣"；大中年间，入洪州西山修道学仙，有奇效，后不知去向，被传成仙。

此外，戴叔伦晚年"入道"。曹唐早年曾为道士，后来应试，大中年间举进士，《太平广记》认为其是遇见鬼而卒，《唐才子传》认为其是遇仙而卒。曹唐的诗歌主要写神仙中事，代表有《小游仙诗》98首及《唐才子传》说的《大游仙诗》50篇。晚唐时的杜荀鹤和顾云曾等学道于九华山，从李昭象的《学仙词寄顾云》诗看，他也曾经入道，有与道教相关的《游茅山》《送九华山道士游茅山》《赠崔道士》等诗。李德裕也受过道箓，窦常、于鹄、马戴都在诗中表示入了道籍[①]，还有李泌、女道士鱼玄机等道教诗人。

第二类：有学道经历、有明显道教信仰的诗人。较出名的有：

卢照邻，早年学习儒学，得病后便辞官居太白山修道养生，后辗转隐居于东龙门山、具茨山，最终不堪病痛沉水自杀。他曾向著名道士孙思邈、李荣、黎元兴等学道，有关道教的诗文有《病梨树赋并序》《赠李荣道士》《游昌化山精舍》《怀仙引》《益州至真观主黎君碑》等。

宋之问：其父亲宋令文信道，曾与卢照邻同时拜道士孙思邈为师，受父亲影响，宋之问也修仙悟道，早年曾有过一段山栖修道的经历，与李白、陈子昂、贺知章等人被时人称为"仙宗十友"。与当时著名道士司马承帧密交，《全唐诗》录有

① 窦常有"幸承仙籍后，乞取大还方"（《茅山赠梁尊师》），显然入了道士籍。于鹄有"曾读上清经，知注长生籍。"（《山中访道者》）马戴有"我生求羽化，斋沐造仙居。""愿值壶中客，亲传肘后方。"（《谒仙观二首》）不知道他们是否亲受道箓，但有学仙的经历是肯定的。

《送司马道士游天台》《冬宵引赠司马承帧》《寄天台司马道士》,表达了对道教的信仰和对朋友的思念。有关道教的诗还有《王子乔》《缑山庙》《函谷关》等。

陈子昂:出身于信仰道教世家,四世祖陈方庆隐于武东山,除三世祖陈汤当过郡主簿外,余人大多隐居终身。据陈子昂《府君有周文林郎陈公墓志文》可知其父或是道士或是虔诚的道教信徒。受家庭影响,陈子昂早年在家乡已学神仙之术,对道教服食有很深的研究,其《观荆玉篇并序》即专为考证药物"仙人杖"而作。后来居官不顺,又重新回到道教的生活圈子。道教也影响了陈子昂的政治思想,他在几次上疏论政时,都使用了老庄的语言和思想。现存 120 余首诗中涉及道家道教的有数十首。

王昌龄:与道教的关系主要保存在他的一些作品中。《就道士问〈周易参同契〉》表明他曾经跟随道士学习道教炼丹方术,《谒焦炼师》表明他与女道士交往并接受其馈赠的长生药,另外还有不少与道教相关的诗歌,如《题朱炼师山房》《河上老人歌》《武陵开元观黄炼师院三首》等。

杜甫:从《昔游》《奉赠韦左丞丈二十二韵》得知其早年师从华盖君道士,有过一段学道的经历,但那位道士很快逝世,故学道失败。

李颀:从《缓歌行》《赠苏明府》《题卢道上房》等诗中得知他曾拜道士为师,学习道教方术,并服食金丹。

李商隐:也是一位道教的信仰者。开元元年(836 年)20 多岁时,随母迁居济源,定居后自己就在附近的玉阳山道观学习。《李肱所遗画松诗书两纸得四十韵》《戊辰会静中出贻同志二十韵》《上河东公启》写了他学道的经历和对神仙的信仰,《赠华阳宋真人兼寄清都刘先生》《月夜重寄宋华阳姊妹》《别智玄法师》等都是直接为女道士而作,最费解的艳情诗如《七夕偶题》《烧香曲》《宫中曲》《燕台诗》《海上谣》《河阳诗》《河内诗》篇均作于学道时期。

孟郊:少隐嵩山,入仕后亦过着一种半仕半隐的生活。50 岁后,曾任溧阳尉而不问官事,整天畅游山水寻诗觅句。其隐居期间,也曾有过求仙经历,他的《求仙曲》《游华山云台观》《送萧炼师入四明山》反映了他的修道生活,另还有如《西上经灵宝观》《送无怀道士游富春山水》《赠城郭道士》《送李尊师》《送玄亮师》《送超上人归天台》[1]《送道士》《送丹霞子阮芳颜上人归山》，组诗《列仙文》等诗均与道教相关。

第三类：表现出羡仙、慕道倾向，和道士有交情或写过有关道教作品的诗人。此类诗人最多，代表的有：

汉武帝刘彻：一生热衷于求仙之事，先后受方士李少君、齐人少翁、栾大、公孙卿的等人的欺骗，亲自祭祀灶神，派遣方士入海，以寻求蓬莱安期生之类的仙人和化丹砂为黄金之仙方。画云气车和各以胜日驾车，建甘泉宫，画天、地、太一诸鬼神，又作柏梁、铜柱、承露仙人掌、飞廉、桂观、通天台，致祭具以招来神仙，曾八次登临泰山封禅。

张九龄：开元名相和著名诗人，也是一位道教的信仰者。他在《登南岳事毕谒司马道士》中写到为朝廷南岳祭山后，专程拜访了司马承祯道士，学会了许多呼吸吐纳、烧炼金丹的方术。此后的仕宦生涯中，在《与生公录幽居处》《骊山下逍遥公旧居游集》《登郡城南门》《杂诗五首》《述怀二首》《感遇十二首》等诗作中表达了自己修道求仙的愿望。

孟浩然：广交道友，采药服食，一生基本过着隐士生活。在《宿天台桐柏观》《山中逢道士云公》《赠道士参寥》《越中逢天台太乙子》《清明日望梅道士房》《寄天台道士》《梅道士水亭》《白云先生王迥见访》等诗中屡见他修道学仙以及与道士交往之事。

王维：除了信佛之外，他对儒、道也有濡染。时人把他同司马承祯、陈子昂、宋之问、卢藏用、毕构、王适、孟浩然、李白、贺知章并称为"仙宗十友"。《送王尊师归蜀中拜扫》《送张道士归山》《赠李颀》《赠焦道士》《送方尊师归嵩山》《赠东岳焦炼师》等诗表明其与道教人士有广泛的交往，《贺玄元皇帝见真容表》表明其参与了道教的造神活动，《贺神兵助取石堡城表》则大谈道教神仙帮助唐军取胜之事，为道教虚张声势。

王昌龄：有不少与道教相关的作品，如《就道士问〈周易参同契〉》表明他曾经跟随道士学习《周易参同契》，《谒焦炼师》表明他与女道士交往并接受其馈赠的长生药，在《武陵开元观黄炼师院三首》其三中明确表达了入道的愿望，其他的还

[1] 一作《送天台道士》。

有《题朱炼师山房》《河上老人歌》等诗。

常建:因仕途不顺而放浪琴酒,往来紫阁、太白诸峰。其作《仙谷遇毛女意知是秦宫人》写自己进山遇到了一位女道士,产生许多遐想而表达退隐之心,《白龙窟泛舟寄天台学道者》和《张天师草堂》描写过自己清心寡欲、读道书、飞天宫的修道学仙情况。

刘长卿与道士有广泛交往,有关道教的诗歌有《寄龙山道士许法棱》《寄许尊师》《望龙山怀道士许法棱》《送宣尊师醮毕归越》《寻南溪常山道人隐居》《喜鲍尊师自龙山至》《故女道士婉仪太原郭氏挽歌词二首》《杪秋洞庭中怀亡道士谢太虚》等。

李益官场不得志,转生修道之心,与道教有关的诗作有《入华州访隐者经仙人石坛》《罢秩后入华山采茯苓逢道者》《寻纪道士偶会诸叟》《长社窦明府宅夜送王屋道士常究子》《避暑女冠》《同萧炼师宿太乙庙》《寄许炼师》《赠毛仙客》等。

贾岛与道教有极为密切的关系,从他的《游仙》《元日女道士受箓》《山中道士》《寄韩湘》《赠牛山人》《送胡道士》《赠丘先生》《送道者》《题鱼尊师院》等诗可以反映出来。

韩愈对儒、道、佛三教的态度是矛盾的,他一方面批评道、佛二教,一方面又与三教人物保持着密切接触,对其中的一些高道赞扬备至,自己甚至服食金丹,乃至得病而死。

大历十才子的绝大多数人与道教有关系,如李端的《长安书事寄卢纶》《游终南山因寄苏奉礼尊师苗员外》《雪夜寻太白道士》《赠道士》《赠道者》《闻吉道士还俗因而有赠》《送马尊师》等诗均描写了他与道士的交往和修道情况。卢纶一生与道士有广泛的交往,其诗集中出现的道士有嵩岳麻道士、郄彝素、萧道士、王尊师、贾道士等,而且卢纶的舅舅韦渠牟就是道士。《蓝溪期萧道士采药不至》《酬畅当寻嵩岳麻道士见寄》《送道士郄彝素归内道场》《同吉中孚梦桃源》《过玉真公主影殿》《送王尊师》等作均表明了其渴望修道之心。

柳宗元、刘禹锡都信仰佛教而不拒绝道教。柳宗元在被放逐期间,曾花不少精力学习养生术,他的《种仙灵毗》写学养生术,《哀溺文》《招海贾》《归梦赋》《瓶赋》等都渗透着老庄思想的气息。刘禹锡的与道教相关的诗有《赠东岳张炼师》《伤桃源薛道士》《元和十一年自朗州召至京戏赠看花诸君子》《再游玄都观》等。

此外，王建、张籍、白居易、李贺、皮日休、陆龟蒙、徐铉等诗人均属此类。

从作品看，汉至唐五代哀悼诗涉及求仙和与道教中人交往的诗共有107首，其悼道友诗有14首：宋之问的《使至嵩山寻杜四不遇慨然复伤田洗马韩观主因以题壁赠杜侯杜四》、刘长卿的《故女道士婉仪太原郭氏挽歌词》和《杪秋洞庭中，怀亡道士谢太虚》、顾况的《哭绚法师》、孟浩然的《伤岘山云表观主》、刘禹锡的《伤桃源薛道士》[1]、皮日休的《伤开元观顾道士》、陆龟蒙的《和袭美伤开元观顾道士》、郑璧的《和袭美伤顾道士》、张贲的《奉和袭美伤开元观顾道士》、沈佺期的《哭道士刘无得》、贯休的《闻赤松舒道士下世（东阳未乱前相别）》和《怀赤松故舒道士》、姚合的《哭砚山孙道士》。

可见，道教与汉至唐五代哀悼诗人的关系之密切。

二、道教生死观对哀悼诗的影响

道教信仰的核心就是对生命的肯定和对永生的追求，即贵生恶死，在汉至唐五代哀悼诗中表现为对神仙的追求和对隐逸和安贫乐道思想的肯定。

原始社会时期人类思维和智力都处在泯然的状态，对外界事物的分辨能力和认识能力都较为低下，而且食品、卫生、天气、环境、疾病等因素使他们觉得人类的寿命和控制自然的能力极为有限为了突破这种有限。他们一方面想用科学的方法驾驭自然，另一方面寄托于异己的神秘力量——神灵，即原始宗教灵魂观和神灵观。神仙的特点是能力广大、长存不死，在道教产生之前，我国先民就有许多超凡之人或不死之人的传说或记载，如《山海经》的不死国和不死民，《庄子》的水火不浸、冬夏不犯的神人、至人、真人等。战国秦汉时期还刮起一阵阵求仙热潮，在此背景下，道教应运而生，它以人可以通过努力修行成为神通广大、长生不死的神仙为核心信仰理论，以天—地—人三界各路神仙为神仙体系，以勤奋修道、为善去恶及神系成员层层升迁的进补制度为修炼动力，以炼丹服食为主的外丹修炼和以积聚能量疏通自身经络为主的内丹修炼为修行方式，由此道教遂成为众人向往的中国本土三大宗教之一，它的影响渗透在生活的方方面面，在哀悼诗上主要体现为：

① 一作《尊师》。

（一）信仙

即相信有神仙存在，相信人可以修炼成仙，表现为羡仙、慕仙，如“何时洛水湄，芝田解龙驾。”（隋卢思道《乐平长公主挽歌》）“龙驾”源自《楚辞·九歌·东皇太一》：“龙驾兮帝服，聊翱游兮周章。”注：“龙驾，言云神驾龙也，故《易》曰：云从龙。帝，谓五方之帝也。……五臣云：言神驾云龙之车。”[①]后泛指神仙的车驾。在此指乐平长公主去世以后，诗人希望她成为洛水女神，在仙人种灵芝的地方驾着仙车驰骋。又如“宿昔欢游在何处，花前饮足求仙去。”（刘商《杂言同豆卢郎中郭南七里桥哀悼姚仓曹》）诗人在好友去世后，回忆起以前一起欢游、在花前饮酒相约一起求仙的情景。“梁国深文雅，淮王爱道仙。”（张说《惠文太子挽歌二首》）诗人以梁孝王刘武文雅、淮王刘安爱求仙言，惠文太子亦有如此风尚和爱好，从而说明爱仙是当时的风尚。“寿宫星月异，仙路往来赊。纵有迎仙术，终悲隔绛纱。”（《贞懿皇后挽歌三首（今存二首）》）诗人写贞懿皇后去世后，住在仙宫里，仙宫与人间路途遥远，即使有招魂之类的仙术，始终是隔着绛纱，不能真正相见，可见诗人对神仙、仙术是深信不疑的。其次，信仙还表现为修炼学仙，如“忆昔同携手，山栖接二贤。笙歌入玄地，诗酒坐寥天。旧友悉零落，罢琴私自怜。逝者非药误，餐霞意可全。为余理还策，相与事灵仙。”（宋之问《使至嵩山寻杜四不遇慨然复伤田洗马韩观主因以题壁赠杜侯杜四》）此诗是诗人哀悼田洗马、韩观主而作，诗人先回忆与二友曾经一起上山学仙、求仙的情景，这说明诗人早年曾有过一段山栖修道的经历，后来二友因为服食外丹而死，但宋之问却认为他们的死与服用丹药无关，最后两句写诗人现在还有重新还山入道的愿望。“白鸡黄犬不将去，寂寞空余葬时路。”（杨衡《哭李象》）“白鸡黄犬”指仙家鸡犬，指淮南王刘安学道，倾一国之尊招会有道之士，吃仙药得道，全家升天，剩余的仙药吃不完，犬鸡食后也随之一道升天，此亦指吃丹药成仙的修炼之术。修仙还体现在为善去恶，葛洪说“欲求长生者，必欲积善立功。”[②]“昔闻王子晋，轻举逐神仙。谓言君积善，还得嗣前贤。”（庾信《伤王司徒褒诗》）“闻道神仙尉，怀德遂为邻。”（陈子昂《同旻

---

① （宋）洪兴祖撰，白化文、许德楠、李如鸾、方进点校《楚辞补注》，北京：中华书局 1985 年版，第 58 页。

② 王明著《抱朴子内篇校释》，北京：中华书局 1985 年版，第 126 页。

上人伤寿安傅少府》)此两处以神仙王子晋、梅福为例,说明要想成为他们那样的神仙,还必须积善成德、努力修炼。信仙还体现在遇仙、成仙上,如郑璧的《和袭美伤顾道士》:

斜汉银澜一夜东,飘飘何处五云中。空留华表千年约,才毕丹炉九转功。
形蜕远山孤圹月,影寒深院晓松风。门人不睹飞升去,犹与浮生哭恨同。

此诗写顾道士飞升成仙的情况,首联写顾道士飞升成仙,身处五云之中;颔联写其只留下仙人丁令威的千年之约和炼九转功的丹炉;颈联写顾道士形蜕之后空旷凄寒的环境;尾联写门人没有看到他飞升成仙,以为他是去世了,所以哭得和凡夫俗子一样。又如,李德裕的《遥伤茅山县孙尊师三首》写的也是道士羽化成仙之事,第一首写孙道士蝉蜕之后飞入上清,志同道合的友人都很悲伤,觉得他尸解得仙之后的衣服很轻,空中黄鹄将举,斑麟不成行,诗人推测大概只有曾遇过仙人的鲍靓在中夜才能识得他的琴声。第二首以娶武担山精为妻的武担、隐居会稽山的谢敷、被老子授符乃得长久一日的徐甲、受神仙王远度化而成仙的蔡经、千岁翁安期先生为典,表达诗人对孙道士的哀悼之情。第三首写孙道士像葛洪、王子乔那样羽化成仙之后只剩下炼丹灶,留下数日奇香,也不知他什么时候能像丁令威那样得仙后化鹤归来,诗人一想到这就泪下如雨。又如汉诗无名氏的《张公神碑歌》最后想象张公神成仙之后的情景:乘輗轺、驾蜚龙、骖白鹿、从仙僮、游北岳、与天通。

(二)疑仙

就是对神仙是否存在、是否能修炼成仙、修炼是否能达到长生产生怀疑或否定。神仙本是幻想的产物,谁也没见过真正的神仙,听到的都是传说中的神仙,而且由于道教金丹家炼丹、炼金所用的主要原料是含有大量汞、铅、硫、砷的五金八石,经加热后这些含有雄黄或雌黄的药剂可被逐渐氧化成砒霜,故所炼成的丹药大都含有剧毒的砒霜,长期服用必然会中毒身亡,历代因服食而暴死的人不计其数,据清代赵翼《廿二史札记》卷十九"唐诸帝多饵丹药"条记载,唐太宗、宪宗[1]、穆宗、敬宗、武宗、宣宗、武则天[2]都是因服丹药而中毒身亡。白居易在《思旧》中写道："退之（韩愈）服硫黄，一病讫不痊；微之（元稹）炼秋石，未老身溘然；杜子得丹诀，终日断腥膻；崔君（崔玄亮）夸药力，经冬不衣棉；或疾或暴夭，悉不过中年。"深刻地揭露了唐代文人学士热衷于服饵丹药并深受其害的情况。所以神仙不可修、丹药不长生也被一些有识之士所认识。汉武帝热衷于求仙，曾八次到泰山顶上封禅，以求身与国长存，谁知一同前往封禅的近臣霍嬗竟一日暴亡，这让他感到神仙之不可信、长生之不可求，不由得悲呼："皇天兮无慧，至人逝兮仙乡。"（《思奉车子侯歌》）此类诗句甚多，如"故有求仙药，仍余遁俗杯。""尚忆青骡去，宁知白马来。"（王维《哭褚司马》）言素有学道求仙药的人结果仍留下避世隐居的山丘而亡。"青骡"用汉李少君死后复生典，"白马"用范式与张劭互守信用、范式梦见张劭去世赶来奔丧典，后两句意为正想着长生不死，谁知死亡就来临了，此四句皆言神仙不可求、长生不可信。"子微化金鼎，仙笙不可求"（卢藏用《宋主簿鸣皋梦赵六予未及报而陈子云亡今追为此诗答宋兼贻平昔游旧》）中的"仙笙"指昔王子晋成仙之事，此二句明言神仙不可求。"谁言辽东鹤，千年往复回"（张说《赠工部尚书冯公挽歌三首》）中的"辽东鹤"言辽东人丁令威成仙后离家千年回归之事，此二句指不相信有这样的神异之事。"如何丹灶术，能误紫芝焚"（钱起《哭常征君》）言服丹药会致人死。"岂知修道者，难免不亡身"（姚合《哭砚山孙道士》）言修道不可长生。

（三）仙化死亡

道教信仰的核心是对生命的肯定和对永生的追求，简言之，贵生恶死。所以死亡对于道教的神仙思想而言，是人通过仙化从而在另外一个更美好的空间获得永生。在汉至唐五代哀悼诗中，道教对死亡的影响表现为不直言死亡，而是将死亡说成仙化，其表现有两种形式：一是用"仙去"类语汇婉称死亡，例如：

珮环仙驭远，星月夜台新。——（武元衡《昭德皇后挽歌词》）

---

① 一说宪宗为内官所弑。

② 武则天则是服用了金丹家敬献的丹药三年后死亡的。

仙驭何由见，耘田鸟自飞。——（权德舆《德宗神武孝文皇帝挽歌词三首》）

仙驭三清远，行宫万象新。——（《顺宗至德大安孝皇帝挽歌三首》（时充卤簿使））

云随仙驭远，风助圣情哀。——（韩愈《大行皇太后挽歌词三首》）

仙驭归何处，苍苍问且难。——（李中《烈祖孝高挽歌二首》）

仙驭期难改，坤仪道自光。——（徐铉《光穆皇后挽歌三首》）

寿宫开此地，仙驾缈何乡。——（武元衡《德宗皇帝挽歌词三首》）

宫仗黄麾出，仙游紫府遥。——（权德舆《惠昭皇太子挽歌词二首》）

龙镳仙路远，骑吹礼容全。——（刘禹锡《文宗元圣昭献孝皇帝挽歌三首》）

凤去鸾归不可寻，十洲仙路彩云深。——（韦庄《悼亡姬》）

驭风仙路远，背日帝宫遥。——（刘长卿《故女道士婉仪太原郭氏挽歌词》）

寿宫星月异，仙路往来赊。——（《贞懿皇后挽歌三首》）

皇天兮无慧。至人逝兮仙乡。——（汉武帝《思奉车子侯歌》）

缀玉联珠六十年，谁教冥路作诗仙。——（李忱《吊白居易》）

一随仙骥远，霜雪愁阴生。——（刘祎之《孝敬皇帝挽歌》）

宫禁恩长隔，神仙道已分。——（储光羲《陆著作挽歌》）

岂知黄庭客，仙骨生不成。——（孟郊《伤哉行》）

国付重离后，身随十圣仙。——（孟郊《览崔爽遗文，因纾幽怀》）

紫陌起仙飙，川原共寂寥。——（姚合《敬宗皇帝挽词三首》）

越公已作飞仙去，犹得潭潭好墓田。——（唐彦谦《拜越公墓因游定水寺有怀源老》）

仙籍人间不久留，片时已过十经秋。——（鱼玄机《和新及第悼亡诗二首》）

上述的“仙驭”本指仙人骑的鹤，后指人死为驾鹤仙游，是死亡的婉辞。“仙驾”原指仙人的车驾，也借称皇帝的车驾，“仙驾缈”指皇帝去世。“仙骥”指仙鹤，因传说为仙人所骑乘，故称此，“仙骥”与“远”搭配婉称人去世。“仙游”原指信奉道教的人远出求仙访道，古亦指亡灵游于仙界，成仙而去，婉称人死亡。语汇“仙路”与“远”“赊”搭配，“仙乡”与“逝”搭配，“仙骨”与“生不成”搭配，“起仙”与“飙”搭配，“仙道”与“分”搭配，“十圣仙”与“身随”搭配，“仙”与“去”搭配，“仙籍”与

"不留"搭配，均婉称人去世。

二是用一些含神仙的传说、故事、人物等典故将死亡美化，例如：

使鹤催，如"五岁过人智，三天使鹤催。"（王维《恭懿太子挽歌五首》）此典见旧题汉·刘向《列仙传》卷上《王子乔》，周灵王太子晋——王子乔，喜吹笙作凤鸣，被道士浮丘公接上嵩高山三十多年，成仙，后于七月七日缑氏山头约见家人，终离去不见。"使鹤催"在诗中婉喻恭懿太子死亡。

淮王爱道，如"漫作琉璃碗，淮王误合丹。"（岑参《成王挽歌》）"白鸡黄犬不将去，寂寞空余葬时路。"（杨衡《哭李象》）此典见《汉书》卷四十四《淮南王传》，西汉淮南王刘安笃好神仙黄白之术，宾客甚众，其中苏飞、李尚、左吴、因由、雷被、伍被、毛周、晋昌八人才高，称之"八公"。八公聚此炼丹，丹药方成，刘安因被告谋反畏罪自杀，除雷被一人外均被诛戮。《神仙传》卷四《刘安》传武帝派宗正前往捕解，刘安吞服丹药与八公携手升天，余药鸡犬啄食亦随之升天。"淮王误合丹"和"白鸡黄犬不将去"婉喻死亡。

嫦娥，如"佩兰初应梦，奔月竟沦辉。"（韩愈《梁国惠康公主挽歌二首》），见《淮南子》卷六《览冥训》、《太平御览》卷四《天部四·月》、《搜神记》卷十四。姮娥为羿之妻，羿向西王母求得不死之药，未及服，姮娥盗食后成仙，奔入月中，成为月精。"姮娥"或作"恒娥"，后因避汉文帝刘恒讳，改作"常娥""嫦娥"。在道教中，嫦娥是月神，亦称太阴星君，道教以月为阴之精，尊月为月宫黄华素曜元精圣后太阴元君，又称月宫太阴皇君孝道明王，作女神像。"奔月竟沦辉"婉喻死亡。

弄玉吹箫，如"无复秦楼上，吹箫下凤凰。"（吴兢《永泰公主挽歌二首》）此典见《列仙传》卷上《萧史》、《昭明文选》卷二十八晋鲍明远（照）《升天行》、《太平广记》卷四《神仙四·萧史》《箫史曲》，秦穆公时人萧史善吹箫，穆公女弄玉善吹笙，公把女嫁给萧史，史遂教弄玉作凤鸣。后招来凤凰，公为其作凤台，夫妇住之，数年后，弄玉乘凤、萧史乘龙飞仙而去。"无复秦楼上，吹箫下凤凰"婉喻死亡。

辽东鹤，如"碧窗月落琴声断，华表云深鹤梦长。"（戴叔伦《哭朱放》）此典见《艺文类聚》卷七十八《灵异部上·仙道》、《搜神记》和《搜神后记》卷一，辽东人丁令威在灵虚山学道，后化鹤归辽，集城门华表柱，当时有一位少年欲举弓射之，鹤飞徘徊空中乃言劝人学仙。"华表云深鹤梦长"婉喻死亡。

龙髯，又叫鼎湖、号弓，如"龙髯不可附，空见望仙台。"（顾非熊《武宗挽歌词二首》）此典自《史记》卷二十八《封禅书》和卷一《五帝本纪·黄帝》，黄帝在荆山下铸成鼎后，有龙垂胡髯下迎黄帝，黄帝骑上后，群臣后宫70多人从上，龙上飞，余小臣上不去，都抓住龙髯，龙髯被拔掉下来，也掉下黄帝之弓。百姓抱其弓和胡髯痛哭，后世叫其处为鼎湖、其弓为乌号。“乌号”指良弓，“乘龙”指仙去或帝王权臣去世，或指接近帝王、权臣，“鼎湖”指帝王等下葬之处。“龙髯不可附”婉喻死亡。

金掌露，如“鼎湖仙已去，金掌露宁乾。”（武元衡《顺宗至德大圣皇帝挽歌词三首》）此典见《汉书》卷二十五上《郊祀志上》和《昭明文选》卷一《赋甲·京都上·两都赋二首·西都赋》，指建章宫用铜做的、高二十丈、大七围的承露盘上的仙人掌承露，和玉屑饮之可延长寿命。“金掌露宁乾”婉喻死亡。

阿母，如“唯应去抱云和管，从此长归阿母宫。”（李群玉《和吴中丞悼笙妓》）此典见《穆天子传》卷三，写穆天子到西王母处做客，执玄圭白璧、百缕锦组、百斤金玉献给西王母，西王母接受了，天子遂驱升于奄山，在奄山之石的槐树上作纪，眉曰西王母之山。《太平广记》卷五十六《女仙一·西王母》称西王母是九灵太妙龟山金母，一号太虚九光龟台金母元君。“长归阿母宫”婉喻死亡。

青骡，如“神仙难见青骡事，谏议空留白马名。”（雍陶《哭饶州吴谏议使君》）此典见《太平御览》卷九百一《兽部十三·骡》《鲁女生别传》：李少君死后一百多天，有人见其在河东蒲阪乘青骡，帝闻之，发棺，无尸。“难见青骡事”婉喻死亡。

玉燕，如“未信金蚕老，先惊玉燕空。”（许浑《懿安皇太后挽歌词》等）此典见旧题南朝梁任昉《述异记》卷下，汉武帝元鼎元年（前116年），起招灵阁，有神女留一个玉钗给武帝，武帝赐给赵婕妤。至昭帝元凤中，宫人见此钗光莹异常，共谋欲碎之，明视钗匣，只见白燕升天直去。后宫人常作玉钗，因名玉燕钗。“玉燕空”婉喻死亡。

凫飞，如“玉棺来九天，凫舄掩穷泉。”（李群玉《伤友》）此典见《后汉书》卷八十二上《方术列传上·王乔》，汉叶县县令王乔有神仙之术，每月初一、十五乘双凫飞向都城朝见皇帝。后来天降玉棺，无人摇得动，王乔说：“上帝单独召我吗？”遂洁身穿衣睡进棺中，盖立合。百姓替他立叶君祠，受人祈祷，很有灵验。“凫舄掩穷泉”婉喻死亡。

吊鹤，如“海内故人泣，天涯吊鹤来。”（李白《自溧水道哭王炎三首》）此典见

《晋书》卷六十六《陶侃列传》，写东晋名将、军事家陶侃的母亲病故，陶侃离职服丧，时有两位客人前来吊唁，不哭而退，化为双鹤，冲天飞去，时人甚奇。《世说新语》下卷上《贤媛》亦有记载。“吊鹤”指吊丧，“吊鹤来”婉喻死亡。

蔡经、徐甲，如“弟子悲徐甲，门人泣蔡经。”（李德裕《遥伤茅山县孙尊师三首》等）此典见《神仙传》卷二《王远》、《神仙传》卷一《老子》，二位均为《神仙传》中人物。徐甲，相传其被老子使役，老子授以太玄清生符，才得长久一日，后因状告老子还钱事激怒老子，老子让其张口吐出太玄真符，徐甲立即变成一具枯骨。蔡经，相传东汉蔡经受神仙王远度化而成仙。“悲徐甲”“泣蔡经”婉喻死亡。

总之，死亡，用科学的术语说就是机体内各组织器官同化、异化过程这对不断运动的矛盾的终止，人一旦死亡，就意味着没有呼吸、没有心跳、不会运动、不会说话，与物无异。死后成仙则是道教追求生命不朽、对死亡的超越之法，所以汉至唐五代哀悼诗中的信仙、疑仙及仙化死亡都是人们由于对死亡的恐惧、不相信死亡是人的必然命运、不甘心让死亡夺去希望的情绪要求和对最终幸福的渴望，这种超越死亡的追求蕴含着强烈的主体性原则和个体性原则，较基督教和佛教的超越死亡之法更为积极乐观，这种积极乐观对待死亡的态度和精神无疑留给存者一种心灵的安慰和永生的希望。另一方面，神仙能“长存不死，与天相毕”[①]，“神灵变化，隐显莫测”[②]，或竦身入云，无翅而飞；或划地为河，撮土为山；或坐致风雨，立起云雾；或驾龙虎，上造太阶；或冬冻不寒，夏曝不汗，水火不灼，入水不濡，具有凡人所不具有的超凡能力和长生特征，所以在汉至唐五代哀悼诗中将人死说成羽化登仙，是将人的能力和级别提高了一个层次，这对死者来说是一种荣耀，对生者来说也是一种体面，更容易被人们所接受。例如《太平广记》卷四《神仙四·萧史》说秦穆公的女儿弄玉嫁给一位善吹箫的仙人萧史，最后夫妇一起跨龙凤成仙，唐太宗根本不信其事，“不似秦楼上，吹箫空学仙。”（李世民《三层阁上置音声》）故事的原貌可能是：堂堂春秋霸主的一国公主和一个吹喇叭的无名小卒一起私奔到大山，被活活饿死了。传说中的两人不饮不食，敢情是没吃没喝，升天成仙，敢情是饿死了的别称，但传出去多不体面啊，于是将两人的非正常

① 《净明忠孝全书》卷六，《正统道藏》本

② 《净明忠孝全书》卷六，《正统道藏》本。

死亡演绎成化仙，这样既维护了死者的尊严，又维护了王室的声誉，一举两得，哀悼诗中的仙化死亡亦与此同理。

另一方面，道教贵生恶死还体现在清静无为、养生保生的生活观念上。先秦道家大多注重养生、全生、保生，老子认为，人要法地，然后"地法天、天法道、道法自然"。[①] 所以人对待生死，就应该法乎天地，顺乎自然，一切都以自然为最高原则，才能成其原来的本性。庄子亦云："死生，命也，其有夜旦之常，天也。人之有所不得与，皆物之情也。"[②]庄子认为死和生如日夜恒变一样，是命定的，是不以人的意志为转移的自然规律，是万物的本性，人们唯有遵循它、热爱它。庄子还用庖丁为文惠君解牛以阐述养生的要领："吾生也有涯，而知也无涯。以有涯随无涯，殆已；已而为知者，殆而已矣。为善无近名，为恶无近刑。缘督以为经，可以保身，可以全生，可以养亲，可以尽年。"[③]清王先谦解：顺事而不滞于物，冥情而不撄其天，这就是庄子养生的宗旨。也就是说庄子养生的关键在于顺着事物的自然之理，而不被外在的物欲所拘泥，忘却感情，而不违逆自然，这样才能保身、全生、养亲、尽年。这种清静养生、无为治世之说后来演变为黄老养生之术，由此再演变为道教的修炼方术，葛洪主张："内宝养生之道，外则和光于世，治身而身长修，治国而国太平。"[④]这种生活观念较多出现在历代诗文中，体现在汉至唐五代哀悼诗中则是对清静无为、养生保生生活的追求、留恋和对奉行这种生活观念的人的赞美。前者如："念昔同携手，风期不暂捐。南山俱隐逸，东洛类神仙。未省音容间，那堪生死迁。花时金谷饮，月夜竹林眠。"（王维《哭祖六自虚（时年十八）》）此作写于开元六年（718年），是诗人悼念祖自虚之作，此处是诗人回忆与祖六在洛阳时共游的情景，东洛句用郭泰与李膺典故。据《后汉书·郭泰传》载，郭泰是东汉名士，他游于洛阳时始见河南尹李膺，李膺以之为奇，与之交善，于是名震京师。后郭泰归乡里，诸儒送其至河上，车数千辆。李膺唯与郭泰同舟而济，众宾望之以为神仙。此处以郭泰与李膺之间的关系为喻，写自己与祖六在洛阳时的交谊之深。竹林句用"竹林七贤"之典，《三国志·魏志》卷二十一裴注引《魏

---

① （魏）王弼注，楼宇烈校释《老子道德经注校释》，北京：中华书局2008年版，第64页。
② （清）郭庆藩撰，王孝鱼点校《庄子集释》，北京：中华书局2006年版，第241页。
③ （清）郭庆藩撰，王孝鱼点校《庄子集释》，北京：中华书局2006年版，第115页。
④ 王明著《抱朴子内篇校释》，中华书局1980年版，第135页。

氏春秋》记载，嵇康寓居河内之山阳县（今河南焦作市东）时，与之游者从未见其脸上有喜愠之色。他与陈留阮籍、河南向秀、河内山涛、籍兄子咸、沛人刘伶、琅邪王戎相交善，游于竹林，号为七贤。《世说新语·任诞》《晋书·嵇康传》也有类似记载，此处借用这一典故表现诗人与祖六的交谊及共游时的情景。这几句表达了诗人对类似"竹林七贤"那样清静无为、放酒纵歌、肆意酣畅、自然放旷的隐逸生活的回忆和向往。

后者甚多，如：

怅然张仲蔚，悲哉郑子真。三仙犹有鹤，五柳（陶渊明）更应春。——（庾信《和王少保遥伤周处士诗》）

自此辞张邵，何由见戴逵（王徽之）。独闻山吏部（山涛），流涕访孤儿。——（刘长卿《哭张员外继》）

寂寞想土阶，未遑等箕颍（许由）。——（杜甫《八哀诗·故右仆射相国张公九龄》）

叹兹三径（蒋诩）断，不践十年余。……玉没（宋纤）终无像，兰言强问虚。——（乔知之《哭故人》）

辅嗣俄长往，颜生即短辰。……风期嵇吕好，存殁范张亲。……虚座怜王述（陶渊明），遗篇恸景纯。——（褚亮《伤始平李少府正己》）

原宪贫无愁，颜回乐自持。——（沈佺期《伤王学士》）

杨朱来此哭，桑扈返于真。……曙月孤莺啭，空山五柳（陶渊明）春。……善卷明时隐，黔娄在日贫。——（王维《过沈居士山居哭之》）

严子（严光）好真隐，谢公耽远游。——（崔曙《登水门楼，见亡友张贞期题望黄河诗，因以感兴》）

颜渊徒有德，伯道且无儿。——（李嘉祐《故吏部郎中赠给事中韦公挽歌二首》）

萧条阮咸在，出处同世网。——（杜甫《八哀诗·故著作郎贬台州司户荥阳郑公虔》）

张范唯通梦，求羊（蒋诩）永绝踪。——（皇甫冉《送魏六侍御葬》）

阮公终日哭，寿命固难长。颜子（颜回）既殂谢，孔门无辉光。——（孟郊《哭

李观》）

怜君古人风，重有君子儒。篇咏陶谢（陶渊明、谢灵运）辈，风流嵇阮（嵇康、阮籍）徒。——（白居易《哭王质夫》）

夫君殁去何人葬，合取夷齐隐处埋。——（徐夤《闻司空侍郎讣音》）

三径（蒋诩）尚余行迹在，数萤犹是映书残。——（杨衡《伤蔡处士》）

耳闻陋巷生（颜回），眼见鲁山君（元德秀）。——（孟郊《吊卢殷》）

昨来闻道严陵（严光）死，画到青山第几重。——（徐凝《伤画松道芬上人（因画钓台江山而逝）》）

先生忧道乐清贫，白发终为不仕身。嵇阮（嵇康、阮籍）没来无酒客，应刘（应玚、刘伶）亡后少诗人。——（许浑《哭杨攀处士》）

上述所引用到的人物，身份为隐士的有：拒绝尧禅让天下的许由，拒绝尧禅让天下并隐入深山的善卷，义不食周粟、隐于首阳山饿死的夷齐，战国道家杨朱学说派创始人杨朱，羸行的桑扈，终身不屈、修身清节的黔娄，汉成帝时拒绝大将军王凤的礼聘而隐耕于岩石之下的郑子真，与同郡魏景卿俱修道德、隐身不仕的张仲蔚，拒绝光武帝出仕而归耕于富春山的严光，晋辞官归隐田园的陶渊明，晋隐居于酒泉南山、不与世交、被太守马发铭诗赞之为玉的宋纤，唐因家贫求为鲁山令、岁满去职隐居以弹琴自娱的元德秀。有隐逸倾向的有：山涛，嵇康，吕安，阮籍，应玚，刘伶，谢灵运，挫廉逃名不出唯与羊仲、求仲交游的蒋诩。安贫乐道的有：颜回，原宪。行事洒脱、率真的有：忽忆戴安道、夜访剡溪、过门不便而返的王徽之。这些文人大多追求清静无为、放任自如的生活，具有较强的隐逸倾向，作者在诗中对他们是赞赏和崇拜的态度，往往用他们来指代死者或称赞死者，从中也可以看出道教清静无为、安贫乐道、修身养性思想对文人的普遍影响。究其原因主要是汉代以来，中国文人大多接受过正统的儒家文化的熏陶，养成了建功立业、忧国忧民的意识，但往往遭到君主制封建专制制度的打压和控制，所以心灰意冷、愤世嫉俗，在野文人也承受着伴君如伴虎的压力和对封建官僚体制的日益不满，幻想有一天能获得解脱，而道教所宣扬的清静逍遥、恬淡自然的神仙境界正好迎合了他们失落的心理，从而得到广泛的认同。

三、道教语言对哀悼诗的影响

道教也给汉至唐五代哀悼诗的语言带来重大影响，主要体现在两个方面：

首先是语汇影响。

道教为汉至唐五代哀悼诗增加了不少新鲜语汇，如：餐霞（餐食朝霞是道家修炼术之一，相传修道者餐霞辟谷，以求长生）（孟浩然《伤岘山云表观主》）、辟谷（道教方术名词，又称绝谷、断谷、却粒、休粮，意为不食五谷用以灭体内的三尸）（王维《故太子太师徐公挽歌四首》）、协晨（道家称和协的晨景为协层，引申为仙人居住的地方）、坐蜕（美称道士死亡）、丹、云篆（道教符策之字，形体如云）、琪花（神话中的玉树之花）、羽衣（用羽毛编织成的衣服，指道士之衣，亦指道士）、五芝（《抱朴子·仙药》："五芝者，有石芝，有木芝，有草芝，有肉芝，有菌芝，各有百许种也。"[①]道教称服五芝可长生。）（皮日休《伤开元观顾道士》）、烟霞、丹液、紫阳（传说中古代神仙常以紫阳为称号）（王维《过太乙观贾生房》）、华表千年、丹炉九转功（晋葛洪《抱朴子·内篇·金丹》：一转之丹，服之三年得仙。二转之丹，服之二年得仙。……九转之丹，服之三日得仙……其转数多，药力盛，故服之用日少，而得仙速也。[②]）、形蜕、飞升（郑璧《和袭美伤顾道士》）、真灵、玉书、紫微（张贲《奉和袭美伤开元观顾道士》）、芝田（传说中仙人种灵芝的地方）、王子晋（庾信《伤王司徒褒诗》）、龙驾（卢思道《乐平长公主挽歌》）、驭风（谓仙道御风而行）、仙路、帝宫（天宫）、神仙（刘长卿《故女道士婉仪太原郭氏挽歌词》）、羽客（刘长卿《杪秋洞庭中，怀亡道士谢太虚》）、神超、三清（道教的最高神与教主：玉清元始天尊、上清灵宝天尊、太清道德天尊，总称为"虚无自然大罗三清三境三宝天尊"）、白简、朱陵、炼更生、药奠（陆龟蒙《和袭美伤开元观顾道士》）、蓬莱（又称"蓬壶"，神话中渤海里仙人居住的三座神山之一，另两座为"方丈""瀛洲"），常泛指仙境）、缩地（一种能缩地脉日行千里的仙术）、升天白日（一种仙药，晋葛洪《抱朴子·仙药》载：参成芝，赤色有光，扣之枝叶，如金石之音，折而续之，即复如故。木渠芝，寄生大木上，如莲花，九茎一丛，其味甘而辛。建木芝实生于都广，其皮如缨蛇，其

① 王明著《抱朴子内篇校释》，中华书局1980年版，第197页。

② 王明著《抱朴子内篇校释》，中华书局1980年版，第77页。

实如鸾鸟。此三芝得服之，白日升天也。[①])、衔符(传说晋道士吴猛有神术，一阵风起，猛书符掷于屋上，一青鸟衔符而去，少时风止。见《搜神记》卷一)、仙宫(白居易《德宗皇帝挽歌词四首》)、丹洞(沈佺期的《哭道士刘无得》)、玄关、绿道业(登记修道者的名籍以便存查)、蜕壳(遗骸)、仙庙、药犬(贯休《闻赤松舒道士下世(东阳未乱前相别)》)、玄宫(仙人居住的宫殿)(贯休《怀赤松故舒道士》)、修道(姚合《哭砚山孙道士》)、灵仙(宋之问《使至嵩山寻杜四不遇慨然复伤田洗马韩观主因以题壁赠杜侯杜四》)、仙骥(指仙鹤，因传说为仙人所骑乘)(刘祎之《孝敬皇帝挽歌》)、华胥(梦境、仙境)(贾曾《孝和皇帝挽歌》)、方丈(古代传说中三神山之一)(元稹《宪宗章武孝皇帝挽歌词三首(膳部员外时作)》)、白鸡黄犬(喻仙家生活)(杨衡《哭李象》)、白犬(仙药)(姚合《哭砚山孙道士》)、阿母(李群玉《和吴中丞悼笙妓》)、青鸟(神仙或爱情的使者)(李群玉《和吴中丞悼笙妓》)、真人(李益《过马嵬二首其二》)。

其次是道教传说、人物、典故的影响。

汉至唐五代哀悼诗运用了许多关于成仙、求仙、仙化的人物和典故，除上文所提到的辽东鹤(张说《赠工部尚书冯公挽歌三首》等)、王子乔(王维《恭懿太子挽歌五首》等)、弄玉吹箫(韩愈《梁国惠康公主挽歌二首》等)、神仙尉(陈子昂《同旻上人伤寿安傅少府》等)、青骡(王维《哭褚司马》等)、淮王爱道(张说《惠文太子挽歌二首》等)、仙家鸡犬(杨衡《哭李象》等)、鼎湖、号弓(武元衡《顺宗至德大圣皇帝挽歌词三首》等)、金掌露(武元衡《顺宗至德大圣皇帝挽歌词三首》等)、蔡经、徐甲(李德裕《遥伤茅山县孙尊师三首》等)、嫦娥(裴夷直《唁人丧侍儿》等)、云雨(杜牧《伤友人悼吹箫妓》等)、玉燕(许浑《懿安皇太后挽歌词》等)、杜宇(李频《过长江伤贾岛》等)、凫飞(李德裕《遥伤茅山县孙尊师三首》等)之外，常见的还有：

鹿化(李德裕《遥伤茅山县孙尊师三首》等)，见《太平寰宇记》卷九六，葛洪从祖葛玄隐居修道于越州若耶山，人称葛仙公。道成之后，所隐桐几化为白鹿。

苏耽井(杜甫《八哀诗·故右仆射相国张公九龄》等)，见《太平广记》卷十三《神仙十三·苏仙公》、北魏郦道元《水经注》卷三十九《耒水》引《桂阳列仙传》，苏

① 王明著《抱朴子内篇校释》，中华书局1980年版，第200页。

耽幼孤，养母至孝，自幼有神异，后弃母升仙，临行叫母以橘叶井水救人以代养。“橘井”喻孝事父母，或指仙丹妙药，“苏耽宅”喻仙人居处。

升天白日（沈佺期《哭道士刘无得》等），见晋葛洪《抱朴子·仙药》，指一仙药，取三芝服之，白日升天成仙。

缩地（沈佺期《哭道士刘无得》等），见《神仙传》卷五《壶公传》，说费长房有神术，能缩地脉，能倍道兼行，放之复舒如旧也。

松乔（杜甫《哭王彭州抡》等），见《搜神记》卷一和《史记》卷五十五《留侯世家》，指神农时雨师，炎帝少女追之，亦得仙，皆去。

烂柯（窦常《哭张仓曹南史》等），见南朝梁任昉《述异记》卷上、《浪迹丛谈·三谈》卷一《观弈轩杂录》，晋时王质伐木至信安郡石室山，几个童子下棋唱歌，质听着，童子给他一个枣核一样的东西，质含着不觉饥。一会儿，童子谓说：“你还不回去？”质起来一看，斧柯全烂了。回来后发现与他同代的人都死了。喻指世事变迁。

智琼（刘禹锡《夔州窦员外使君见示悼妓诗顾余尝识之因命同作》等），见《艺文类聚》卷七十九《搜神记》：济北弦超，嘉平中，夜梦神女从天而降，自称天上玉女，天帝哀其孤苦而令其下嫁从夫，如此三夕四旦，遂为夫妇。

仙查（刘禹锡《和仆射牛相公追感韦裴六相登庸皆四十余未五十薨殁岂早荣早枯之义今年将六十粗强健因亲故劝酒率然成篇并见寄之作》等）见晋张华《博物志》卷十，亦作“乘楂”。乘坐竹、木筏。传说天河与海通，有一位居海渚的人，年年八月见有浮槎按时去来，遂立飞阁于查上，乘槎浮海而至天河，遇织女、牵牛。此人问此是何处，答：“君还至蜀郡访严君平则知之。”后至蜀，君平说：“某年月日有客星犯牵牛宿。”正是此人到天河时。乘槎客喻指游仙之人。“星槎”喻出行所乘之船。

黄石（许浑《伤虞将军》[1]等），见《史记》卷五十五《留侯世家》，张良曾屈尊为一位老父于圯下取履、穿履，老父送给他一本《太公兵法》，说读了这部书就可以做帝王之师，十年后会发迹，十三年后到济北来找他，谷城山下的黄石就是他。取履比喻尊老受教、屈己尊人。

---

① 一作《伤河东虞押衙》。

九转(郑璧《和袭美伤顾道士》等),见晋葛洪《抱朴子·内篇·金丹》、《新校本后汉书》卷五十三《周黄徐姜申屠列传·序》,服三日得仙的丹药。

九江神仙(陈子昂《同旻上人伤寿安傅少府》等),源自《汉书》卷六十七《杨胡朱梅云传·梅福》,九江寿春人梅福初为官,至元始中王莽颛政,梅福不满朝政,抛弃妻子独去九江,后人传之成仙。

由上观之,道教在汉至唐五代哀悼诗出现的新鲜语汇、道教传说、人物、典故大多与成仙和死亡哀悼有关,它们不仅丰富了汉至唐五代哀悼诗的语汇系统,而且形成了色彩斑斓的意象,构成了美轮美奂的神仙境界,扩大了读者神秘的想象空间,从而增强了作品奇异古奥的风格。

总之,道教以其贵生恶死的信念,超越局限、改造自然的精神吸引了众多哀悼诗作家,以其修道成仙、长生不死淡化存者对死亡的恐惧和增强对生命的乐观,以其清静无为、放任自然的生活态度让人远离纠纷、排除烦恼,以其丰富的语汇、离奇的典故给人以神秘的生命幻想,可以说,道教通过哀悼诗给人们注入了生命的活力与不朽的信念。

第四章

汉至唐五代哀悼诗与佛教

史载佛教从汉哀帝元寿元年(前2年)大月氏王使臣伊口授《浮屠经》开始传入中国,初期主要是作为信仰和方术在民间流行,从两晋时期开始被广大知识分子所接受。可以说,两晋到南北朝是佛教传入并逐渐中国化的时期,唐初到五代是佛教宗派林立、义学大兴的高峰时期,宋到晚清是佛教发展的蜕变期。它对中国文学有重大影响,如佛教翻译文学的形成,"四声""八病"等音韵学的推动,格律诗的形成,变文、宝卷、弹词、鼓词的产生,为古典小说提供新的故事情节和思想内容,对"言语道新"说、"顿悟"说、"妙悟"说、"现量"说、"境界"说、"以禅喻诗"等古代文学批评理论的提出、启发,为文学语言增添新的词汇等等。其对汉至唐五代哀悼诗的影响主要体现为对哀悼诗人、哀悼诗的思想内容和人们的日常生活的影响,而从语汇典故看,其对哀悼诗的影响相对于道教而言则小得多。

一、佛教对哀悼诗人的影响

受佛教影响的汉至唐五代哀悼诗人主要有两类:

一是诗僧。

皎然(约720—约794),俗姓谢,字清昼,湖州长城人,为中国山水诗创始人谢灵运之后,是唐代最有名的诗僧、茶僧。著作甚多,今存《皎然集》十卷、《诗式》五卷,存哀悼诗《哭吴县房耸明府》《哭觉上人(时绊剡中)》。

贯休(832—913),俗姓姜,字德隐,婺州兰溪人。五代著名画僧、诗僧。自编《西岳集》,卒后其弟子昙域编《禅月集》三十卷。存哀悼诗21首,其中悼佛友诗9首:《悼张道古(昭宗时道古官拾遗以直谏贬蜀中死)》《悼罗隐》《怀刘得仁》《闻王慥常侍卒三首》《闻李频员外卒》《经友生坟》《哭灵一上人》《闻大愿和尚顺世三首》《闻赤松舒道士下世(东阳未乱前相别)》《怀赤松故舒道士》《闻无相道人顺世五首》《经弟妹坟》《闻赤松舒道士下世(东阳未乱前相别)》。

齐已(864—943),俗姓胡,名得生,长沙人。唐五代诗僧,多才艺,有诗名,与郑谷、沈彬、孙光宪、尚颜等诗人多有交游唱和。有《白莲集》十卷传世，存佛友诗《守哭西川坛长广济大师》。

灵彻(746或749—816)，也叫灵澈，俗姓汤，字源澄，会稽人，唐律宗僧人，少从严维学诗，入长安与皎然、刘禹锡、刘长卿、吕温交往甚密，诗歌酬唱，名震京师。后遭道僧嫉诬获罪，徙居汀州，元和初遇赦归。著有《律宗引源》廿一卷，存哀悼诗《闻李处士亡》。

灵一(727—762)，俗姓吴，广陵人，唐诗僧，工诗，与皇甫冉、朱放、张继、皇甫曾等为诗友，酬唱往来。存诗一卷，存哀悼诗《哭卫尚书》。

护国，唐江南诗僧，工词翰，有声于天宝、大历年间。今存诗12首，存哀悼诗《伤蔡处士》。[①]

栖白，越中人，唐江南诗僧，大中中为内供奉，赐紫。有《栖白集》一卷，今存诗16首，存哀悼诗《哭刘得仁》。

归仁，唐末五代江南诗僧，住洛阳灵泉寺。存哀悼诗《题贾岛吟诗台》《悼罗隐》。

虚中，袁州宜春人，唐诗僧，好书，工诗，与天策府学士有交往，与齐己、尚颜、栖蟾为诗友，亦曾拜访郑谷、司空图。存哀悼诗《哭悼朝贤》《悼方干处士》。

清尚，唐五代间诗僧，与齐己、李洞为友，苦吟为诗，尝蒙朝廷赐紫。存哀悼诗《哭僧》。

无可，俗姓贾，贾岛从弟，范阳人，唐诗僧，擅长五言传、书法，与马戴、姚合等均有酬唱。有诗集一卷，存哀悼诗《吊从兄岛》《哭张籍司业》。

可止(860—934)，姓马，范阳房山人，唐末五代间诗僧。乾宁三年(896年)，进诗，被赐紫袈裟。后唐明宗天成三年(928年)住洛阳长寿寺，署号文智大师。有诗350篇，编为《三山集》。今存诗九首、断句一联，存哀悼诗《哭贾岛》。

二是有明显爱佛倾向或写有与佛教相关作品的诗人。这类诗人数量比较多，现择主要代表作家述之。

两晋南北朝时期，中国文人对佛教教义的理解还比较简单、肤浅，所以在文学创作中很难利用佛教观念在艺术上作出突出的表现。南北朝佛教在北朝重禅

① 一说为杨衡所作。

法、重修持，在南朝重义理、重文字，所以其对文学的影响主要是在南朝。集中表现在东晋初、东晋末、晋宋之际，分别以支遁、慧远、谢灵运为代表，南齐竟陵王萧子良开西邸召文学之士，有沈约、谢朓等“竟陵八友”，梁、陈时期有徐陵、江总等人。

孙绰(314—371)，字兴公，太原中都人。历任太学博士、永嘉太守、迁散骑长侍、领著作郎、袭爵长乐侯。其《遂初赋序》称自己幼时好老、庄之道，也很倾心佛教，所著的长篇《喻道论》与郗超的《奉法要》均是中国文人创作的最早的论佛文字，所提到的佛即周、孔是中国文人统合儒释的先驱。他在佛教中看到的“死者报生之验”和“以劝孝为事”把佛道与中国的有鬼论结合起来，此对当时及后世影响都很大。他的《游天台山赋》末段即是将玄谈与佛理结合的体现。

谢灵运(385—433)，祖籍陈郡阳夏(今河南太康)，东晋士族谢氏谢玄之孙，袭封康乐公。他一生好佛，义熙八年(412 年)高僧慧远请他作《佛影铭序》，后所制慧远诔表明自幼即有皈依佛教之志。还参加了北本《涅槃经》的修治工作。他身处两朝交替之际，心怀旧主而勉仕新朝，并再三遭到打击排挤，不得不趋遗世并易于契合宗教观念，在儒释之间，以为论心性当推佛教，著有《辩宗论》。他的山水诗往往渗透着宗教感情，在自然风光的描写中流露出出世意识，如《石壁精舍还湖中作诗》。讲佛理的代表性议论文章有《辩宗论》《山居赋》《维摩经十譬赞》《祇洹像赞》《佛影铭序》《庐山慧远法师诔》等。

齐竟陵文宣王萧子良游集才隽，时有“八友”及柳恽、江华、范缜、王僧孺、孔休源等人，他礼接僧徒，屡开讲席，多有著述，《广弘明集》卷十九庾杲之《为竟陵王致书刘隐士》、《南齐书》卷四十记载其招致名僧讲语佛法之事，因其倡导，这一时期出现了文人崇佛的高潮。

沈约(441—513)，字休文，吴兴武康人，历经宋、齐、梁三代，梁武受禅，除尚书仆射，封建昌县侯。著述遍及四部，以《晋书》一百一十卷和《宋书》百卷著称，是当时文坛领袖。他以儒术立身，又热衷和虔诚佛、道两教，是古代士大夫兼容三教的典型。其精通内典，著有《四声》，总结出四声八病，创永明体诗，是唐代格律诗的先驱。有关佛教的诗作有《八关斋诗》《和王卫军解讲诗》，专门张扬佛理的论、记、序、铭很多，有《内典序》《究竟慈悲论》《均圣论》《郊居赋》《瑞石像铭》《释迦文佛像铭》《千佛颂》《弥勒赞》《栖霞精舍铭》等。齐武帝殁后他转东阳太守，结交隐居于金华山的高僧慧寂，有《游金华山诗》《赤松涧诗》等诗。

徐陵（507—583），字孝穆，东海郯人，梁时官东宫学士、湘东王镇西记室参军。陈时受禅，任太府卿、五兵尚书、御史中丞等职，封建昌县侯。后进中书监，迁左光禄大夫、太子少傅，是骈文名家。在陈代与智者大师结交，有四首给智者大师的书状，其中《五愿上智者大师书》表现其奉法的虔诚，《谏仁山深法师罷道书》是为规劝想还俗的和尚说为僧之十利，《东阳双林寺傅大士碑》是宣扬儒释调和观念。

江总（519—594），字总持，济阳考城人，梁时任太子洗马等职，陈时征为中书侍郎直侍中省，官至尚书令，隋时为上开府。好佛，弱年就寄心佛说。两度入山，20多岁入钟山，从灵曜寺法则受戒。台城陷，入会稽，栖止龙华寺，制《修心赋》。晚年仕陈，与摄山慧布上人交游，悟人生苦空，守戒，菜食。他多制佛教碑文，名作有《摄山栖霞寺碑》。所作的有关佛教题材的诗有《游摄山栖霞寺诗》《入摄山栖霞寺诗》《静卧栖霞寺房望徐祭酒诗》等。

初唐的文坛延续着南北朝崇佛风气，文人普遍习佛，"四杰"中的王勃、杨炯写过不少护法文字。唐代诗文革新的先驱者陈子昂（661—702）早年在蜀中与僧晖上人交游甚密，入京后写过《为僧谢讲表》等释教文字。当时武则天佞佛正甚，陈子昂论事书疏，独不言佛教。他的名诗《感遇》有批评和赞扬佛教的内容。朝廷重臣及当时文坛领袖张说（667—730）是佛教信徒，对禅宗神秀执弟子礼，亲服师丧，撰《唐玉泉寺大通禅师碑》，参与过义净、菩提志流的译经工作，有关于佛教的《般若心经赞》《唐陈州龙兴寺碑》等文章。李白（701—762）一生好道，但其诗对佛教也有涉及。杜甫（712—770）在青年时期倾心禅宗，他写过《秋日夔府咏怀奉寄郑监李宾客一百韵》《夜听许十一诵诗爱而有作》《秋日夔府咏怀》等关于佛教的诗。

王维（701—761），字摩诘，河东人。母亲崔氏是佛教徒，他早年就开始信佛教，其《大荐福寺大德道光禅师塔铭》说师事道光十年。开元、天宝年间时值佛教禅宗大盛，王维一生习禅，与南、北宗和尚交往密切，诗见《为舜阇黎谢御题大通大照和尚塔额表》《谒璿上人并序》《大唐大安国寺故大德净觉师碑铭》《过福禅师兰若》《能禅师碑》《同崔兴公送衡岳瑗公南归诗序》等。他在李林甫执政和"安史之乱"前后的黑暗政治中消磨了早年的积极用世之志，用"亦官亦隐"的方式在官僚社会中求生存，到佛教中寻求解脱。后隐居终南山，与“道友”裴迪等结交僧徒，读经悟禅，成为超尘脱俗的“法侣”与“高人”。总之，佛教对王维诗歌思想内容的消极面影响较大，对其艺术的积极面影响较多，特别是对其山水诗的意境和以禅入诗等方面影响较大。

盛唐到中唐时期，佛教名僧辈出，宗派林立，尤其是禅宗、华严宗、天台宗在理论上多有建树，而且都在努力寻求与中国传统学术契合之处，各派名僧多出入文坛，与文人广泛交游，推动了文坛的习佛风气。一代文坛柳宗元、刘禹锡、白居易等都信仰佛教。

柳宗元(773—819)，字子厚，河东蒲人。他信仰佛教，习天台宗，佛教史书《佛祖统纪》把他当作护法中坚列入天台九祖荆溪湛然门下。他在元和十年(815年)《送巽上人赴中丞叔父召序》中说他自幼好佛，求其道已30年。少年时随父亲柳镇去洪州，马祖道一正在那里传“洪州禅”，所接触到的江西观察使李兼、梁肃、权德舆、杨凭等人都信佛。成年后在长安做官时，与文坛的僧侣有密切交往，与文畅、灵澈等出入官场。“永贞革新”失败、被贬永州后，寄居在古庙龙兴寺，与湛然的再传弟子重巽密交，见诗《巽上人以竹间自采新茶见赠酬之以诗》《巽公院五咏》等。他写释教碑较多，出名的且重要的佛学著作有《曹溪第六祖赐谥大鉴禅师碑》。他女儿和娘病后更名为佛婢，病重后又去发为尼，号初心，死后，又为之撰写《下殇女子墓砖记》。他的佛学理论观点见《送文畅上人登五台遂游河朔序》《送元暠师序》《送僧浩初序》《送十八山人南游序》《南岳弥陀和尚碑》《柳州复大云寺记》《曹溪第六祖赐谥大鉴禅师碑》《南岳大明寺律和尚碑》《永州龙兴寺西轩记》《巽公院五首》《净土十疑论》《永州龙兴寺修净土院记》《永州法华寺新作西亭记》《法华寺石门精室三十韵》等。

白居易(772—846)，字乐天，晚号香山居士，祖籍太原。早年开始习佛，贞元十五年(799年)由宣城北归洛阳以后就师事洛阳圣善寺凝公，凝公圆寂后为其作《八渐偈》。《答崔侍郎钱舍人书问因继以诗》《答户部崔侍郎书》《钱虢州以三堂绝句见寄因以本韵和之》《传法堂碑》《和答诗十首·和思归乐》《书白乐天集后二首》等诗都写了他学佛的经历。为官之后，适逢安史之乱，后又内有宦官弄权、外有强藩割据，白居易礼佛、敬僧、读经、参禅是为了谋身自立和寻求精神安慰，他一方面始终热衷世事，另一方面又耽于生活享受，成了文人居士的典型，对后来士大夫间居士佛教的发展起了推动作用。他的关于佛学思想的诗文有《效陶潜体诗十六首》《和梦游春诗一百韵》《郡斋暇日忆庐山草堂兼寄二林僧社三十韵多叙贬官已来出处之意》《劝酒寄元九》《卯时酒》《醉吟二首》《重修香山寺毕题二十二韵以纪之》《画西方帧记》《华严经社石记》《赠草堂密上人诗》《不能忘情吟》《题旧写真图》《三教论衡》等。

晚唐五代禅宗更盛,在文学上表现也很突出,李商隐等诗人都与禅宗关系密切。

二、佛教思想内涵对哀悼诗的影响

(一)苦

"苦谛"是佛教的基础教义"四谛"之一。佛教把人的感受分为苦受、乐受、不苦不乐受三种,从根本上说其一切感受都是"苦",人生原是一大"苦聚",社会人生的本质就是"苦","苦"是全部佛教的出发点。《增一阿含经·四谛品》将它分为八种:"生苦、老苦、病苦、死苦、忧悲恼苦、怨憎会苦、恩爱别离苦、所欲不得苦,取要言之,五盛阴苦。是谓名为苦谛。"[①]简言之,可分为两类:一是生、老、病、死这人生的四大自然过程为苦;二是将主观愿望得不到满足即忧悲恼、怨憎会、恩爱别离、所欲不得的视为苦。一句话,"五盛阴苦"。这种思想在汉至唐五代哀悼诗中表现为两个方面:

一是人生无常,即人由于主观条件和客观条件的限制,不能把握自己的命运,无法预知下一步将要发生的事情,更不能预知自身和他人何时死亡,因而心生痛苦。这种痛苦是人类普遍而广泛、深刻而永恒的痛苦,它在汉至唐五代哀悼诗尤其是汉代以来的哀悼诗中频繁出现,而且有多种表现形式。

以副词"忽""翻""遽""竟""岂"抒写死亡的突如其来,如:

在数竟不免,为山不及成。——(陶渊明《悲从弟仲德》)

忽以千金笑。长作九泉悲。——(阴铿《和樊晋陵伤妾诗》)

① 中国佛教文化研究所点校:《增壹阿含经》,北京:宗教文化出版社1999年版,第257页。

与善良难验，生涯忽易穷。——（骆宾王《伤祝阿王明府》）

宝历方无限，仙期忽有涯。——（刘禹锡《敬宗睿武昭愍孝皇帝挽歌三首》）

零落三四字，忽成千万年。——（孟郊《李少府厅吊李元宾遗字》）

逸气竟莫展，英图俄夭伤。——（李白《自溧水道哭王炎三首》）

颜回竟短折，贾谊徒忠贞。——（杜甫《八哀诗·赠左仆射郑国公严公武》）

歼良从此恨，福善竟成虚。——（李端《哭张南史因寄南史侄叔宗》）

正歌千里曲，翻入九重泉。——（江总《和张记室源伤往诗》）

宾吊翻成鹤，人亡惜喻龟。——（宋之问《范阳王挽词二首》）

始是牵丝日，翻成撤瑟年。——（皎然《哭吴县房耸明府》）

今与牵衣儿，翻号死消息。——（鲍溶《悼豆卢策先辈》）

遽痛兰襟断，徒令宝剑悬。——（卢照邻《哭明堂裴主簿》）

遽泄悲成往，俄传宠令回。——（王湾《哭补阙亡友綦毋学士》）

人世方为乐，生涯遽若休。——（孙逖《故右丞相赠太师燕文贞公挽词二首》）

俯仰遽终毕，封树已荒凉。——（韦应物《送终》）

遽闻伤别剑，忽复叹藏舟。——（岑参《韩员外夫人清河县君崔氏挽歌二首》）

岂言陵霜质，忽随人事往。——（沈约《怀旧诗九首·伤谢朓》）

岂意中台坼，君当风烛前。——（庾信《伤王司徒褒诗》）

岂料吾方病，翻悲汝不全。——（白居易《病中哭金銮子（小女子名）》）

岂料文章远，那知瑞草秋。——（姚合《哭贾岛二首》）

岂知黄庭客，仙骨生不成。——（孟郊《伤哉行》）

岂知修道者，难免不亡身。——（姚合《哭砚山孙道士》）

“忽”是一个表示情态、方式的副词，是忽然、突然之意，它往往表示前后语意的相反，如上述的“千金笑”与“九泉悲”，“生涯”与“易穷”，“无限”与“有涯”，“三四字”与“千万年”，突出生死的逆转让人很吃惊，一下子难以接受。此词在汉至唐五代哀悼诗中出现了106次，表现了生死无常给人的一种突兀之感，体现出一种普遍的生命悲剧感。“竟”是一个表示语气的副词，是竟然之意，含有出乎意料的意思，比“忽”所呈现出来的强度弱一些，但也强调了事与愿违之意。如上述的诗人没想到王炎会突然夭伤而逸气莫展、严武居然短命、张南史去世后福善变成了虚设。“翻”是表示转折的副词，相当于“反而”“却”，也相当于英语的 on the contrary，如上述生前的“千里曲”与死后的“九重泉”、“宾吊”与“变鹤”、“牵丝日”与“撤瑟年”、“牵衣儿”与“死消息”之间分别用“翻”字连接，写出了意料不到的人突然死亡和人事变动。“遽”是一个表时间的副词，有立刻、马上之意，也是一个表示语气的副词，是竟然之意，遽痛、遽泄、遽终毕、遽闻都是“遽”修饰动词，表示听到死讯后生理上、心理上迅速作出的超乎寻常的反应，“生涯遽若休”中的“遽”与“竟”同义，都表示事与愿违。“岂”是一个语气副词，假借作虚词，用在句首或句中，表示反问，它与上述的言、意、料、知相搭配，写出了死亡来临的不可意料给人带来的震惊。“忽”“竟”“遽”“岂”这四个副词都表达了生死不可预料的含义。

以动词“惊”抒写死亡的突如其来，如：

前年曾见两鬟时，今日惊吟悼妓诗。——（刘禹锡《夔州窦员外使君见示悼妓诗顾余尝识之因命同作》）

执友惊沦没，斯人已寂寥。——（杜甫《哭王彭州抡》）

倚伏信冥昧，夭修惊后先。——（皎然《哭吴县房耸明府》）

沉痛此丈夫，惊呼彼穹苍。——（孟郊《哭李观》）

“惊”是一个心理动词，表惊动、震惊之意，如上述刘禹锡的“惊吟悼妓诗”、杜甫的“惊沦没”、皎然的“惊后先”、孟郊的“惊呼”均表达了死亡突然来临时给人的震撼之感。

以疑问代词“谁”“何”“那”“如何”抒写死亡的突如其来，如：

何意中见弃，弃我就黄垆。——（吴质《思慕诗》）

如何辞白日，千载隔音通。——（随郡王萧子隆《经刘瓛墓下诗》）

谁料花前后，蛾眉却不全。——（李煜《梅花》）

谁言老龙吉，未免伯牛灾。——（王维《哭褚司马》）

何言蒿里别，非复竹林期。——（江总《在陈旦解醒共哭顾舍人诗》）

何言幽咽所，更作死生分。——（褚亮《在陇头哭潘学士》）

何言陵谷徙，翻惊邻笛悲。——（孔绍安《伤顾学士》）

痛哉玄夜重，何遽青春姿。——（沈佺期《伤王学士》）

那知鼎成后，龙驭弗淹留。——（吕温《顺宗至德大圣大安孝皇帝挽歌词三首》）

那知冥寞客，不有补亡篇。——（孟郊《李少府厅吊李元宾遗字》）

“谁”，哪个人或哪些人，相当于英语中的 who，与动词“料”“言”表示反问语气，指没有人料到、没有人说到的意思，抒发了对死亡到来的不可预测。这里的“那”相当于疑问词“哪”，用于反问句，表示否定，与后面的动词“知”搭配，写出了死亡的不可预料。表示反问的疑问代词“何”与动词“言”“意”搭配，也是没想到死亡突然来临的意思。“如何”意为怎么、怎么样，相当于英语中的“how”“why”，与“辞白日”相连，抒发了诗人没料到人一旦去世之后就永不可相见的意外。

二是人生苦短，这种苦大体有两种表现形式：

用形容词或时间名词明示人类生命的短暂，例如：

青春速天机，素秋驰白日。——（江淹《潘黄门岳述哀》）

偶来纷喜怒，奄忽已复辞。——（柳宗元《掩役夫张进骸》）

人生倏忽间，旅衬飘若遗。稚子新学拜，枯杨生一枝。人生倏忽间，精爽无不之。旧国数千里，家人由未知。人生倏忽间，安用才士为。——（顾况《哭从兄苌》）

驱驰三楚掾，倏忽一空名。——（陈陶《哭王赞府》）

生来岁未周，奄然却归无。——（于鹄《悼孩子》）

定非识所怜。脆促良可哀。——（谢灵运《庐陵王墓下作诗》）

可叹浮生促，吁嗟此路难。——（骆宾王《乐大夫挽词五首》）

才雄望羔雁，寿促背貂蝉。——（王维《哭祖六自虚（时年十八）》）

异才伤促短，诸友哭门阑。——（司空曙《哭王注》）

才子浮生促，泉台此路赊。——（卫象《伤李端》）

贤愚自修短，天色空苍苍。——（刘商《哭韩淮端公兼上崔中丞》）

秋风何太早，吹落禁园花。——（张谓《玉清公主挽歌（代宗之女）》）

自有藏舟处，谁怜隙驷过。——（骆宾王《丹阳刺史挽词三首》）

俯仰遽终毕，封树已荒凉。——（韦应物《送终》）

辅嗣俄长往，颜生即短辰。——（褚亮《伤始平李少府正己》）

逸气竟莫展，英图俄夭伤。——（李白《自溧水道哭王炎三首》）

虹影俄侵日，龙髯不上天。——（刘禹锡《敬宗睿武昭愍孝皇帝挽歌三首》）

朱邸方酬力战功，华筵俄叹逝波穷。——（李商隐《过伊仆射旧宅》）

上述例子中的“奄忽”指疾速、倏忽，“倏忽”指很快地，“奄然”指忽然，“脆促”指生命脆弱而短暂，“促”指近、时间紧迫，“促短”“短”“速”“早”，这些均是描摹时间短暂的形容词；“隙驷”“俯仰”比喻很短暂的时间，“俄”指短时间，“瞬息”形容极短促的时间，这些都是形容时间短暂的名词。这些形容词和名词与表示人生、浮生的名词相搭配表现出的是人生短暂而脆弱的感伤情绪。

用比喻、反衬修辞手法喻说或衬说人类生命的短暂，如：

却到同游地，三年一电光。池塘春草在，风烛故人亡。——（韦庄《哭同舍崔员外》）

今复哀若人，危光迅风烛。——（徐彦伯《题东山子李適碑阴二首》）

风灯无定度，露薤亦逡巡。——（李咸用《哭所知》）

谁疑春光昃，何遽秋露轻。——（江淹《伤内弟刘常侍诗》）

阳原叹薤露，阴壑悼藏舟。——（唐暄《还渭南感旧二首》）

可惜千首文，闪如一朝花。——（孟郊《吊卢殷》）

去秋三五月，今秋还照梁。今春兰蕙草，来春复吐芳。悲哉人道异，一谢永销亡。——（沈约《悼亡诗》）

上述例子中用电光、危光、风烛、风灯、露薤、秋露、薤露、一朝花比喻人类生命的短暂，用的是比喻的修辞手法。沈约的《悼亡诗》中用四季可以轮回、月亮可以永照、花草可以再芬反衬人类生命的短暂和一去不复返，此为反衬修辞手法，在三国两晋南北朝诗中用得较多。

总之,人生无常和人生苦短反映了人们对死亡无法把控的恐惧和对生离死别的无奈,它源于佛教所说的在生、死过程中的忧悲恼、恩爱别离、所欲不得的心理痛苦,即贪心、痴心、爱心。

(二)空

佛教中的“空”不是把“万物”在心灵中虚化而使心灵得到宁静的“心无”,不是现象世界以暂时的假有呈现的“即色”,也不是现象世界的虚妄的“本无”,而是如僧肇所说的现象世界真正的本原是超越一切的绝对存在,它不动不静、不有不无,它变动在时间的流程里,呈现于人心的感觉中,让人觉得似乎是“有”,但是由于时间差异性的本原是虚幻的,前提不真实导致结果也不真实,所以人心中感觉的聚合也是不真实的、虚幻的,因而是“无”。提出“空”的“意义在于不让人们为了有而刺激欲望躁动,也不让人们为了无而‘涤除万物,杜塞视听,寂寥虚豁’,而是为了让人不执着于一端,‘即物顺通’又‘性莫之易’,也就是说既在现象世界中自由适宜,又能在心灵世界中清净纯明。”[①]它包括“五阴聚合”“十二因缘”“业报轮回”的思想,体现在汉至唐五代哀悼诗中,主要是用于化解死亡给存者带来的痛苦和悲哀。

1. 五阴聚合

“五阴”指色、受、想、行、识五类现象的总称,“有情”即“众生”,是由五阴组成的,是多种因素的集合体,它本身没有单独的“自性”,不是独立永存的实体,也叫“人无我”。而“我”是一种独立自主、有绝对自由的永恒的精神体,是一种“常一一自在”的存在,“人无我”也叫“人空”,即据此来否定“有情”和人的真实存在。“五阴聚合”在汉至唐五代哀悼诗中往往用于淡化死亡的痛苦。例如杨炯的《和旻上人伤果禅师》:

净业初中日,浮生大小年。无人本无我,非后亦非前。

① 葛兆光:《中国思想史》第1卷,复旦大学出版社2001年版,第408、409页。葛兆光认为侯外庐等在《中国思想通史》(人民出版社1957年版,第445页)第三卷第十章的说法大体可以成立:“僧肇佛学思想的发展途径是由玄学而般若,复由般若而融贯三论。”

箫鼓旁喧地，龙蛇直映天。法门摧栋宇，觉海破舟船。
书镇秦王饷，经文宋国传。声华周百亿，风烈被三千。
芜没青园寺，荒凉紫陌田。德音殊未远，拱木已生烟。

此诗抒发了诗人对果禅师的悼念之情。前四句说佛理；次四句用“龙蛇”喻死之典和“摧栋宇”“破舟船”的比喻含蓄说明果禅师的去世；第三个四句说果禅师功业深厚、节操高尚、影响深远；第四个四句以萧条之景衬托哀情，抒发对果禅师的哀悼之情。此诗的关键是在前四句佛理的阐说：第一、二句说佛教将一日分为三时：初日分、中日分、后日分，将人的一生分为短寿的和长寿的；第三、四句中的“无人”在佛教中指人空，即谓人是五蕴的暂时和合，只有假名，而无实体。“本”本来。“无我”佛教也称性空，指世界上一切事物都没有独立的实在自体，自性为空。“非后亦非前”指非前后俱得，是佛教“四种得之”之一，指非法前得，非法后得，也非法现在得，而是不受现在、过去、未来三世时间所拘束者。此四句佛理以佛教的“空”解释了人寿命的长与短、生与死以及存在的本相，人人如此，无须哀伤，以此淡化了对果禅师去世的悲哀，同时也符合他作为和尚的身份。

又如韦应物的《夏日》：

已谓心苦伤，如何日方永。无人不昼寝，独坐山中静。
悟澹将遣虑，学空庶遗境。积俗易为侵，愁来复难整。

此五古为诗人抒发自己对亡妻的悲痛悼念之情。第一、二句抒发自己失去亡妻之后心情悲痛，觉得白天时间很漫长。第三、四句写别人白天都睡午觉，自己睡不着，孤独地坐在山中，觉得周围很寂静。第五、六句中的“悟澹”指觉悟到淡泊之理，“遣虑”指排除忧伤，“空”指佛教的“诸法皆空”之理，即一切事物和现象皆虚幻不实。“庶”，庶几，指也许可以。“遗”，忘却。“境”佛教指人的一切认识对象。这两句指自己想用佛教的觉悟之道去排除对亡妻思虑的伤痛之愁，学习佛家的“空”法应该可以忘记忧愁吧。第七、八句抒写自己对亡妻的思念已经成为习惯，而且很容易乘虚而入，忧愁一来用“空”法也很难调整。此诗的“空”即明言是用以排遣死亡之痛的方法。

再如贾岛的《哭柏岩和尚》：

苔覆石床新，师曾占几春。写留行道影，焚却坐禅身。
塔院关松雪，经房锁隙尘。自嫌双泪下，不是解空人。

此五律为诗人于元和十年(815年)为哀悼柏岩和尚而作。首联用人去物新手法描写诗人看到石床上长出了新苔藓，拟想禅师曾经在此坐过多少年的情景；颔联写禅师的肉身已经被烧掉了，只留下他行路或传道修行时的写真；颈联描绘禅师墓园的松树覆盖着大雪，曾经讲经的房子紧锁，已经盖满尘埃，前三联写景抒情；尾联说理，其中的"空"即佛家所说的诸法皆空之理，《楞严经》说："觉身为碍，消碍入空。"自己无法像解空者那样领悟空理、消除障碍，因而为禅师的去世而悲伤落泪。

"五阴聚合"的思想在其他诗歌也有体现，如，"短期存大梦，旧好委浮烟"(李群玉《伤友》)中的"大梦"喻人生虚幻无常；"生死悠悠尔，一气聚散之"(柳宗元《掩役夫张进骸》)即说明生是由气聚而成、死是由气散所致；"谁识先生事，无身是本心"(姚合《哭费拾遗征君》)中的"无身"是指人无独立永恒存在的实体，这是世界的本相，等等。这些都体现了先秦至唐五代人们用佛教思想化解死亡之悲的用心。

2. 十二因缘

缘起说认为世间人生和世间现象是普遍联系的，都处在生灭变化之中，没有永恒不变的事物，而且只有在一定的条件下才能生起，因是决定性条件，缘是辅助性条件，所以叫缘起。"十二因缘"(也叫十二支缘起)是由十二个概念构成的一个前后相续的因果链条，按照《长阿含经·大缘方便经》的说法，它的组成及顺序是：无明缘行，行缘识，识缘名色，名色缘六入，六入缘触，触缘受，受缘爱，爱缘取，取缘有，有缘生，生缘老死[①]，这种因果关系最终导致业报轮回的教义。在汉至唐五代哀悼诗中把生死理解为因缘的聚散有助于化解人们对死亡的悲哀。例如元稹的《哭子十首》之四：

① 杜继文著《佛教史》，任继愈总主编，南京：江苏人民出版社2006年版，第17页。

莲花上品生真界，兜率天中离世途。彼此业缘多障碍，不知还得见儿无。

长庆元年(821 年)夏季，元稹年仅 14 岁的儿子元荆病死，元稹时在京为翰林学士，闻讯甚悲，因有此作。“真界”指佛界、佛国，“兜率天”指佛教所说的一种天界，第一、二句将儿子比作是上品莲花，喻其有佛性，来历不凡，只可惜中途离世。“业缘”为佛家语，即因缘，第三、四句说自己和儿子的关系是因缘相聚所致，现在儿子离世是因为彼此因缘中有许多障碍，不知道今后还有没有缘分再成为父子、再相见。在此，因缘成了父子生离死别的决定性因素，而且这因缘是不受主观意志控制的，所以诗人虽然表达了失去儿子的万般哀伤和对儿子的一片痴情，但同时也含有借佛理表达一种坦然接受的无奈。

又如白居易的《念金銮子二首》其二：

与尔为父子，八十有六旬。忽然又不见，迩来三四春。
形质本非实，气聚偶成身。恩爱元是妄，缘合暂为亲。
念兹庶有悟，聊用遣悲辛。暂将理自夺，不是忘情人。

此诗是白居易于元和八年(813 年)为悼念年仅三岁就去世的女儿而作，前四句叙说自己老年失女，第五、六句化用史书和子书的语言，《南齐书·周颐传》列传第二十二曰：“众生之禀此形质，以畜肌肩，皆由其积壅凝迷，沈流莫反，报受秽浊，历苦酸长，此甘与肥，皆无明之报聚也。”[①]《庄子·知北游》曰：“人之生，气之聚也。聚则为生，散则为死。”[②]第七、八句化用佛教的语言，《楞严经》卷八曰：“因诸爱染，发起妄情。情积不休，能生爱水。”[③]《佛说轮转五道罪福报应经》曰：“因缘合会谁为亲，五戒十善除去瞋。”[④]此四句用佛理说明生死是由五阴聚散所致，

① (梁)萧子显撰，《南齐书》，北京：中华书局 1972 年版，第 733 页。

② (清)郭庆藩撰，王孝鱼点校《庄子集释》，北京：中华书局 2006 年版，第 733 页。

③ 赖永海主编，刘鹿鸣译注《楞严经》，北京：中华书局 2012 年版，第 347 页。

④ 《中华大藏经》编辑局编《中华大藏经》汉文部分 36. 北京：中华书局 1989 年版，第 899 页。

亲情恩爱亦是因缘合会所成，条件具备即为亲，不具备则失之，所以称为“暂”，因此，第九、十句说大家要悟到这一道理，以此去化解或者说排遣因亲人去世所致的过度悲伤。最后化用王戎哭子的典故，《世说新语》下卷上《伤逝》说王戎丧子甚悲，山简前往探望，简问其何至于如此悲伤，王戎回答：“圣人可以忘情，我不是圣人，故无法忘情。”简听后也为之悲伤。① 诗人借此说自己暂时将生死佛理放在一边，也不是像圣人那样可以忘情，所以还是为失去女儿而哀伤、悲苦。

再如李郢的《伤贾岛无可》：

却到京师事事伤，惠休归寂贾生亡。何人收得文章箧，独我来经苔藓房。
一命未沾为逐客，万缘初尽别空王。萧萧竹坞斜阳在，叶覆闲阶雪拥墙。

此七律为贾岛的从弟李郢为哀悼贾岛之作，首联写诗人到京师之后碰到一系列的伤心事，惠休和贾岛先后去世；颔联写诗人独自到苔藓房为贾岛收拾装有文章的箱子；颈联抒写贾岛屡试不第，文宗开成二年（837 年）还被诽谤贬为遂州长江主簿，而后早逝；尾联借景抒发哀悼之情。值得注意的是渗透在其中的佛家思想，佛教修习的最终目标就是摆脱世间因缘的束缚以获得“涅槃”，“万缘初尽”就是指贾岛已经摆脱了世间因缘的束缚而涅槃了，“空王”指佛的尊称，“别空王”就是告别了佛，亦是含蓄指出贾岛的去世。在世就是因缘聚合、束缚，去世就是摆脱因缘、获得“涅槃”，所以还是值得庆贺的好事，不需要过度悲伤。

此外，还有一些诗歌也表达了类似的因缘聚合思想，如“乍失疑犹见，沉思悟绝缘”（王维《哭祖六自虚（时年十八）》）写王维刚刚听到祖六自虚去世的消息时还有点怀疑，沉思之后才领悟到其已去世、与世间因缘已绝。“安知忘情子，爱网素已褰”（皎然《哭吴县房耸明府》）中的“爱网”指佛教谓人受世间因缘束缚，如坠网中，犹情网，此句指诗人已是忘记世间七情六欲的忘情子，早已不受世间爱网所困（但还是为其友的仁义精神所动，为其动情悲伤），等等。

3. 业报轮回

业报轮回源于十二因缘，十二因缘是历涉过去、现在、未来三世的因果链条，

---

① 南朝梁刘孝标注：一说是王夷甫丧子，山简吊之。

现世的果必然有前世的因，现世的因必会引出来世的果，如此往复循环形成三世二重因果，如下图①。

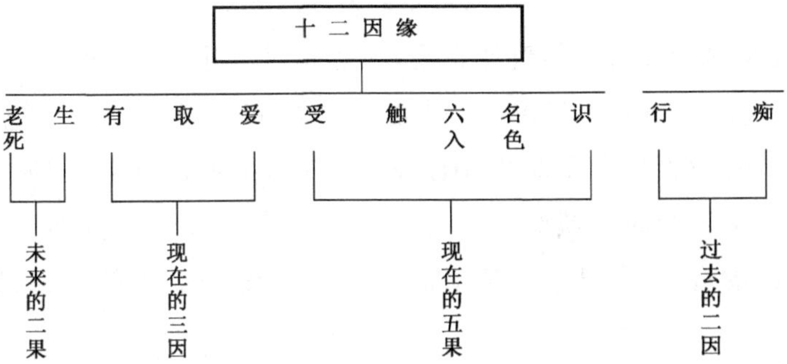

导致果报之因的行为叫业，即人的一切身心活动，分为身（行为）、口（言语）、意（言语）三类，其有一种永不消失的导致因果报应的神秘力量，叫业力，有其业必有其报，这是铁的法则。业报轮回思想在汉至唐五代哀悼诗中主要体现为以三世轮回抒发诗人对死者的留恋和悲痛之情。例如元稹的诗：

岂无同穴期，生期谅绵永。又恐前后魂，安能两知省。
寻环意无极，坐见天将晒。吟此梦井诗，春朝好光景。——（《梦井》）

闲坐悲君亦自悲，百年都是几多时。邓攸无子寻知命，潘岳悼亡犹费词。
同穴窅冥何所望，他生缘会更难期。唯将终夜长开眼，报答平生未展眉。
——（《遣悲怀三首》其三）

此两首诗是元稹写给妻子韦丛的悼亡诗。韦丛，字茂之（又作成之、惠丛），是太子宾客韦夏卿嫡出季女，母裴氏（裴皋女、裴耀卿孙）。贞元十九年（803 年）嫁给元稹，当时元稹尚无功名，婚后过着贫困的生活，但她毫无怨言，两人感情甚笃，七年生了五男一女，只存一女。元和四年（809 年）七月九日，韦丛于洛阳去世，年仅 27 岁。元稹异常悲痛，为她作了 33 首悼亡诗，以抒发对她的思念和愧疚之情。《梦井》作于元和五年（810 年）春，妻子去世后一周年，元稹为思念亡妻

① 杜继文主编《佛教史》，任继愈总主编，南京：江苏人民出版社 2006 年版，第 17 页。

彻夜不眠，想着又还没到夫妻合葬的时间，而自己孤独地活着又觉得时间很漫长。即使来世见到她，但来世两人的魂灵能否像现世的两人那样心意互通呢？三世轮回想不到，只能坐到天明，吟着《梦井》诗，辜负大好春光。《遣悲怀三首》其三说自己闲时坐着悲伤，伤妻亦自伤，人生不过百年，妻子纵然短命但自己又能活多久？无儿命中注定，写作悼亡诗也是白费时间。死后无知，合葬又有什么意义？来世的姻缘更是难以期待、幽远渺茫，诗人只有睁开双眼、通宵不眠以报答妻子生前一辈子为他愁锁双眉。在此，诗人虽然对来世夫妻两人能够再度成为夫妻存有疑虑，但是来世毕竟给了他更多的想象空间，给他孤独、痛苦的心灵带来一丝慰藉。

又如白居易的《哭刘尚书梦得二首》其一：

四海齐名白与刘，百年交分两绸缪。同贫同病退闲日，一死一生临老头。
杯酒英雄君与操，文章微婉我知丘。贤豪虽殁精灵在，应共微之地下游。

此七律是诗人于会昌二年(842年)为好友刘禹锡亡故而作。他和刘禹锡从贞元开始相识，于宝历二年(826年)在扬州结伴北还，到开元年间时，白居易是太子少傅，刘禹锡是太子宾客，日递唱和，交谊日深，故首联首抒两人同播声名及彼此的亲密友谊。颔联诗人回忆了两人退职闲居、老病缠身和目前面临一死一生的境况。颈联把刘禹锡比作盖世英雄刘备和至圣先师孔子，高度赞扬了刘禹锡磊落伟岸的品德和杰出的文才。尾联则发挥想象，揣测“在在处处，应当有灵物护之”[①](《〈刘白唱和集〉解》)的挚友没有泯灭，他的英灵正和另一位挚友元稹在来世结伴漫游。所以来世的幻想缓解了诗人失友的悲伤。

再如王维的《恭懿太子挽歌五首》其一、五：

何悟藏环早，才知拜璧年。翀天王子去，对日圣君怜。
树转宫犹出，笳悲马不前。虽蒙绝驰道，京兆别开阡。

① 王兆鹏主编；尚永亮，刘尊明卷主编《中国古代文学作品选魏晋南北朝隋唐五代卷》，武汉：武汉出版社2004年版，第249页。

西望昆池阔，东瞻下杜平。山朝豫章馆，树转凤凰城。
五校连旗色，千门叠鼓声。金环如有验，还向画堂生。

此五律组诗是王维于上元元年(674年)十一月为追念太子佋送葬之事而作，诗中两次用了羊祜识金环的典故。《晋书》卷三十四《羊祜传》说羊祜五岁时，叫他的乳母帮他取回所弄的金环，乳母说他没有这个东西，羊祜叫她去邻居李氏东垣桑树中查找，果然找到了。邻居非常吃惊地说这是她死去的儿子所丢的东西，乳母把情况详述给她听，她很悲痛，当时的人都很震惊，都说李氏的亡儿是羊祜的前身。诗中第一次用这个典故是说太子知道前生所藏的金环，很小就很聪明，第二次用这个典故是说如果金环有验即三生能够轮回的话，还期待太子来世投生在帝王之家。元稹的《僧如展及韦载同游碧涧寺各赋诗予落句云他生莫忘灵山座满壁人名后会稀殿共吟他生之句因话释氏缘会所以莫不凄然久之不十日而展公长逝惊悼返覆则他生岂有兆耶其间展公仍赋黄字五十韵飞札相示予方属和未毕自此不复撰成徒以四韵为识》也运用了这个典故：

重吟前日他生句，岂料逾旬便隔生。会拟一来身塔下，无因共绕寺廊行。
紫毫飞札看犹湿，黄字新诗和未成。纵使得如羊叔子，不闻兼记旧交情。

此七律作于元和五年(810年)至九年(814年)元稹在江陵士曹任期间，其时与僧如展游碧涧寺，众人都为如展的黄字五十韵诗之“他生莫忘灵山座，满壁人名后会稀”而感伤，谁知此诗竟成了谶语，不到十日，诗人为之所作的和诗还未完成，展公居然去世，诗人大为感伤，以羊叔子记旧交情之典叹生死不忘之友情。所以三世轮回的幻想给了存者以期待和希望，减缓了死亡的悲痛色彩。

此外，“直将尘外三生命，未敌君侯一日恩”(罗隐《三衢哭孙员外》)、“魂随司命鬼，魄逐见阎王”(崔泰《哭李峤诗之》)等诗亦含有三世轮回的佛教思想。

总之，人生无常、人生苦短构成了汉至唐五代哀悼诗生命的悲苦内涵，而“五阴聚合”“十二因缘”“业报轮回”的“空”观则是这种悲苦情绪的消解，这些都反映了佛教给汉至唐五代哀悼诗带来的或消极或积极的影响。

三、佛教给哀悼诗带来了新的生活内容

佛教对汉至唐五代哀悼诗的影响不仅体现在思想内涵上，还体现在渗透到日常生活中，主要表现在两个方面：

一是佛教僧侣与非佛人士的交游唱和。例如“寻僧昨日尚相随，忽见绯幡意可知”（朱庆余《哭胡遇》）写诗人与好友昨天还结伴相随去寻僧，但今天就闻到好友的死讯。“一闭香闺后，罗衣尽施僧”（韦庄《虚席》）、“昨日施僧裙带上，断肠犹系琵琶弦”（韦庄《悼杨氏妓琴弦》）这两处写诗人在爱妾去世后，将其衣物施舍给僧人的情况。“妻病入仙观，子穷随岳僧”（徐夤《吊赤水李先生》）写赤水李先生家境贫苦，其去世后妻子生病住入了仙观，儿子没有出路只好去当和尚。“孙家虚座吊诸孤，张叟僧房见手书”（徐铉《文彧少卿文山郎中交好深至二纪已馀睽别数年二子长逝奉使岭表途次南康吊孙氏之孤于其家睹文彧手书于僧室慷慨悲叹留题此诗》）写诗人到孙家吊诸孤，在张叟僧房中看到曾经与之欢游的二纪的遗书，心生悲戚。“贫栖古梵刹，终著旧麻衣。雅句僧抄遍，孤坟客吊稀。”（王元《哭李韶》）此诗为李韶的怀才不遇鸣不平，虽然诗写得很好，被僧人传抄，但是一生贫苦，只能住在古寺，终生穿着麻衣，去世后吊客稀少。此外，文人与僧人之间唱和的情况也很普遍，汉至唐五代哀悼诗中就存有47首悼佛友诗：庾信的《送灵法师葬诗》、李忱的《悼盐官和尚》、杨炯的《和旻上人伤果禅师》、刘长卿的《题灵祐和尚故居》、张谓的《哭护国上人》、段怀然的《挽涌泉寺僧怀玉》、严维的《哭灵一上人》、李益的《哭柏岩禅师》、李端的《青龙寺题故昙上人房》、于鹄的《哭凌霄山光上人》、徐凝的《伤画松道芬上人(因画钓台江山而逝)》、周贺的《哭闲霄上人》、郑巢的《哭虚海上人》、李远的《闻明上人逝寄友人》、元稹的《僧如展及韦载同游……以四韵为识》、刘得仁的《吊草堂禅师》、贾岛的《哭柏岩和尚》和《哭宗密禅师》、林宽的《哭造微禅师》、皮日休的《过云居院玄福上人旧居》、张乔的《吊栖白上人》和《吊造微上人》、裴说的《哭处默上人》、李洞的《吊草堂禅师》和《哭栖白供奉》、王镕的《哭赵州和尚二首》、陈陶的《哭宝月三藏大禅师》、贯休的《哭灵一上人》和《闻大愿和尚顺世三首》、齐己的《寄哭西川坛长广济大师》、清尚的《哭僧》、

钱起的《哭空寂寺玄上人》[①]、柳宗元的《韩漳州书报彻上人亡因寄二绝》和《闻彻上人亡寄侍郎杨丈》、皎然的《哭觉上人(时绊刿中)》、白居易的《与果上人殁时题此诀别,兼简二林僧社》、刘言史的《伤清江上人》、贞素的《哭日本国内供奉德仙和尚诗》、贯休的《闻无相道人顺世五首》。

二是佛教僧侣直接参与民间的丧葬活动。主要有举行祭奠、营斋形式,即设斋台以供僧众,请其为死者祈祷诵经、超度灵魂。例如,元稹的妻子韦丛出身高贵又深得父亲怜爱,却嫁给元稹这样一个有傲气的文士,过着困苦的生活。她对丈夫关心体贴,生前没能过上一天好日子,元稹对她是既感激又内疚,所以现在过上好日子了,但爱妻却已离世,只好对她"与君营奠复营斋"(元稹《遣悲怀三首》)。又如"经年未葬家人散,昨夜因斋故吏来"(许浑《伤故湖州李郎中》)写李郎中去世后,老同事赶来参加他的做斋活动。"山客为医翻贳药,野僧因吊却焚香"(皮日休《伤史拱山人》)写僧人为死者焚香,"影挂僧挑烛,名传鹤拂碑"(李洞《吊侯圭常侍》)写僧人为死者挑烛,"功勋客问求为志,服玩僧收与转经"(顾非熊《哭韩将军》)写僧人为死者诵经祈祷,"结社僧因秋朔吊,买书船近葬时归"(徐夤《经故广平员外旧宅》)写僧人为死者丧吊。还有的诗歌写僧侣为死者结坟封树,如,"唯有山僧与樵客,共舁孤榇入幽坟。"(于浩《哭李暹(一作赵暇诗)》)"官库空收剑,蛮僧共起坟。"(项斯《哭南流人》)"官库惟留剑,邻僧共结坟。"(任翻《哭友人》)以上各例均写了僧人为死者结坟的情况。"冢树僧栽后,新蝉一两声"(郑谷《哭进士李洞二首》)写了僧人为死者封树的情况。

四、佛教比道教影响较小的原因

在悼佛友诗中出现了一些佛教的人物形象、语汇和典故,高僧形象如释迦牟尼、迦叶、支遁、慧远、灵彻、竺道生、汤惠休,佛教语汇如净业、初中日、无人、无我、非后亦非前、三身、万劫长、西方、舍利、讲钞、榻、寂灭、贝多、至人、白塔、真骨、影堂、坐化、祖师、心印、麈尾、波旬、佛日、祖印、禅堂、解空弟子、三藏、习圣罢、化身、化身归、真印、宝衣、天花、铁围、坐禅、空花、经论、甘露、慧灯、初地、佛国、垒塔、翻经(翻译佛经)、坐塔、禅弟子、缁侣、法宇、禅林、僧史、菩提、烦恼、杖

① 一作《少林寺哭晖上人》。

履、贮瓶、腊水、斋、高传、萧寺、香炉、香阁、释门、玉柄(麈尾)、因缘、禅房、袈裟、千花塔、法门等,佛教典故如羊叔子记旧交情、只履、佛入灭及树变白、白足、雨花等,但这些人物形象、语汇和典故大多出现在悼佛友诗中,在其他哀悼诗中并未形成广泛影响,而道教则刚好相反,道教的人物形象、语汇和典故广泛出现在哀悼诗中,由此可见,道教对哀悼诗的影响远远比佛教大,其原因有二:

一是封建政权对道教的扶持力度比佛教大。道教是中国的本土宗教,产生很早,先秦时老庄的神秘主义和养生思想就是其思想渊源之一。西汉初期的统治者推崇黄老之学,造就了"文景之治",武帝之后,黄老之学走向民间,与方仙道合流成黄老道。北魏太武帝时期,封建历史上首位被皇帝承认的天师——寇谦之对北朝道教进行了改造,道教成为北魏国教,北朝历代皇帝都受道家法箓,道教盛行。隋文帝使用道教名词"开皇"作为开国年号,隋朝实行道佛并重政策。唐朝的统治者为了提高自己潢胄的身份,追尊老子为祖先,称为老子后裔,奉道教为国教。唐高祖于五德三年(620 年)建老子庙,七年(624 年)亲谒老子庙,八年(625 年)下诏规定道大佛小、先老后释。唐太宗贞观十一年(637 年)诏令:朕之本系起自柱下,搜集、普传晋魏时期隐流、秘传的道书。唐高宗乾封元年(666 年)尊奉老子为"太上玄元皇帝"。唐玄宗开元九年(721 年)迎司马承祯入京,亲受法箓;开元十九年(731 年),令五岳各置老君庙;开元二十一年(733 年),亲注《道德真经》,令士庶家藏《老子》,把《老子》列入科举考试;开元二十五年(737 年),令道士、女冠隶属宗正寺,将道士看作皇族;开元二十九年(741 年),诏两京及诸州分置崇玄学,规定生徒学习《老子》《庄子》《列子》《文子》;天宝元年(742 年),玄宗分别赠封庄子、文子、列子、更桑子为南华真人、通玄真人、冲虚真人、洞虚真人,四子所著改名为真经;天宝八年(749 年)追赠玄元皇帝为"圣祖大道玄元皇帝",后又升为"大圣祖高上大道金阙玄元天皇大帝"。其后的肃宗、代宗、宪宗、穆宗、武宗、宣宗等不少皇帝都继续崇奉和扶植道教,宪宗、穆宗、敬宗、武宗、宣宗均以服丹药致死。而佛教自从从东汉传入中国后,在南北朝时期得到迅速传布,总的来看,在中国历史上受到了上至皇帝下至黎民百姓的普遍拥护和信仰,但在历史上也发生过四次灭佛事件,分别是北魏太武帝灭佛、北周武帝灭佛、唐武帝灭佛、周世宗灭佛,致使佛教在中国的发展受到很大的打击,此在佛教史上称为"法难"或"三武一宗"之厄。

二是道教成仙、乐生的精神内涵更吻合中国人注重现实、乐生的精神气质。

儒家思想是中国古代封建社会的主流思想，其修身、齐家、治国、平天下的理想体现了积极入世的强烈的社会责任感，所以中国人的传统精神在本质上是关注现实、关注人生的。道教的修道成仙、服食长生虽然在现实生活中不可能实现，看起来十分荒谬，但是它的精神内涵却是希望生命得以永存、人间的欲望得以无限延续和满足，所以道教信仰的核心是对生命的肯定和对永生的追求，是积极的、乐生的，这一精神内涵与儒家的关注现实、关注人生的精神内涵相似，因而得到更多的人的认同和接受。而佛教的精神内涵则相反，佛教"四谛"是佛教各派共同承认的基础教义，"四谛"指苦、集、灭、道，佛教把人的感受分为三种：苦受、乐受、不苦不乐受，苦是社会人生的本质，社会人生原是一大苦聚。集谛说明诸苦和人生的原因。灭谛指涅槃，即熄灭了一切烦恼，超越时空、超越生死而与现实世界对立的一种境界。道谛指八正道通向涅槃之路，灭、道谛说明人生的解脱归宿和解脱之路。佛教认为人生就是一大苦海，只有出世、解脱才能脱离苦海，所以它的精神内涵是通向来世的，与中国传统的关注现实、乐生的精神内涵相背，因而自然也不如道教那样得到众多人的认同和封建政权的支持。

综上所述，佛教通过哀悼诗作家给汉至唐五代哀悼诗带来了重大影响：如果说人生无常、人生苦短反映了佛教苦谛的本质，那么五蕴聚合、十二因缘、业报轮回则缓解了死亡给人带来的悲哀和痛苦以及超越死亡的希望。另外，佛教还渗透进人们的日常生活，从其语汇、人物和典故中也可以看出它对哀悼诗的影响比道教小得多，主要与封建政权的扶持力度和自身的精神内涵有关。总之，佛教给汉至唐五代哀悼诗注入了生命的活力和丰富的审美想象。

参考书目

（分著作、硕博士论文、期刊论文三部分，均按字母顺序排列）

著作：

B

《抱朴子内篇校释》，王明著，北京：中华书局，1985

《抱朴子外篇校笺》，（晋）葛洪撰，杨明照笺注，北京：中华书局，1991

《八代诗史》（修订版），葛晓音著，北京：中华书局，2012

《白虎通疏证》，（清）陈立撰，吴则虞点校，北京：中华书局，1994

《白居易诗体校注》，谢思炜撰，北京：中华书局，2006

《变迁之痛转型期的社会失范研究》，朱力著，北京：社会科学文献出版社，2006

《北史》，（唐）李延寿撰，北京：中华书局，1974

C

《楚辞补注》，（宋）洪兴祖撰，白化文、许德楠、李如鸾、方进点校，北京：中华书局，1985

《楚辞集注》，（宋）朱熹撰，上海：上海古籍出版社，1979

《楚辞与中国古代韵文》，郭建勋著，长沙：湖南师范大学出版社，2001

《册府元龟校定本》，（宋）王钦若等编撰，周勋初等校定，南京：凤凰出版社，2006

《春秋繁露·天人三策》，（汉）董仲舒著，长沙：岳麓书社，1997

《春秋繁露义证》，（清）苏舆撰，钟哲点校，北京：中华书局，1992

《春秋左传正义》（十三经注疏本），（清）阮元校刻，北京：中华书局，1982

《春秋左传注》，杨伯峻编著，北京：中华书局，1981

《陈书》，（唐）姚思廉撰，北京：中华书局，1972

《词学十讲》，龙榆生著，北京：北京出版社，2004

《蔡中郎文集附蔡中郎外传》，（汉）蔡邕撰，北京：中华书局，1991

《曹植集校注》,(魏)曹植著,北京:人民文学出版社,1984

D

《典论》,魏文帝撰,孙冯翼辑,北京:中华书局,1985

《杜诗详注》,(清)仇兆鳌著,北京:中华书局,1979

《悼亡诗史》,胡旭著,上海:东方出版中心,2010

E

《尔雅义疏》,(清)郝懿行撰,上海:上海古籍出版社,1983

F

《佛教史》,杜继文著,任继愈总主编,南京:江苏人民出版社,2006

G

《古典诗论集要》,屈兴国等选注,济南:齐鲁书社,1991

《古典文学佛教溯缘十论》,陈允吉著,上海:复旦大学出版社,2002

《古赋辨体》,(元)祝尧著,台北:台湾商务印书馆,文渊阁四库全书本,1986

《古诗源》,(清)沈德潜编,北京:中华书局,1963

《广雅疏证》,(清)王念孙著,北京:中华书局,1983

《关尹子》(丛书集成初编本),(周)尹喜撰,北京:中华书局,1985

《管锥编》,钱钟书著,北京:中华书局,1979

《管子校注》,黎翔凤撰,梁运华整理,北京:中华书局,2004

H

《后汉书》,(宋)范晔撰,(唐)李贤等注,北京:中华书局,1965

《红楼梦诗词》,蔡义江评注,北京:中华书局,2011

《汉书》,(汉)班固撰,北京:中华书局,1962

《汉唐文学的嬗变》,葛晓音著,北京:北京大学出版社,1990

《汉魏六朝百三家集题辞注》,(明)张溥著,殷孟伦注,北京:人民文学出版社,1960

《汉魏六朝乐府文学史》,萧涤非著,北京:人民文学出版社,1998

《汉语等韵学》,李新魁著,北京:中华书局,1983

《汉语风格学》,黎运汉著,广州:广东教育出版社,2000

《华阳国志巴志》(丛书集成初编本),(东晋)常璩撰,北京:中华书局,1985

《汉语语法专题研究》(增订本),邵敬敏、任芝鍈、李家树、税昌锡、吴立红著,北京:北京大学出版社,2009

J

《迦陵论诗丛稿》,叶嘉莹著,石家庄:河北教育出版社,1997

《晋书》,(唐)房玄龄等,北京:中华书局,1982

《剑溪说诗又编》,(清)乔亿,《续修四库全书》本

K

《孔子家语》,王国轩、王秀梅译注,北京:中华书局,2011

L

《历代哀祭诗词精华二百首》,郭秀华、高培权编著,西安:陕西人民出版社,1997

《历代诗话》,(清)吴景旭撰,北京:中华书局,1958

《历代诗话》,(清)何文焕辑,北京:中华书局,1981

《礼记集解》,(清)孙希旦撰,沈啸寰、王星贤点校,北京:中华书局,1989

《礼记正义》(十三经注疏本),(清)阮元校刻,北京:中华书局,1980

《类编长安志》,(元)骆天骧撰,黄永年点校,北京:中华书局,1990

《梁书》,(唐)姚思廉撰,北京:中华书局,1973

《李商隐诗歌集解》第2版,刘学锴、余恕诚著,北京:中华书局,2004

《李商隐诗要注新笺》,吴慧著,北京:方志出版社,2010

《礼纬·含文嘉》,(魏)宋均注,玉函山房辑佚书本

《鲁迅全集》,鲁迅著,北京:人民文学出版社,2005

《列仙传校笺》,(汉)刘向撰,王叔岷校笺,北京:中华书局,2007

《楞严经》,赖永海主编,刘鹿鸣译注,北京:中华书局,2012

《论语集释》,程树德撰,程俊英、蒋见元点校,北京:中华书局,1990

《论语正义》,(清)刘宝楠著,北京:中华书局,1957

M

《毛诗正义》(十三经注疏本),(清)阮元校刻,北京:中华书局,1980

《孟子》,万丽华、蓝旭译注,北京:中华书局,2006

《梦占逸旨》,(明)陈士元撰,北京:中华书局,1985

《孟子注疏》(十三经注疏本),(清)阮元校刻,北京:中华书局,1980

《孟子正义》,(清)焦循撰,沈文倬点校,北京:中华书局,1987

N

《南齐书》,(梁)萧子显撰,北京:中华书局,1972

《南史》,(唐)李延寿撰,北京:中华书局,1975

《南唐书两种》,(宋)马令、(宋)陆游撰,南京:南京出版社,2010

P

《帕斯卡尔思想录》,(法)帕斯卡尔著,何兆武译,天津:天津人民出版社,2007

《潘岳及其诗文研究》,(台湾)陈淑美著,台北:文津出版社,1999

《潘岳研究》,王晓东著,上海:上海古籍出版社,2011

Q

《古今图书集成》,(清)陈梦雷、蒋廷锡等撰,北京:中华书局,1934—1940

《清诗话》(上、下册),中华书局上海编辑所编辑,北京:中华书局,1963

《清诗话续编》,郭绍虞编撰,富寿荪校点,上海:上海古籍出版社,1983

《全宋词》,唐圭璋编,北京:中华书局,1965

《全宋诗》,北京大学古文献研究所编;陆彬良责任编辑,北京:北京大学出版社,1991

《全唐诗》,彭定求等校点,北京:中华书局,1960

《全唐诗增补本》(全十五册),中华书局编辑部点校,北京:中华书局,2011

S

《史记》,(汉)司马迁撰,北京:中华书局,1959

《诗经通论》,(清)姚际恒著,北京:中华书局,1958

《诗经原始》,(清)方玉润撰,北京:中华书局,1986

《诗经语言艺术新编》,夏传才著,北京:语言出版社,1998

《诗集传》,(宋)朱熹集注,北京:中华书局,2011

《西京杂记(外五种)》,(汉)刘歆撰,王根林校点,上海:上海古籍出版社,2012

《十年生死两茫茫——古代悼亡诗百首译析》,尚永亮、高阵著,西安:陕西人

民教育出版社，1989

《十九世纪文学主流第一分册：流亡文学》，勃兰兑斯著，张道真等译，北京：人民文学出版社，1980

《诗品集注》，（梁）钟嵘著，曹旭集注，上海：上海古籍出版社，2011

《诗人屈原及其作品研究》，林庚著，上海：古典文学出版社，1957

《隋书》，（唐）魏征、令狐德棻撰，北京：中华书局，1973

《宋书》，（梁）沈约撰，北京：中华书局 1974

《宋史》，（宋）脱脱等撰，北京：中华书局，1977

《诗薮》，（明）胡应麟撰，上海：上海古籍出版社，1979

《世说新语》，（南朝宋）刘义庆著，北京：中华书局，2007

《世说新语笺疏》，（南朝宋）刘义庆著，（南朝梁）刘孝标注，余嘉锡笺疏，北京：中华书局，2011

《四书章句集注》，（宋）朱熹著，北京：中华书局，2008

《史通》，（唐）刘知几撰，（清）浦起龙通释，吕思勉评，李永圻、张耕华导读整理，上海：上海古籍出版社，2008

《隋唐五代教育论著选》，孙培青编，北京：人民教育出版社，1993

《说文解字》，（汉）许慎撰，（宋）徐铉校定，北京：中华书局，2013

《商周虚词研究》，裘燮君著，北京：中华书局，2008

T

《唐才子传校笺》，（元）辛文房撰，傅璇琮主编，北京：中华书局，1987

《通典》，（唐）杜佑撰，北京：中华书局，1984

《唐代诗人丛考》，傅璇琮著，北京：中华书局，1980

《唐代诗文六家年谱》，罗联添，台北：学海出版社，1986

《唐大诏令集》，（北宋）宋敏求编，北京：中华书局，2008

《陶公诗评注初学读本》卷一，（清）孙人龙纂辑，转引自《古典文学研究资料汇编陶渊明卷》，北京：中华书局，1962

《唐会要》，（北宋）王溥撰，北京：中华书局，1955

《唐六典》，（唐）李林甫等撰，北京：中华书局，1992

《太平广记》，（宋）李昉等编，北京：中华书局，1961

《太平御览》，(宋)李昉等编，北京：中华书局，1960

《唐前生命观和文学生命主题》，钱志熙著，北京：东方出版社，1997

《唐诗的魅力》，(美)高友工、梅祖麟著，上海：上海古籍出版社，1990

《唐声诗》，任半塘著，上海：上海古籍出版社，2006

《唐诗审美十论》，刘洁著，北京：民族出版社，2002

《唐诗学引论》，陈伯海著，上海：知识出版社，1988

《唐诗研究》，胡云翼著，台北：商务印书馆，1987

《唐诗综论》，林庚著，北京：人民文学出版社，1987

W

《〈挽歌考〉辨》(上、下)，丘述尧著，《文史》第四十三、四十四辑，北京：中华书局，1988

《挽歌考》，齐天举著，《文史》第二十九辑，北京：中华书局，1988

《文镜秘府论汇校汇考》，(日)遍照金刚撰，卢盛江校考，北京：中华书局，2006

《围炉诗话》，吴乔述著，北京：中华书局，1985

《文选》，(南朝梁)萧统撰，(唐)李善注，北京：中华书局，1977

《文心雕龙》，(南朝梁)刘勰撰，北京：中华书局，1985

《文心雕龙注》，(南朝梁)刘勰著，范文澜注，北京：人民文学出版社，1958

《韦应物诗集系年校笺》，(唐)韦应物著，孙望编著，北京：中华书局，2002

《文苑英华》，(宋)李防编，北京：中华书局，1966

《文章辨体序说文体明辨序说》，(明)吴讷(书误为纳)，(明)徐师曾著，于北山、罗根泽校点，北京：人民文学出版社，1962

X

《修辞学发凡》，陈望道著，上海：上海教育出版社，2006

《孝经注疏》(十三经注疏本)，(清)阮元校刻，北京：中华书局，1980

《“新批评”文集》，赵毅衡编选，北京：中国社会科学出版社，1988

《先秦汉魏晋南北朝诗》(上中下)，逯钦立编，北京：中华书局，1983

《新书校注》，(汉)贾谊撰，阎振益、钟夏校注，北京：中华书局，2000

《新唐书》，(宋)欧阳修、宋祁撰，北京：中华书局，2000

《荀子集解》,(清)王先谦撰,沈啸寰、王星贤点校,北京:中华书局,2013

Y

《元白诗笺证稿》,陈寅恪著,上海:上海古籍出版社,1978

《元代诗法校考》,张健编著:北京:北京大学出版社,2001

《乐府诗集》,(宋)郭茂倩编,聂世美、仓阳卿校点,上海:上海古籍出版社,1998

《乐府诗述论(增补本)》,王运熙著,上海:上海古籍出版社,2006

《艺概》,(清)刘熙载撰,上海:上海古籍出版社,1978

《永恒的眷恋——悼祭文学的主题史研究》,王立著,上海学林出版社,1999

《约翰・克利斯朵夫卷1—5》,(法)罗曼・罗兰著,傅雷译,南京:凤凰出版传媒集团,江苏文艺出版社,2012

《乐府诗集》,(宋)郭茂倩编撰,北京:中华书局,1979

《儒家伦理与社会秩序社会学的诠释》,张德胜著,上海:上海人民出版社,2008

《耶鲁大学公开课死亡》,(美)谢利・卡根著,贝小戎等译,北京:北京联合出版公司,2014

《玉台新咏笺注》,(南朝陈)徐陵编,(清)吴兆宜注,程琰删补,穆克宏点校,北京:中华书局,1985

《玉溪生年谱会笺外一种》,张采田著,北京:中华书局,1963

《云溪友议》,(唐)范摅著,北京:中华书局,1985

《艺文类聚》,(唐)欧阳询撰,上海:上海古籍出版社,1982

《元稹集上、下》卷五七,(唐)元稹著,北京:中华书局,1982

Z

《战国策》,(西汉)刘向集录,上海:上海古籍出版社,1978

《中国古代女作家集》,王延梯辑,济南,山东大学出版社,1999

《中国古代文学作品选魏晋南北朝隋唐五代卷》,王兆鹏主编,尚永亮、刘尊明卷主编,武汉:武汉出版社,2004

《中观论颂讲记》,释印顺著,北京:中华书局,2011

《中古古代文体概论》,褚斌杰著,北京:北京大学出版社,1990

《中古诗人抒情方式的演进》，胡大雷著，北京：中华书局，2003

《中国思想史》，葛兆光著，上海：复旦大学出版社，2001

《贞观政要》，（唐）吴兢撰，上海：上海古籍出版社，2008

《中华大藏经》，《中华大藏经》编辑局编，北京：中华书局，1989

《忠经》（丛书集成初编本），（东汉）马融撰，（东汉）郑玄注，北京：中华书局，1985

《周书》，（唐）令狐德棻撰，北京：中华书局，1971

《走向生命的巅峰——马斯洛的人本心理学》，彭运石著，武汉：湖北教育出版社，1999

《增壹阿含经》，中国佛教文化研究所点校，北京：宗教文化出版社，1999

《种玉记》，（明）汪廷讷，北京：中华书局，1958

《周易集解纂疏》，（清）李道平撰，北京：中华书局，1994

《周易注疏》，（魏）王弼韩，（晋）康伯注，（唐）孔颖达疏，陆德明音义，上海：上海古籍出版社，1989

《周易正义》（十三经注疏本），（清）阮元校刻，北京：中华书局，1980

《诸子集成》，国学整理社辑，北京：中华书局，1986

《诸子集成第 2 册：荀子集解》，（清）王先谦著，北京：中华书局，1954

《诸子集成第 8 册：颜氏家训》，（北齐）颜之推著，北京：中华书局，1954

《庄子集释》，（清）郭庆藩撰，王孝鱼点校，北京：中华书局，2006

《资治通鉴》，（宋）司马光编著，（元）胡三省音注，北京：中华书局，1971

《中国文学批评史》，王运熙、顾易生主编，上海：上海古籍出版社，1996

硕博士论文：

D

《悼亡诗研究——以潘岳为中心》，于丽，上海师范大学，2012

H

《汉魏六朝挽歌研究》，欧阳波，华中师范大学，2007

《汉魏六朝挽歌研究》，宋亚莉，青岛大学，2009

《海外李商隐研究》，王鹏飞，华东师范大学，2013

《何以悼亡方费词》，马碧心，东北师范大学，2011

L

《六朝哀挽诗研究》,吴炳辉,台湾政治大学,中国文学研究所,1990

P

《潘陆悼伤作品异同论》,徐建,首都师范大学,2008

《潘岳的人生悲剧与其哀悼作品研究》,刘洋,深圳大学,2010

《潘岳诗歌研究》,丁婧,扬州大学,2010

《潘岳生平、心态及文学研究》,孙良申,国学院,2010

《潘岳接受研究》,刘丹,2011

《潘岳研究》,王丽芬,福建师范大学,2001

《潘岳研究》,冀秀美,河北大学,2007

《潘岳研究》,李朝阳,贵州大学,2005

《潘岳研究》,王盼,山东大学,2009

《潘岳研究》,高胜利,扬州大学,2012

《潘岳人品及其诗赋研究》,朱瑛,安徽师范大学,2006

S

《宋代哀悼诗研究》,张迎双,南京师范大学,2014

《生命的挽歌——潘岳哀挽文学研究》,杨倩,山东大学,2008

《先秦至唐五代悼亡诗研究》,周如月,广西师范大学,2010

《先秦至唐五代悼亡诗研究》,史贝贝,湖南大学,2012

T

《唐代悼亡诗初探——兼论中西悼亡诗的比较》,王婉灵,山西大学,2000

W

《魏晋南北朝挽歌研究》,杜瑞平,河北师范大学,2004

《文化视域:中西悼亡诗的“爱”与“死”》,刘包发,中南大学,2009

《韦应物诗歌艺术研究》,梅华,南京师范大学,2005

X

《先唐挽歌研究》,彭蓉蓉,华南师范大学,2010

Y

《元稹的婚恋经历及其婚恋作品研究》,曾昭游,江西师范大学,2011

《元稹悼亡诗研究》,李晶琳,黑龙江大学,2003

《元稹诗歌研究》,万建军,扬州大学,2009

《元稹艳诗与悼亡诗研究》,黄冬红,广西师范大学,2007

Z

《中国古代悼亡诗中意象体系及爱情婚姻思考》,武志龙,兰州大学,2011

《中古文士生命观及其文学表述》,徐国荣,南京大学,1998

《走近元稹——元稹研究》,丁河滨,黑龙江大学,2009

期刊论文:

D

《悼亡诗写作范式的演进》,蒋寅,安徽大学学报(哲科版),2011(3)

G

《古典文学与精神史研究》,蒋寅,新华文摘,2001(11)

H

《汉魏六朝挽歌考论》,吴承学,文学评论,2002(3)

J

《几分矫饰几分真——元稹《遣悲怀》等悼亡诗质疑》,秦吟、杨民,名作欣赏,2005(7)

《〈锦瑟〉是悼亡诗新证》,杨艳梅,古籍整理研究学刊,1997(4)

《〈锦瑟〉新论》,梁枢,西北师范大学学报(社会科学版),1984(2)

K

《哭丧歌源流考略》,谭达先,广西社会科学,1988(1)

L

《六朝文人挽歌诗的演变和定型》,王宜瑗,文学遗产,2000(5)

《历代悼亡诗初论》,赵梅,苏州大学学报,1992(1)

《略论楚辞的"兮"字句》,郭建勋,中国文学研究,1998(7)

《论李商隐悼亡诗对婚姻情感价值的新发现》,蔡燕,云南民族大学学报(哲学社会科学版),2004(2)

《论韦应物诗歌的生命意识》,吴惠敏,江淮论坛,2010(3)

《〈列子〉与六朝文士的演生》,袁济喜,中国人民大学学报,2005(6)

M

《墓志新辑唐代挽歌考论》,胡可先,浙江大学学报(人文社会科学版),2009(3)

P

《潘岳悼亡诗初探》,肖立生,周小喜,湖南大学学报(社会科学版),2010(3)

《潘岳文学刍论》,凌迅,东岳论丛,1983(2)

《潘岳的妻子》,林文月,中外文学,1977(10)

S

《试论〈文选〉所收陆机〈挽歌〉三首》,傅刚,文学遗产,1996(1)

《丧礼与〈诗经〉悼亡诗》,战学成,学术交流,2006(4)

《试论义山无题诗悼亡内容及其常用意象》,卢燕平,社会科学辑刊,2002(5)

T

《〈唐诗三百首〉佳作解读:关于元稹〈遣悲怀三首〉的争论》,莫砺锋,文史知识,2011(2)

W

《魏晋文人与挽歌》,芦苇蔷,复旦学报,1988(5)

《挽歌考》,杜瑞平,中北大学学报,2005(4)

《〈文选〉诗"哀伤"类初探》,胡大雷,山西大学师范学院学报(哲学社会科学版),1997(2)

《文选挽歌考》,(日本)一海知义,《中国文学报》第十二册,1960 年 4 月

X

《血泪哀歌,生死恋情:中国古代悼亡诗初探》,尚永亮,江汉论坛,1989(4)

《〈行路难〉与魏晋南北朝的说唱艺术》,王小盾,清华大学学报,2002(6)

《雪中探梅雾里看花——元稹、李商隐悼亡诗比较》,施红梅,江南社会学院学报,2002(4)

Y

《乐府挽歌考》,(日本)冈村贞雄,《中国中世文学研究》,1967 年日本第六号

《永恒的悲美——中古时代的挽歌与挽歌诗》,范子烨,求是学刊,1996(2)

《也谈〈锦瑟〉》,高桂馥,社会科学战线,1981(2)

《语言与真实世界——中西美感基础的生成》,(美)叶维廉,古代文学理论研究,1983(8)

Z

《中国古代的挽歌》,王功龙,江汉论坛,2001(4)

《早期挽歌的源流》,何立庆,文史杂志,1999(2)

《智者的挽歌——读陶渊明的〈拟挽歌辞三首〉》,高欣,文史杂志,2002(1)